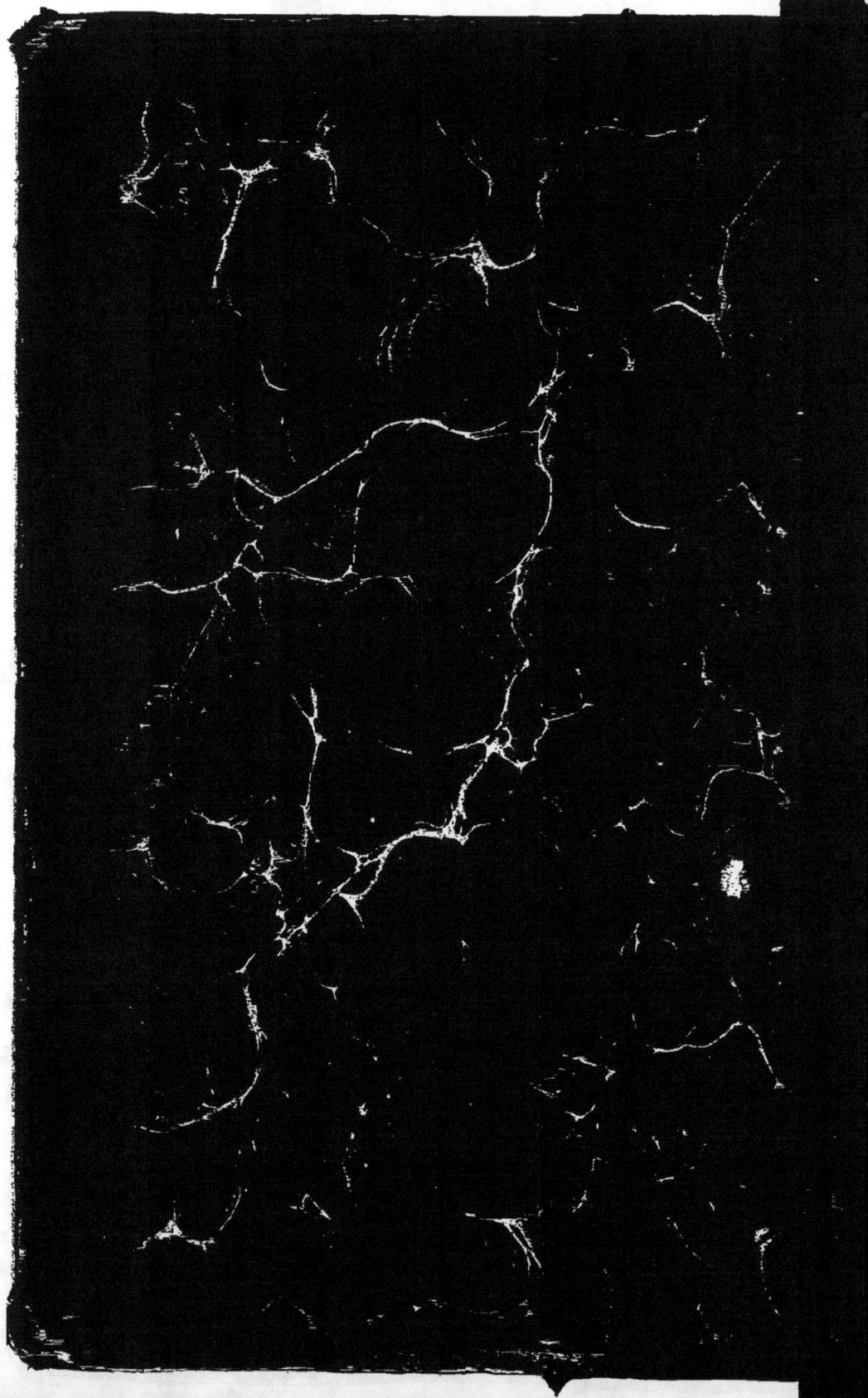

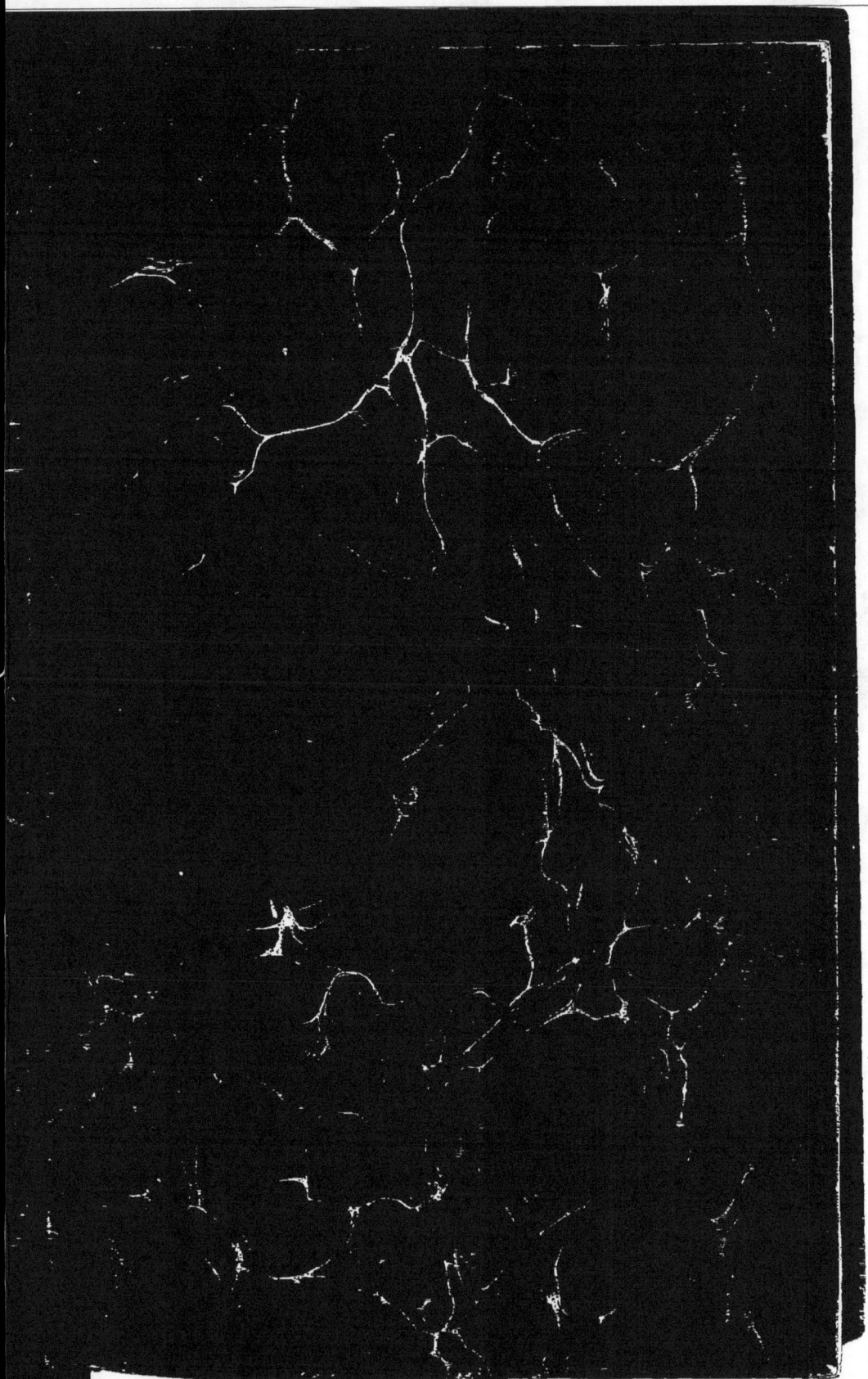

LES
PLAIDOYERS CIVILS

DE

DÉMOSTHÈNE

TOME SECOND

Paris. — Typographie de E. Plon et Cie, rue Garancière, 8.

LES
PLAIDOYERS CIVILS

DE

DÉMOSTHÈNE

TRADUITS EN FRANÇAIS, AVEC ARGUMENTS ET NOTES

PAR

RODOLPHE DARESTE

Avocat au Conseil d'État et à la Cour de cassation
Ancien président de l'Ordre

———

TOME SECOND

PARIS

E. PLON ET Cⁱᵉ, IMPRIMEURS-ÉDITEURS
RUE GARANCIÈRE, 10

—

1875

LES
PLAIDOYERS CIVILS

DE

DÉMOSTHÈNE

XXI   ~~48~~

CALLISTRATE CONTRE OLYMPIODORE

ARGUMENT

Callistrate et son beau-frère Olympiodore ont fait un pacte entre eux pour le partage égal de la succession de leur parent, Conon de Halæ. Olympiodore a obtenu l'envoi en possession de la succession entière. Il refuse d'en abandonner la moitié à Callistrate. Ce dernier intente l'action de dommage, δίκη βλάβης, pour inexécution de la convention.

Le récit des faits est intéressant parce qu'il nous fait connaître la procédure suivie à Athènes pour la délation des successions. La saisine de plein droit n'avait lieu qu'en ligne directe. En ligne collatérale il fallait un envoi en possession prononcé par le tribunal, ἐπιδικασία, après examen contradictoire de toutes les demandes en concurrence, ἀμφισβητήσεις. Callistrate et Olympiodore avaient commencé par appréhender la succession et par la partager à l'amiable. Mais d'autres prétendants s'étant présentés, il fallut procéder régulièrement. Au our fixé pour les plaidoiries Callistrate et Olympiodore font

défaut, et la succession est adjugée à d'autres, mais bientôt
Olympiodore forme opposition, et, après un nouveau débat
contradictoire, emporte l'adjudication à son profit.

Qu'il y eût réellement une convention faite par écrit entre
les deux beaux-frères, et déposée chez un tiers, suivant l'u-
sage, c'est ce dont on ne peut guère douter en présence des
affirmations de Callistrate, qui a fait venir le dépositaire et qui
lui a fait apporter l'acte, après avoir sommé son adversaire d'en
prendre contradictoirement copie. Mais cet acte avait-il le sens
et la portée que lui prêtait Callistrate? cela paraît plus dou-
teux. Olympiodore niait énergiquement. Il reconnaissait bien
avoir livré une maison et de l'argent à Callistrate, mais il ajoutait que c'était à titre de bail et de prêt, et non à titre de partage. Dans tous les cas, il soutenait que Callistrate n'avait pas
exécuté la convention ; que dès lors elle devait être annulée,
que d'ailleurs le nouveau jugement rendu sur l'opposition ne
pouvait pas profiter à Callistrate. En effet, si l'opposition d'O-
lympiodore était recevable, c'est qu'elle était fondée sur une
excuse légitime, absence pour le service militaire. Callistrate
n'était pas dans le même cas. Il avait volontairement fait défaut,
quoique présent à l'audience. Il n'était donc pas recevable à
former opposition en son nom. Son silence était forcé, lors
du second procès, et ne pouvait pas être un rôle convenu avec
Olympiodore.

Que cette convention ait existé ou non, ce n'en est pas moins
une chose étrange que de voir un plaideur s'accuser lui-même
d'une connivence honteuse, et demander à la justice le prix
de sa complicité dans une fraude. A Rome, il eût été écarté
tout d'abord. *Nemo auditur turpitudinem suam allegans.* En
était-il donc autrement à Athènes?

Les lois athéniennes proscrivaient, tout comme les lois ro-
maines, les conventions contraires aux bonnes mœurs et à
l'ordre public; et, si le type de la moralité n'était pas très-
élevé en Grèce, il est cependant difficile d'admettre que les
Athéniens eussent laissé plaider devant eux sur le partage des
profits résultant d'un pacte illicite. Sans prétendre ici réhabi-

liter, ni Olympiodore, ni Callistrate, ni le peuple Athénien, on peut dire que Callistrate ne se prévaut pas précisément d'un pacte illicite. Callistrate était bien partie dans l'instance, mais il n'était pas seul en cause. Le principal rôle appartenait à ceux qui les avaient évincés l'un et l'autre, qui se trouvaient en possession, et devenaient ainsi les contradicteurs naturels d'Olympiodore. Dans ces circonstances, le silence gardé par Callistrate pendant la plaidoirie d'Olympiodore n'a pas le caractère odieux d'une comédie jouée devant les juges. D'ailleurs, ce n'est pas le silence de Callistrate qui a déterminé le succès d'Olympiodore. Celui-ci, en effet, avait à prouver deux choses, à savoir : 1º que lors du premier jugement son absence était bien justifiée; 2º que les envoyés en possession étaient plus éloignés que lui en degré. Or, les rapports qui avaient pu avoir lieu entre Olympiodore et Callistrate étaient certainement sans influence sur la décision de ces deux questions. Callistrate, quoi qu'il en dise, paraît avoir été parent de Conon à un degré plus éloigné qu'Olympiodore, car il était nécessairement au même degré que son frère Callippe, qu'il dit lui-même avoir été écarté par Olympiodore. Son silence s'explique donc assez naturellement. En effet, il n'avait rien à dire, et, dans tous les cas, ce qu'il eût dit était en dehors de la question.

L'authenticité du discours est très-contestée. Il est difficile de croire que Démosthène, dans tout l'éclat de son talent, au plus fort de sa lutte avec Philippe, eût consenti à se charger d'une affaire aussi mauvaise. D'ailleurs, les hellénistes croient trouver dans le style certaines imperfections qui rendent l'authenticité suspecte. Nous croyons qu'en effet ce discours est l'œuvre de quelque orateur contemporain.

La date est indiquée d'une manière assez précise: L'archontat de Pythodote coïncide avec l'année 343. L'opposition formée par Olympiodore a dû avoir lieu cette année même, ou tout au plus l'année suivante.

PLAIDOYER

Il est parfois nécessaire, juges, même pour ceux qui n'ont ni l'habitude ni le talent de parler, de se présenter devant un tribunal lorsqu'il leur est fait tort, surtout lorsque l'attaque vient du côté où on l'aurait le moins attendue. C'est ce qui m'arrive en ce moment. Certes, juges, je voudrais bien n'avoir pas à plaider contre Olympiodore, qui est mon parent, et dont j'ai épousé la sœur, mais j'y suis forcé par le tort considérable qu'il me cause. Si mes griefs n'étaient pas réels, juges, si en agissant comme vous voyez, j'imputais des faits faux à Olympiodore, si je repoussais l'arbitrage de mes amis et de ceux d'Olympiodore, ou si je m'écartais en quoi que ce soit de ce qui est juste, sachez-le bien, j'en serais honteux moi-même, et je me regarderais comme un malhonnête homme. Mais non, le dommage causé par Olympiodore n'est que trop grand; je ne me refuse à aucun arbitrage, et ce n'est pas de mon plein gré, j'en atteste le grand Jupiter, c'est absolument contre mon gré que j'ai été contraint par lui de soutenir ce procès. Je vous prie donc, juges, de nous écouter l'un et l'autre, d'arbitrer vous-mêmes l'affaire, et de nous renvoyer conciliés si faire se peut : c'est le plus grand service que vous puissiez nous rendre à tous deux. Si vous ne pouvez y réussir, en ce cas voyez qui de nous plaide la meilleure cause, et votez pour lui. On va d'abord vous lire des témoignages prouvant que ce n'est pas ma faute si nous nous présentons devant le tribunal, mais bien la sienne. Lis les témoignages.

TÉMOIGNAGES.

Ainsi, juges, les demandes que j'ai adressées à Olympiodore étaient modérées et convenables. C'est ce que vous ont déclaré les personnes appelées pour y assister. Mais puisqu'il s'est refusé à rien faire de ce qui était juste, je suis obligé de vous dire en quoi Olympiodore m'a fait tort. Le récit en est bref. Nous avions, juges, un parent appelé Conon de Halæ (1). Ce Conon est mort sans enfants après une très-courte maladie. Il avait vécu de longues années, et était très-vieux lorsqu'il mourut. Lorsque je vis qu'il ne pourrait pas se relever, j'envoyai chercher Olympiodore que voici, pour qu'il fût là, et qu'il s'occupât avec nous de toutes les mesures à prendre. Olympiodore, juges, vint donc nous trouver, moi et sa sœur qui est ma femme, et nous aida à tout mettre en ordre. Nous nous occupions de ce soin lorsque tout à coup Olympiodore vint me dire que sa mère était aussi parente du défunt Conon (2), et que dès lors il avait, lui aussi, le droit de prendre une part dans tous les biens laissés par Conon. Je savais parfaitement, juges, que c'était là un mensonge et une imposture, et que Conon n'avait pas de parent plus proche que moi ; aussi je commençai par entrer dans une grande colère, et je fus indigné d'une prétention si impudente. Mais je réfléchis ensuite, et je me dis que ce n'était pas le moment de se fâcher. Je lui répondis donc que pour le présent il convenait d'ensevelir le défunt et d'accomplir les cérémonies d'usage (3), ajoutant qu'après avoir pris tous ces soins nous pourrions avoir un entretien l'un avec l'autre. Il consentit à cela, juges, et dit que j'avais raison. En conséquence, lorsque nous eûmes rempli notre tâche et fait toutes les cérémonies, nous convoquâmes à loisir tous nos parents, et nous eûmes ensemble un entretien

au sujet des droits qu'il prétendait avoir. Maintenant,
juges, à quoi bon vous faire le récit des contestations qui
s'élevèrent entre nous dans cette circonstance? Ce serait
une fatigue pour vous et un ennui pour moi. Mais quel fut
le résultat? c'est ce dont il faut nécessairement vous instruire. Je lui accordai moi-même, et il m'accorda de son
côté, que chacun de nous prendrait la moitié de la succession de Conon, et que désormais il n'y aurait plus de
discussion entre nous. J'aimais bien mieux, juges, partager avec lui, de mon plein gré, que d'aller devant un tribunal courir la chance d'un procès contre un parent, dire
des choses désagréables à un frère de ma femme, à l'oncle
de mes enfants, et m'entendre traiter par lui sans ménagement. Toutes ces raisons me firent consentir à ce qu'il
voulait. Après cela nous rédigeâmes le tout par écrit, en
forme de contrat, et nous nous engageâmes l'un envers
l'autre, par les serments les plus forts, à partager loyalement et selon le droit tout ce qui se trouvait de biens
apparents, sans que l'un pût avoir plus que l'autre dans
la succession de Conon, à faire en commun la recherche
et le recouvrement du surplus, en nous concertant l'un
avec l'autre toutes les fois qu'il serait nécessaire (4). Nous
nous doutions bien en effet, juges, qu'il se présenterait
encore d'autres prétendants à la succession de Conon,
mon frère, par exemple, né du même père mais non de
la même mère, alors absent, ou tout autre qui voudrait
demander l'envoi en possession (5), et qu'il ne dépendait
pas de nous d'écarter, car, aux termes des lois, peut demander qui veut. Dans ces prévisions nous écrivîmes le
contrat, et nous nous liâmes par des serments, nous inter-
disant, à l'un comme à l'autre, toute action séparée, volontaire ou non, et nous engageant à ne rien faire que d'un
commun accord. Nous prîmes à témoin de ces conventions

les dieux au nom desquels nous nous prêtions serment
l'un à l'autre, puis nos parents, et enfin Androclide d'A-
charnes (6), chez lequel nous déposâmes le contrat. Je
veux ici, juges, vous lire la loi, conformément à laquelle
nous avons rédigé ce contrat entre nous, et le témoignage
de la personne qui garde ce contrat. Lis d'abord la loi.

LOI.

Lis maintenant le témoignage d'Androclide.

TÉMOIGNAGE.

Lorsque nous fûmes engagés par serment l'un envers
l'autre, et que le contrat fut déposé chez Androclide, je
fis deux lots, juges. L'un des lots comprenait la maison
que Conon habitait lui-même et les esclaves attachés au
tissage (7). L'autre lot comprenait l'autre maison et les
esclaves employés à broyer les drogues. Tout ce que Conon pouvait avoir laissé d'argent apparent à la banque
d'Héraclide (8) fut à peu près entièrement dépensé pour
les funérailles et les autres cérémonies, et pour l'érection
du monument. Après avoir fait ces deux lots j'en donnai
le choix à Olympiodore (9), le laissant prendre celui des
deux qui lui conviendrait le mieux, et il prit les broyeurs
de drogues et la maison. J'eus donc pour ma part les tis-
serands et l'autre maison. Voilà ce qui revint à chacun de
nous dans le partage. Or dans le lot d'Olympiodore et
parmi les broyeurs de drogues se trouvait un homme en
qui Conon avait la plus grande confiance. Le nom de cet
homme était Moschion. Cet esclave connaissait à peu près
tous les secrets de Conon, et entre autres l'endroit où
était l'argent que Conon conservait chez lui. Conon était
vieux et confiant. Il ne s'aperçut pas que son argent était
dérobé par cet esclave, ce Moschion, qui lui prit d'abord

mille drachmes, mises dans un lieu séparé du reste, puis une autre somme de soixante et dix mines. Conon ne s'aperçut de rien, et le voleur garda tout cet argent par devers lui. Nous venions de nous mettre en possession de nos lots, juges, lorsque nous eûmes un soupçon et une inquiétude au sujet de cet homme, et ce soupçon nous détermina, Olympiodore et moi, à le mettre à la question. Avant même d'y être appliqué, juges, il avoua qu'il avait dérobé mille drachmes à Conon, et déclara avoir encore en sa possession tout ce qu'il n'avait pas dépensé sur cette somme. Quant au surplus de l'argent, il n'en dit pas un mot à ce moment-là. Il restitua donc environ six cents drachmes, et cet argent restitué par lui fut bien et dûment partagé, comme le voulaient les serments que nous nous étions prêtés l'un à l'autre, et le contrat déposé chez Androclide; la moitié fut prise par moi, l'autre moitié par Olympiodore. Depuis, et peu de temps après, Olympiodore, toujours agité du même soupçon contre cet esclave au sujet de l'argent restitué par lui, attacha cet homme et lui donna lui-même la question, de sa main, sans m'avoir appelé, quoiqu'il eût promis avec serment de ne faire aucune recherche si ce n'est en commun, et d'agir toujours d'accord avec moi. Alors, juges, cet homme, dans les souffrances de la torture, avoua encore qu'il avait dérobé à Conon les soixante et dix mines, et rendit tout cet argent à Olympiodore. Lorsque j'appris, juges, que cet homme avait été mis à la question, et qu'il avait rendu l'argent, je crus qu'Olympiodore me remettrait la moitié de cet argent, comme il m'avait déjà remis la moitié du restant des mille drachmes. Aussi je ne le tourmentai pas d'abord, pensant qu'il reconnaîtrait lui-même son obligation, et qu'il ferait mes affaires en même temps que les siennes, de manière que les droits de cha-

cun de nous fussent satisfaits, comme le voulaient les serments et le contrat passé entre nous pour le partage égal
de tous les biens laissés par Conon. Mais voyant qu'il
traînait en longueur sans rien faire, j'eus un entretien
avec lui, et je demandai à recevoir ma part de l'argent
recouvré. Olympiodore trouvait toujours des prétextes et
remettait de jour en jour. A ce moment d'autres prétendants demandèrent l'envoi en possession de la succession
de Conon, et Callippe, mon frère de père, revint des pays
étrangers, et intenta aussitôt une action pour la moitié de
la succession. Cela servit de prétexte à Olympiodore pour
ne pas me rendre l'argent. Il dit que les prétendants se
présentaient en grand nombre, et que je devais attendre
jusqu'après le jugement de toutes ces affaires. J'étais bien
obligé de consentir. Je donnai donc mon consentement.
Après cela nous nous entendîmes, Olympiodore et moi,
comme nous nous l'étions promis avec serment, sur la
question de savoir comment nous ferions pour résister aux
réclamations le mieux et le plus sûrement possible. Nous
convînmes, juges, qu'Olympiodore demanderait le tout,
et moi la moitié, puisque mon frère Callippe ne demandait
lui-même que la moitié. Quand toutes les demandes eurent
été instruites devant l'archonte, il ne resta plus qu'à plaider devant le tribunal. Nous n'étions nullement prêts à
plaider, Olympiodore et moi, surpris que nous étions par
le grand nombre de prétendants qui nous étaient tout à
coup tombés sur les bras. Dans ces circonstances, nous
examinâmes ensemble si en l'état il y avait quelque
moyen de gagner du temps, afin de nous préparer à loisir
pour la lutte. Un hasard favorable ou quelque dieu vous fit
à ce moment approuver l'avis de vos orateurs au sujet de
l'envoi de troupes en Acarnanie (10), Olympiodore fut appelé au service et partit en expédition avec les autres. Nous

1.

ne pouvions pas, juges, nous le pensions du moins, trouver une raison plus belle, pour faire remettre l'affaire, que cette absence d'Olympiodore, parti en expédition pour le service de l'État. Lorsque l'archonte appela au tribunal tous ceux qui demandaient l'envoi en possession, conformément à la loi, nous demandâmes un délai, en affirmant avec serment qu'Olympiodore était absent pour service public, et se trouvait en expédition. Mais à cette affirmation nos adversaires en opposèrent une contraire. Ils dirent beaucoup de mal d'Olympiodore, et, comme ils parlaient après nous, ils persuadèrent les juges qui décidèrent qu'Olympiodore était absent en vue du procès et non pour un service public. Après cette décision des juges, l'archonte Pythodote, conformément à la loi, raya du rôle la demande d'Olympiodore, et, celle-là étant rayée, je fus forcé de mon côté d'abandonner la mienne relativement à la moitié de la succession (11). En cet état l'archonte adjugea à nos adversaires la succession de Conon. Il ne pouvait faire autrement, aux termes des lois. Dès qu'ils eurent obtenu cette sentence, nos adversaires se rendirent au Pirée, et se mirent en possession de tout ce que chacun de nous avait pris dans son lot, lors du partage. Comme j'étais présent je fis moi-même la remise, car il fallait bien obéir aux lois; mais, Olympiodore étant absent, ils prirent et enlevèrent tous ses meubles, à l'exception de l'argent qu'il avait tiré de l'esclave mis par lui à la question; en effet, ils n'avaient aucun moyen d'appréhender cet argent. Voilà ce qui se passa pendant l'absence d'Olympiodore, et tel est le fruit que j'ai recueilli de mon association avec lui. Lorsque Olympiodore fut de retour avec le corps expéditionnaire, il se montra fort irrité de ce qui était arrivé, juges, et se considéra comme odieusement dépouillé. Au fort de sa colère, nous eûmes une nouvelle réunion et

nous délibérâmes ensemble, Olympiodore et moi, pour
voir par quel moyen nous pourrions recouvrer quelque
chose de ce que nous avions perdu. De cette délibération
il résulta pour nous qu'il fallait appeler en justice (12) les
envoyés en possession, suivant la loi, et nous pensâmes
qu'à raison des circonstances le plus sûr était de ne pas
nous réunir tous deux pour courir la même chance contre
les autres prétendants, mais d'agir à part et chacun pour
soi. Olympiodore revendiquerait la succession tout entière, comme la première fois, et plaiderait pour lui seul,
et moi je demanderais la moitié seulement, puisque mon
frère Callippe n'avait lui-même réclamé que la moitié.
De la sorte, si Olympiodore gagnait son procès, je rece-
vais de lui une seconde fois ma part, selon nos conventions et nos serments. Si, au contraire, il échouait et que
les juges ne décidassent pas en sa faveur, ce serait lui
qui recevrait de moi une part en tout honneur et toute
loyauté comme nous nous y étions engagés l'un envers
l'autre, par serment et par écrit. En conséquence, après
avoir ainsi délibéré, et reconnu ce qu'il y avait de mieux
à faire pour nous deux, Olympiodore et moi, nous assi-
gnâmes en justice tous les détenteurs des biens de Conon,
suivant la loi. Lis-moi la loi suivant laquelle cette assignation eut lieu.

LOI.

C'est suivant cette loi, juges, que l'assignation eut lieu
et que nous reprîmes nos demandes primitives, en formant opposition sur défaut. Après cela l'archonte pro-
céda à l'instruction pour tous les revendiquants et, cette
instruction terminée, il nous introduisit devant le tribunal. Olympiodore plaida le premier, dit ce qu'il voulut
et produisit les témoignages qu'il jugea à propos de pro-

duire. Moi, juges, je restai assis à l'autre banc, gardant
le silence. Grâce à cette distribution des rôles, Olympiodore fut sans peine vainqueur. Mais, après ce succès
obtenu, lorsqu'il s'est vu investi, par jugement du tribunal, de tout ce que nous avions voulu ressaisir, et qu'il
eut reçu des premiers envoyés en possession la restitution
de ce qu'eux-mêmes avaient reçu de nous, nanti de tout,
sans compter l'argent tiré de l'esclave mis à la question,
bien loin de me faire raison de rien, Olympiodore a tout
gardé pour lui, quoiqu'il se fût engagé envers moi, par
serment et par contrat, à un partage égal. Le contrat est
encore aujourd'hui déposé chez Androclide, et ce dernier
vous l'a déclaré lui-même. Mais sur tous les autres faits
que j'ai avancés je veux vous produire des témoignages.
Avant tout et pour remonter au commencement, je veux
vous prouver qu'Olympiodore et moi, sans avoir recours
à la justice, nous avons partagé également les biens apparents laissés par Conon. Prends-moi d'abord ce témoignage et lis ensuite tous les autres.

TÉMOIGNAGE.

Prends-moi encore la sommation que je lui ai adressée
au sujet de l'argent tiré de l'esclave mis à la question.

SOMMATION.

Lis encore cet autre témoignage constatant qu'après
avoir obtenu leur envoi en possession, nos adversaires se
saisirent de tout ce que nous possédions, à l'exception de
la somme tirée par Olympiodore de l'esclave mis à la
question.

TÉMOIGNAGE.

Vous savez maintenant, juges, par ma plaidoirie et par
les déclarations des témoins comment, dès le commen-

cement, nous avons partagé, Olympiodore et moi, la fortune apparente de Conon, comment Olympiodore tira l'argent de l'esclave, comment enfin les envoyés en possession se saisirent de tout ce qui était détenu par nous, jusqu'au jour où Olympiodore remporta la victoire à son tour, devant le tribunal. Voici maintenant le langage qu'il tient pour ne me rien rendre et pour se refuser à me faire raison en quoi que ce soit. Écoutez-moi bien, juges, si vous ne voulez pas être trompés tout à l'heure par les défenseurs dont Olympiodore s'est pourvu contre moi. Il n'est jamais d'accord avec lui-même, mais il dit tantôt une chose, tantôt une autre, suivant les circonstances, et va colportant des prétextes absurdes, des soupçons, des griefs sans fondement, en un mot il agit dans toute cette affaire en homme de mauvaise foi. Bien des gens lui ont entendu dire, notamment, qu'il n'a pas du tout tiré d'argent de l'esclave. Quand le contraire est prouvé, il dit alors que cet argent est à lui, parce qu'il l'a tiré de son esclave, et qu'en conséquence il ne partagera avec moi ni cet argent, ni rien de ce qu'a laissé Conon. Si maintenant l'un de ses amis et des miens lui demande pourquoi il ne veut rien rendre, lorsqu'il a promis par serment de partager également, et que le contrat existe encore chez le dépositaire, il dit que j'ai violé le contrat, que je me suis mal conduit à son égard, et que je ne cesse pas de parler et d'agir contre lui (13). Voilà les prétextes qu'il met en avant. Tout ce qu'il dit, juges, ce ne sont que soupçons imaginaires, prétextes injustes, artifices employés pour garder ce qu'il devrait me rendre. Mais ce que je vais vous dire pour vous prouver qu'il ment, ce n'est nullement un soupçon. Je vous démontrerai sa mauvaise foi jusqu'à l'évidence en invoquant des faits vrais et connus de tous, et en produisant des témoins sur tous les points.

Et d'abord, juges, je dis que si Olympiodore n'a pas voulu
s'en rapporter à l'arbitrage de nos parents et amis communs, qui savaient parfaitement comment s'étaient passées toutes choses, et qui les avaient suivies depuis le
commencement, c'est parce qu'il savait lui-même, à n'en
pas douter, qu'il serait aussitôt convaincu par eux à son
premier mensonge. Il espère peut-être que devant vous
ses mensonges passeront inaperçus. Je réponds qu'il y aurait de ma part une bien grande inconséquence à chercher à te nuire, Olympiodore, après avoir fourni en
commun avec toi à toutes les dépenses qu'il a fallu faire;
et après avoir moi-même, volontairement, abandonné
ma demande, tandis que tu étais à l'étranger au moment
où la tienne fut rayée du rôle, ton absence ayant paru
motivée par l'intérêt du procès et non par le service public. Il m'était pourtant bien facile de me faire adjuger la
moitié de la succession. Personne ne s'y opposait. Mes
adversaires eux-mêmes y donnaient les mains. Mais si
j'avais fait cela j'aurais par-là même enfreint mon serment,
car je me suis engagé envers toi par un serment et un
contrat à n'agir qu'en commun et d'accord, au mieux de
nos intérêts à tous deux. On ne peut donc rien imaginer
de plus absurde que les prétextes et les griefs sur lesquels
tu te fondes pour me dénier ce qui est mon droit. Ce n'est
pas tout. Crois-tu, Olympiodore, que je t'eusse permis,
dans la lutte finale au sujet de la succession, soit de dire
aux juges tout ce qu'il t'a plu, soit de produire tes témoins
sur tout ce que tu as voulu prouver, si je n'avais pas été
d'accord avec toi pour plaider de concert? En effet, juges,
il a dit devant le tribunal tout ce qu'il a voulu, et, entre
autres choses, il a énergiquement plaidé ceci : La maison
que j'ai recueillie dans mon lot, je l'avais prise à loyer de
lui, et l'argent que j'ai reçu, à savoir, la moitié de la

somme retrouvée sur les mille drachmes dérobées par
l'esclave, c'était un prêt qu'il m'avait fait. Et non-seulement il a dit cela, mais il a encore produit des témoignages. Et moi je n'ai rien dit à l'encontre, personne au
monde ne m'a entendu souffler mot, ni haut ni bas, pendant qu'il plaidait, j'ai reconnu, au contraire, la vérité
de tout ce qu'il a voulu dire. En effet, je plaidais de concert avec toi, comme nous en étions convenus ensemble.
Si ce que je dis n'est pas vrai, comment se fait-il que je
n'aie pas alors attaqué les témoins qui déclaraient ces
choses? Comment suis-je resté impassible? Comment se
fait-il encore, Olympiodore, que tu ne m'aies jamais intenté ni l'action en payement de loyer pour la maison
que tu as soutenu m'avoir louée comme étant tienne, ni
l'action en payement de somme d'argent pour le prétendu
prêt dont tu as parlé devant les juges (14)? Tu n'en as
rien fait. Dès lors comment trouver un homme plus manifestement pris en flagrant délit de mensonge, de contradiction avec lui-même, de griefs allégués sans réalité?
Mais voici, juges, ce qu'il y a de plus fort, et vous allez
voir par là quelle est la mauvaise foi de cet homme, et
comment il méprise le droit des autres. S'il y a quelque
chose de vrai dans ce qu'il dit, il aurait dû le dire et
le prouver avant que la lutte fût engagée, et que les
juges eussent laissé pressentir leur décision. Il aurait dû,
en présence de nombreux témoins, demander l'annulation du contrat déposé chez Androclide, en alléguant
que j'avais enfreint ce contrat, que j'agissais contre lui,
et que dès lors le contrat ne pouvait plus nous lier. Il
devait enfin déclarer à Androclide, dépositaire du contrat,
qu'il considérait désormais ce contrat comme sans effet à
son égard. Voilà ce qu'il devait faire, juges, s'il y avait
quelque chose de vrai dans ce qu'il dit. Et il aurait dû

faire cette démarche auprès d'Androclide d'abord seul,
puis en présence de nombreux témoins, afin qu'elle fût
connue d'un grand nombre de personnes. Il n'en a rien
fait, et on va vous lire sur ce point le témoignage d'Androclide lui-même, chez qui le contrat est déposé. Lis le
témoignage.

TÉMOIGNAGE.

Olympiodore a fait encore autre chose, juges. Je l'ai
sommé et requis de me suivre chez Androclide, où le
contrat est déposé, de prendre en commun une copie du
contrat, puis de mettre de nouveau nos sceaux sur l'original, et de déposer les copies dans la boîte, pour écarter
tout soupçon et vous mettre en état de décider ce qui
vous paraîtrait le plus juste, après avoir entendu tous nos
moyens, comme c'est la règle et le droit. Mais, sur cette
sommation de ma part, il n'a rien voulu faire de ce que
je demandais; au contraire, il a mis en jeu tous les subterfuges pour faire en sorte que vous ne pussiez pas prendre connaissance du contrat par la lecture des pièces
contradictoirement produites (15). Pour vous prouver que
j'ai fait cette sommation, on va vous lire le témoignage
de ceux en présence desquels je l'ai faite. Lis le témoignage.

TÉMOIGNAGE.

Vous voyez bien que cet homme refuse de faire droit à
mes plus justes demandes, et cherche à garder ce que je
dois recevoir. Et quelle preuve plus manifeste que de le
voir d'une part alléguer des prétextes et soulever des
griefs; d'autre part, s'opposer à ce que vous entendiez la
lecture du contrat qu'il prétend avoir été enfreint par
moi? Je lui ai fait sommation alors, en présence des per-

sonnes qui se trouvaient là; aujourd'hui je lui réitère ma
sommation en votre présence, juges. Je demande qu'il
consente, comme j'y consens moi-même, à l'ouverture
du contrat, ici même, au tribunal, qu'il vous soit donné
lecture de cette pièce, et qu'elle soit ensuite scellée de
nouveau devant vous. Androclide est ici présent. Je lui ai
recommandé de venir et d'apporter le contrat. Je consens,
juges, que l'ouverture en ait lieu pendant la plaidoirie
d'Olympiodore, soit dans sa défense, soit dans sa réplique. Peu m'importe. Ce que je veux, c'est que vous entendiez la lecture du contrat et des serments que nous
nous sommes prêtés, Olympiodore et moi. S'il y consent,
qu'il en soit fait ainsi, et vous, écoutez, du moment où
lui-même le trouve bon. Mais s'il ne veut pas faire cela,
ne montrera-t-il pas par là même, juges, qu'il est le plus
impudent de tous les hommes? N'aurez-vous pas raison
de tenir son langage pour suspect et de n'en pas croire
un mot?

Mais à quoi bon me donner tant de peine? Olympiodore
lui-même ne méconnaît pas qu'il se rend coupable envers
moi, coupable envers les dieux, témoins de son serment
et de son parjure. Non, juges, mais quelque chose a gâté
son cœur et troublé son esprit. Je suis affligé et je rougis de
ce que je vais dire devant vous, juges. Il faut pourtant
que je le dise; lorsque vous saurez tout, vous qui êtes
appelés à voter, vous pourrez alors rendre, en ce qui nous
concerne, la décision qui vous paraîtra la meilleure. Si
je dis ces choses, c'est à lui qu'il faut s'en prendre, à lui
qui n'a pas voulu s'en rapporter sur tout ceci à un arbitrage de famille, et qui n'a pas redouté le scandale d'un
procès. Olympiodore, juges, n'a jamais épousé en légitime mariage, une femme athénienne. Il n'a pas d'enfants;
n'en a jamais eu. Mais il a racheté une courtisane qu'il

a mise chez lui. C'est cette femme qui nous ruine tous, et qui le pousse aux excès les plus insensés. N'est-ce pas en effet agir en insensé que de se refuser à exécuter les conventions faites et passées volontairement, de sa part comme de la mienne, et confirmées par serment, et cela quand je l'en presse, non-seulement pour moi, mais pour sa sœur, née du même père et de la même mère, mon épouse légitime, et pour sa nièce, ma fille? Car c'est à elles qu'il fait tort, non moins qu'à moi, et même bien davantage. N'est-ce pas dur pour elles, et croyez-vous qu'elles aient lieu d'être contentes lorsqu'elles voient la maîtresse d'Olympiodore, toute couverte d'or et de beaux vêtements, étaler un luxe sans mesure, sortir en grand équipage et se pavaner à nos dépens, tandis qu'elles-mêmes ne sont pas toujours en état de se procurer toutes ces choses? Ne souffrent-elles pas de tout cela plus que moi-même? Et quand Olympiodore gouverne ainsi sa vie, ne donne-t-il pas des signes évidents de folie et de démence? Pour qu'il ne dise pas, juges, que je parle ainsi en vue de le diffamer à raison de ce procès, on va vous lire le témoignage de ses parents et des miens.

TÉMOIGNAGE.

Vous voyez quel homme est Olympiodore. Non-seulement il fait tort aux autres, mais il gouverne sa vie de telle sorte que ses parents et amis le regardent comme atteint de folie. Pour employer le terme de la loi de Solon, il a perdu le sens comme personne ne l'a jamais perdu, sous l'empire d'une femme de mauvaise vie. Vous savez que la loi de Solon déclare nuls tous les actes faits par un homme qui cède aux suggestions d'une femme (16). A plus forte raison quand c'est une femme comme celle-là. En cela, le législateur a eu grandement raison, et moi je vous en prie, juges, et non-seulement moi, mais ma femme, sœur d'Olympiodore, ma fille, nièce de ce même Olympiodore, nous nous unissons tous, pour vous supplier et vous conjurer, — figurez-vous en effet que ces femmes sont ici devant vous. — Avant tout obtenez d'Olympiodore qu'il cesse de nous faire tort. Que si vous ne pouvez rien obtenir de lui, alors rappelez-vous tout ce que je vous ai dit, et décidez ce qui vous paraîtra le meilleur et le plus juste. En faisant cela vous ferez justice, et vous nous rendrez service à tous, à Olympiodore lui-même autant qu'à nous.

NOTES

(1) Halæ, dème de la tribu Ægéide.

(2) Olympiodore soutient qu'il arrive à la succession de Conon par représentation de sa mère. Le droit athénien admettait la représentation à l'infini, en ligne collatérale comme en ligne directe.

(3) Τὰ νομιζόμενα, le repas funèbre et le sacrifice offert sur la tombe le troisième jour après les funérailles. Voy. Hermann, t. 3, § 39, n° 34.

(4) Nous avons déjà parlé de la distinction des biens en apparents et non apparents. Elle se représente souvent chez les orateurs athéniens, mais il ne faut pas y chercher une règle, ni une définition juridique, c'est tout simplement l'expression d'un fait.

(5) Dans les successions collatérales les héritiers n'étaient pas saisis de plein droit. Ils devaient présenter leurs demandes d'envoi en possession, chacun pour soi. L'archonte réunissait toutes les demandes, les instruisait et les renvoyait devant le tribunal, qui adjugeait la succession à celui dont la demande paraissait le mieux fondée. La demande s'appelait ἀμφισβήτησις, l'adjudication ἐπιδικασία.

(6) Acharnes, dème de la tribu Œnéide.

(7) Σακχυφάνται. Il s'agissait d'un tissage de toile grossière servant à faire des voiles et des sacs.

(8) Les fonds déposés en banque étaient apparents ou non apparents, suivant les circonstances.

(9) C'est une règle constante dans les partages. L'un fait les lots et l'autre choisit. Voy. les plaidoyers contre Spoudias, et pour Phormion.

(10) Cette expédition en Acarnanie eut lieu en 343, à la suite d'une ambassade de Démosthène dans le Péloponnèse, après la seconde Philippique.

(11) Ce qui forçait Callistrate à abandonner sa demande, c'était la convention qu'il avait faite avec Olympiodore et par laquelle ils s'étaient engagés l'un envers l'autre à ne jamais agir séparément.

(12) C'est-à-dire revenir par opposition (ἀντιγραφή) contre le jugement d'adjudication qui avait été rendu par défaut.

(13) L'inexécution du contrat de la part de l'une des parties dispensait l'autre partie d'exécuter ses obligations. Mais il fallait toujours une décision judiciaire pour annuler ce contrat (ἀναιρεῖν), à moins que les parties ne consentissent d'un commun accord à cette annulation.

(14) La δίκη ἐνοικίου est l'action en payement de loyers, la δίκη ἀργυρίου est l'action en payement d'une somme d'argent.

(15) Pour qu'une pièce fût jointe au procès officiellement, c'est-à-dire mise et scellée dans la boîte, par l'arbitre, pour être ensuite lue devant le tribunal, il fallait qu'elle fût reconnue par les deux parties. A défaut de cette reconnaissance, on ne pouvait faire joindre au procès qu'une sommation adressée à l'adversaire, à fin de reconnaissance. C'était au tribunal à tirer du refus de l'adversaire telles inductions que de droit.

(16) Cette loi de Solon revient souvent dans les plaidoyers athéniens. Voy. par exemple le deuxième plaidoyer contre Stéphanos.

XXII

SOSITHÉE CONTRE MACARTATOS

ARGUMENT

Hagnias, fils de Polémon, du dème d'Œon, faisait partie
d'une ambassade envoyée par les Athéniens. Il tomba entre les
mains des Lacédémoniens qui le mirent à mort. Il ne laissait
qu'une fille adoptive, qui mourut elle-même avant d'avoir été
mariée, or, la fille adoptive n'était pas héritière : elle recevait
seulement les biens à titre de dot, pour les transmettre à ses
enfants, qui étaient les vrais héritiers. La succession de Hagnias, qui s'élevait à plus de deux talents, se trouva ainsi dé-
volue à ses collatéraux. Phylomaché, fille d'Eubulide, fils de
Philagros, cousin germain de Polémon, père de Hagnias, demanda et obtint l'envoi en possession.

Glaucon et Glaucos, frères utérins de Hagnias, se présentèrent alors et revendiquèrent la succession, aux termes d'un
testament fait en leur faveur par Hagnias, pour le cas où la
fille adoptive de Hagnias viendrait à mourir avant d'avoir été
mariée. Mais le testament fut déclaré faux, et Phylomaché
maintenue en possession de l'hérédité.

Ce premier procès terminé, un second commence. Théopompe, fils de Charidème, cousin germain de Polémon, père
de Hagnias, revendique la succession, comme étant d'un degré
plus proche que Phylomaché ; Glaucon et Glaucos la revendiquent également, non plus comme héritiers testamentaires,
mais comme héritiers du sang. La mère de Hagnias se présente
aussi pour recueillir la succession. Une sorte de concours s'ou-

vre ainsi entre tous ces prétendants et Phylomaché, et c'est
Théopompe qui l'emporte. Théopompe avait soutenu, nous le
savons par Isée, que Phylomaché était à un degré plus éloigné
que lui, et n'était même pas au degré successible, car la dévolution s'arrêtait en ligne collatérale aux enfants de cousins,
faute desquels elle passait aux parents par la mère : frères,
sœurs, cousins et enfants de cousins. Quant à la mère de Hagnias, elle était sœur de Stratios, et par conséquent parente
de Hagnias au degré d'enfant de cousin, mais Théopompe, qui
était au même degré, l'excluait, en vertu de cette règle générale
qu'au même degré les hommes passaient avant les femmes.
Elle se présenta donc non comme enfant de cousin, mais comme
mère, prétention remarquable, car, dit avec raison Isée, la loi
athénienne n'accorde à la mère aucun droit sur la succession
de ses enfants. Ce droit, que la loi ne lui donnait pas, on
cherchait à le lui faire reconnaître par la jurisprudence, et on
paraît y avoir réussi plus tard; mais au temps d'Isée on n'y
était pas encore parvenu. Théopompe gagna donc encore ce
procès contre la mère de Hagnias.

Après cela, Théopompe eut encore à lutter contre son neveu,
le fils de son frère Stratoclès. C'était un enfant en bas âge. En
pareil cas, le tuteur pouvait agir par la voie criminelle, et c'est
ce qui eut lieu, en effet, sous la forme d'une εἰσαγγελία, c'est-
à-dire d'une accusation précédée d'une dénonciation solennelle
à l'assemblée du peuple. Mais Théopompe n'eut pas de peine
à se justifier : il prouva que son neveu était à un degré plus
éloigné que lui, et ne se trouvait pas même au degré successible, car ce neveu était exactement dans la même position
que Phylomaché. Il montra que pour obtenir la succession il
n'avait eu besoin de faire aucun pacte, ni avec Stratoclès son
frère, appelé au même degré que lui, ni avec le fils de Stratoclès, qui n'était pas au degré successible. Il fut donc maintenu
en possession de l'hérédité.

Cependant, Phylomaché et la mère de Hagnias avaient intenté
des actions de faux témoignage contre les témoins produits par
Théopompe, et le succès de ces actions aurait entraîné l'annu-

lation des jugements qui avaient conféré la succession à Théopompe. Ces actions furent-elles abandonnées? Cela paraît probable; car, si elles avaient été suivies jusqu'au bout, Démosthène en aurait sans doute parlé.

C'est alors que Phylomaché et son mari Sosithée imaginèrent un moyen de recommencer la lutte. Deux fils étaient issus de leur union. Ils prirent le plus jeune et, au moyen d'une adoption posthume, ils le firent entrer dans la maison de son aïeul maternel Eubulide, père de Phylomaché. L'adoption posthume était valable dans les idées religieuses des Athéniens. Elle servait à empêcher que les maisons ne devinssent désertes. La grosse affaire était d'assurer la perpétuité de la famille. Il fallait entretenir le culte des morts, et comme le dit Racine :

> ... de David éteint rallumer le flambeau.

Le nouveau procès s'engage donc entre le jeune Eubulide, représenté par son père Sosithée, et Théopompe.

Mais quel droit le jeune Eubulide peut-il faire valoir contre Théopompe? L'adoption lui donne bien un degré, mais elle est encore insuffisante pour le faire arriver à la succession, car le père adoptif était déjà au degré d'enfant de cousin, c'est-à-dire au dernier degré des successibles. Quelle pouvait donc être la prétention du jeune Eubulide? Le voici: c'est qu'Eubulide II, s'il n'était qu'enfant de cousin par son père, était cousin par sa mère, qui s'appelait aussi Phylomaché, et qui était sœur de Polémon, père de Hagnias. Or, la loi appelait les collatéraux dans l'ordre suivant :

La première classe comprenait les parents de la ligne paternelle, c'est-à-dire tous ceux qui se rattachaient, soit par les hommes, soit par les femmes, au père du défunt, à savoir d'abord : les frères et sœurs et leurs enfants, puis les cousins et cousines et leurs enfants. La dévolution s'arrêtait aux enfants de cousins, et par conséquent aux petits-enfants de frères et sœurs. A égalité de degré, les mâles étaient préférés.

La seconde classe comprenait les parents de la ligne maternelle dans le même ordre.

Le jeune Eubulide appartenait donc ainsi au second ordre d'héritiers comme descendant de l'aïeul de Hagnias, tandis que Théopompe descendait seulement du bisaïeul de Hagnias. D'ailleurs, il n'était pas au delà du degré successible puisque par son père, c'est-à-dire du côté où il était le plus éloigné, il était encore enfant de cousin. Il passait donc avant Théopompe. Mais pour qu'il en fût ainsi, il fallait que Phylomaché, mère d'Eubulide II, eût été sœur de Polémon des deux côtés, paternel et maternel, car les parents de la ligne maternelle n'arrivaient qu'après ceux de la ligne paternelle. Or, c'était là le point contesté par Théopompe. Aussi, c'est le point que Sosithée s'efforce d'établir par des témoignages.

La solution du procès dépendait de ce point de fait. Sosithée y rattache une considération d'équité : c'est que les gens de la maison doivent passer avant les autres. Sans doute la loi civile ne parle pas de la maison, lorsqu'il s'agit de régler la dévolution des successions, mais l'ordre des successions n'est institué que pour assurer la perpétuité des maisons, et pour prévenir l'extinction des foyers domestiques. Or, la maison se compose de tous ceux qui vivent sous le même toit, père, mère, enfants, domestiques, et aussi les collatéraux, lorsqu'ils partagent l'habitation commune. Quand un fils de famille se mariait, il pouvait rester dans la maison de son père, ou aller dans la maison des parents de sa femme ; il pouvait aussi fonder une maison distincte et un ménage séparé, χωρὶς οἰκεῖν. C'est pourquoi Sosithée a soin de rappeler que les cinq fils de Bousélos fondèrent autant de maisons distinctes. Eubulide II appartenait par son père à la seconde, mais par sa mère il faisait partie de la première, celle de Hagnias, et probablement son père et sa mère étaient restés dans cette maison de Hagnias, de sorte qu'en devenant fils d'Eubulide II, Eubulide III entrait, par le fait, dans la maison de Hagnias. Quoique l'argument ne fût pas juridique, Théopompe en avait senti la force. Aussi prétendait-il appartenir lui-même, on ne sait comment, à la maison de Hagnias. Mais son fils Macartatos n'est ni de la même maison, ni du même dème. C'est ce que Sosithée s'attache à démontrer, et en

même temps il parcourt les lois constitutives de la famille. Il
montre que le droit de succéder est corrélatif à des obligations
rigoureuses, que ces obligations consistent à poursuivre la vengeance, en cas de meurtre, à épouser et à doter l'épiclère pauvre, à rendre les devoirs funèbres, enfin à célébrer la mémoire
des morts aux jours anniversaires. Toutes ces obligations, c'est
Sosithée et les siens qui les ont remplies. Macartatos y est resté
étranger. Il ne peut donc prétendre à la succession, et il le sait
bien, car au lieu de posséder les biens en bon père de famille,
il a fait arracher plus de mille pieds d'olivier et les a vendus,
quand il a vu qu'un nouvel adversaire se présentait contre lui.

Enfin, Macartatos ne peut pas contester l'adoption du jeune
Eubulide, car cette adoption a eu lieu en sa présence, ainsi
que la présentation de l'enfant à la phratrie, et il n'a formé
aucune opposition.

L'attribution de ce discours à Démosthène est contestée par
plusieurs critiques, et notamment par A. Schæfer. Tout le
monde admet qu'il a été réellement prononcé. Quant aux lois
et aux témoignages qui s'y trouvent rapportés, l'authenticité
en a été fort attaquée, mais il n'est guère possible de la révoquer
en doute aujourd'hui. En effet, une de ces lois a été récemment
retrouvée sur une dalle de marbre, près de l'église métropoli-
taine d'Athènes. C'est la loi de Dracon, qui charge les plus
proches parents de poursuivre l'auteur d'un meurtre involontaire. Le texte a été publié par Pittakis, Ἐφημερίς ἀρχαιολογική
n° 888; par Rangabé, *Antiquités helléniques* n° 259, et en dernier lieu par Kœhler dans l'*Hermes*, Berlin 1867, p. 27. Kirch-
hoff, *Inscriptiones atticæ*, t. I, p. 37, Berlin 1873, n'a fait que
reproduire le travail de Kœhler. Après cette découverte la question se trouve évidemment tranchée pour les lois, ce qui rend
au moins probable l'authenticité des témoignages.

Quant à la date, il est plus difficile de la fixer avec certitude.
Un des témoignages cités nous apprend que l'envoi en possession de Phylomaché a eu lieu sous l'archontat de Nicophème,
en 361. Le procès du jeune Eubulide a dû être intenté quelques
années plus tard.

PLAIDOYER

Ce n'est pas la première fois, juges, que nous plaidons contre les mêmes adversaires·au sujet de la succession de Hagnias (1), et rien n'arrête ni leur mépris des lois, ni leurs actes de violence ; tout leur est bon pour obtenir ce qui ne leur appartient pas. C'est donc, en quelque sorte, une nécessité pour moi de vous rappeler les faits depuis le commencement. Par là, juges, il vous sera plus facile de suivre tout ce que j'ai à dire, et on saura quels hommes sont mes adversaires, on verra qu'ils ont commencé depuis longtemps, qu'ils persistent sans relâche à pratiquer de mauvaises manœuvres, à se croire en droit d'arriver à leurs fins quoi qu'ils puissent vouloir. Je vous prie donc, juges, d'écouter avec bienveillance ce que je vais dire, et de me suivre avec attention. De mon côté, je ferai tous mes efforts pour vous exposer clairement les faits.

La mère de l'enfant que voici, juges, était la plus proche parente de Hagnias d'Œon (2). Elle réclama en justice (3) la succession de Hagnias, d'après vos lois. De ceux qui lui contestèrent (4) alors cette succession, pas un seul n'osa se présenter (5) comme étant plus proche qu'elle en degré (tous reconnaissaient que la succession appartenait à cette femme selon l'ordre de dévolution) (6), lorsque Glaucos d'Œon et Glaucon son frère, vinrent avec un faux testament fabriqué par eux. Théopompe, le père de Macartatos que voici, leur prêta son concours pour commettre ce faux et, plus que personne, leur servit de témoin. Mais le testament qu'ils produisirent alors fut reconnu faux, ils perdirent leur procès, et de plus ils

se virent éconduits par le tribunal, avec la réputation de
fripons. Lorsque le héraut demanda si quelque prétendant à la succession de Hagnias, soit comme héritier du
sang, soit comme héritier testamentaire, voulait contester
ou revendiquer (7), Théopompe, le père de Macartatos
que voici, quoique présent, n'osa pas revendiquer, et se
rendit ainsi justice à lui-même comme n'ayant aucun droit
sur la succession de Hagnias. La mère de cet enfant possédait donc la succession, après avoir triomphé en justice
de toutes les contestations élevées contre elle, mais ces
hommes ne respectent rien. Ils ne se croient pas tenus
d'obéir à vos lois, ni aux jugements de vos tribunaux ;
tous les moyens leur sont bons pour enlever à cette femme
la succession que vous lui avez adjugée. Ils se lient donc
les uns envers les autres par un serment et par une convention écrite, et déposent l'acte chez Médeios de Hagnonte (8), après quoi Théopompe, le père de Macartatos
que voici, Glaucon et Glaucos, qui avaient déjà succombé
dans le premier procès, un quatrième parent qu'ils s'ad-
joignent (son nom était Eupolémos), tous associés pour
mal faire, appelèrent cette femme devant l'archonte, pour
voir remettre en question la succession de Hagnias (9),
disant qu'aux termes de la loi toute contestation devait
être dirigée contre l'héritier proclamé en justice et détenteur de la succession. Lorsque l'archonte introduisit l'affaire devant le tribunal et qu'il fallut plaider, nos adversaires se présentèrent au combat armés de toutes pièces,
et la mesure de l'eau qui sert à régler la durée des plaidoiries leur fut donnée quatre fois plus forte qu'à nous.
En effet, juges, l'archonte ne pouvait faire autrement que
d'accorder une mesure pleine à chacune des parties, et
un quart pour les répliques (10). De la sorte, moi qui
plaidais pour ma femme, non-seulement je ne pus expli-

quer comme je le voulais la question de parenté ni les autres points que j'avais à établir, mais je ne pus même réfuter la moindre partie des mensonges qu'ils débitèrent contre nous, car je n'avais qu'un cinquième du temps qui nous était accordé à tous. Leur manœuvre consistait à se prêter un mutuel appui, et à se concéder tout, de l'un à l'autre, tout en affirmant contre nous des faits faux. Ils plaidèrent donc ainsi contre nous, jouant des rôles convenus à l'avance, puis quatre urnes (11) furent apportées conformément à la loi. A ce moment, les juges induits en erreur, et je ne m'en étonne pas, se partagèrent; déconcertés par la manœuvre de nos adversaires, chacun d'eux vota au hasard, et il se trouva dans l'urne de Théopompe environ trois ou quatre voix de plus que dans celle de ma femme.

Voilà, juges, ce qui s'est passé alors. Depuis, cet enfant vint au monde, et je crus devoir mettre l'occasion à profit, non par ressentiment de ma défaite, mais je pensais n'avoir pas de ménagements à garder envers ceux qui avaient plaidé contre moi. Je présentai donc cet enfant à la phratrie de Hagnias et je le donnai en adoption à Eubulide, son aïeul maternel, pour que la maison ne devînt pas déserte (12). En effet, juges, cet Eubulide, qui était le plus proche parent de Hagnias, demandait ardemment aux dieux qu'il lui naquît un fils, de même qu'il lui était né une fille, la mère de cet enfant que voici; mais, déçu dans cet espoir, et voyant qu'il n'avait pas un seul enfant mâle, il songea à prendre un enfant de sa fille pour le faire entrer comme fils adoptif dans sa maison et dans celle de Hagnias, et le présenter à la phratrie de ce dernier; il pensait, juges, qu'aucune autre personne ne pouvait lui tenir de plus près et qu'il n'y avait pas de meilleur parti à prendre pour perpétuer sa maison et empêcher

2.

qu'elle ne devînt déserte. Je me conformai à ces intentions lorsque j'eus épousé la fille d'Eubulide, après m'être
fait reconnaître en justice comme son plus proche parent (13). Je présentai cet enfant à la phratrie de Hagnias
et d'Eubulide, dans laquelle étaient entre autres Théopompe, le père de Macartatos que voici, alors vivant,
et Macartatos lui-même. Les membres de cette phratrie,
à laquelle appartenait Macartatos, juges, mieux instruits
que personne de la filiation, virent que Macartatos ne
voulait pas s'aventurer de sa personne dans une contestation, qu'il n'enlevait pas l'offrande de l'autel, comme il
aurait dû le faire si l'introduction de l'enfant n'eût pas été
légitime, et qu'il se contentait de les pousser à oublier
leur serment (14). Ils commencèrent à voter pendant que
le feu consumait les offrandes, et, donnant leurs suffrages
du haut de l'autel de Jupiter, protecteur de la phratrie,
ils déclarèrent conformément au droit, juges, que cet enfant entrait bien et dûment, comme fils adoptif d'Eubulide,
dans la maison de Hagnias. Depuis ce vote de la phratrie
de Macartatos, cet enfant, devenu le fils d'Eubulide, as-
signa Macartatos en revendication de l'héritage de Hagnias. Il se fit donner l'action par l'archonte, et désigna
son frère comme agissant en son nom (15). En effet, je
ne pouvais plus, juges, prendre cette qualité depuis que
j'avais donné l'enfant en adoption dans la maison d'Eubulide. Et cet enfant fit son assignation, suivant la loi, de
même que ceux-ci avaient assigné sa mère qui s'était auparavant fait reconnaître héritière en justice et qui possédait
l'héritage de Hagnias. Lis-moi la loi, aux termes de
laquelle l'assignation doit être donnée à celui qui possède
la succession.

LOI.

« Celui qui voudra revendiquer un héritage ou une fille héritière contre la personne dont les droits ont été reconnus en justice, doit assigner cette personne devant l'archonte, comme pour toute autre action. Le revendiquant consignera la peine du plaideur téméraire. S'il se fait déclarer héritier sans avoir assigné, la déclaration qu'il aura obtenue sera nulle. Si la personne dont les droits ont été reconnus en justice est décédée, son héritier sera assigné, tant que la prescription ne sera pas acquise (16). La revendication sera dirigée contre le possesseur, à l'effet d'examiner comment il a fait reconnaître son droit à la succession qu'il détient. »

Vous avez entendu la loi. J'ai maintenant, juges, une juste prière à vous adresser. Si je vous prouve qu'Eubulide, cet enfant que voici, et Phylomaché, la mère de cet enfant, et la fille d'Eubulide, sont plus proches parents de Hagnias que Théopompe, le père de Macartatos ; si je vous prouve qu'ils ne sont pas seulement plus proches, mais qu'il n'y a plus absolument personne dans la maison de Hagnias, si ce n'est la mère de cet enfant et cet enfant lui-même, si je fais cette preuve, je vous en prie, juges, prêtez-nous votre appui.

J'avais d'abord eu la pensée, juges, d'écrire sur un tableau tous les parents de Hagnias, et de vous les montrer ainsi tous, l'un après l'autre. Mais ce tableau n'aurait pu être également aperçu par tous les juges, et il aurait échappé aux regards des plus éloignés ; il me paraît donc indispensable d'employer la parole pour vous instruire, car la parole peut arriver à tous. De notre côté, nous ferons tous les efforts possibles pour mettre la plus grande brièveté dans notre exposition de la parenté de Hagnias.

Bousélos, juges, était du dème d'OEon. Il eut cinq fils, Hagnias, Eubulide, Stratios, Habron et Cléocrite. Tous ces fils de Bousélos parvinrent à l'âge d'hommes, et leur

père Bousélos partagea entre eux tous ses biens loyalement
et équitablement, comme de raison. Après ce partage,
chacun d'eux prit une femme, d'après vos lois, et ils
eurent tous des enfants et des petits-enfants. Il y eut
ainsi cinq maisons sorties de l'unique maison de Bousélos.
Chacun des fils de celui-ci habita séparément dans la
sienne et y procréa des descendants. En ce qui concerne
trois des cinq frères, fils de Bousélos, et les descendants
qu'ils ont eus, à quoi bon, juges, nous donner, à vous et
à moi, l'embarras d'établir la parenté de chacun? Parents
au même degré que Théopompe, et tenant d'aussi près à
Hagnias, de la succession duquel il s'agit, aucun d'eux
ne nous a jamais troublés, ni auparavant, ni aujourd'hui;
aucun d'eux n'a jamais revendiqué contre nous ni l'héritage de Hagnias, ni l'héritière dont je suis l'époux, après
l'avoir obtenue en justice. Ils savaient bien qu'ils n'avaient
aucun droit à la succession de Hagnias. Il me paraît donc
tout à fait inutile de parler d'eux, autrement que pour
mémoire. Mais pour ce qui regarde Théopompe, le père
de Macartatos, et Macartatos lui-même, je suis obligé d'en
parler. Au surplus, juges, ce que j'ai à dire n'est pas
long. Vous avez entendu tout à l'heure que Bousélos eut
cinq fils : l'un d'eux fut Stratios, bisaïeul de Macartatos,
un autre fut Hagnias, bisaïeul de l'enfant que voici. Hagnias eut un fils, Polémon, et une fille, Phylomaché,
née du même père et de la même mère que Polémon. De
Stratios, le frère de Hagnias, naquirent Phanostraté et
Charidème, aïeul de Macartatos. Je vous le demande,
juges, lequel est plus proche parent et tient de plus près
à Hagnias? Son fils Polémon et sa fille Phylomaché, ou
Charidème, fils de Stratios et neveu de Hagnias? Pour
moi, je pense qu'un fils et une fille tiennent de plus près
à chacun de nous qu'un neveu. Et ce n'est pas seulement

parmi nous qu'on suit cette loi, c'est chez tous les peuples, Grecs ou barbares. Ce point étant accordé, vous me suivrez facilement, juges, dans ce qui me reste à dire, et vous allez voir que nos adversaires sont des hommes violents et ne respectant rien. Polémon, le fils de Hagnias, eut lui-même un fils appelé Hagnias, du nom de son aïeul. Ce second Hagnias mourut sans enfants. Mais de Phylomaché, sœur de Polémon, et de Philagros, à qui elle fut donnée en mariage par son frère Polémon — Philagros était cousin de Polémon, comme fils d'Eubulide, le frère de Hagnias, — de Philagros, dis-je, cousin de Polémon, et de Phylomaché, sœur de Polémon, naquit un fils, Eubulide, père de la mère de cet enfant. Tels furent les enfants de Polémon et de Phylomaché, sœur de Polémon. Quant à Charidème, fils de Stratios, il eut pour fils Théopompe, père de Macartatos que voici. Eh bien, juges, je le demande encore, lequel est le plus proche parent, lequel tient de plus près à Hagnias, le premier du nom ? Est-ce Hagnias, fils de Polémon, et Eubulide, fils de Phylomaché et de Philagros ? ou Théopompe, fils de Charidème et petit-fils de Stratios? Pour moi, juges, si le fils et la fille sont au degré le plus proche, il me semble que le fils du fils et celui de la fille sont plus rapprochés que le fils du neveu et que l'enfant qui est d'une autre maison. Maintenant Théopompe eut pour fils Macartatos que voici. Eubulide, fils de Phylomaché et cousin de Hagnias par son père, eut cet enfant (17), qui est à Hagnias fils de cousin par son père, puisque Phylomaché, mère d'Eubulide, et Polémon, père de Hagnias, étaient frère et sœur, issus du même père et de la même mère. Pour Macartatos que voici, le fils de Théopompe, il ne lui est né aucun enfant qui continue sa maison et celle de Stratios. Les choses étant ainsi, l'enfant que vous voyez est

de ceux auxquels la loi donne un nom (18), et jusqu'auxquels elle veut qu'il y ait dévolution. Il est le fils du
cousin de Hagnias, car son père Eubulide était le cousin
de Hagnias, de la succession duquel il s'agit. Au contraire,
Théopompe, père de Macartatos que voici, aurait été bien
embarrassé de dire sous quel nom Macartatos est désigné
par la loi, puisqu'il était d'une autre maison, celle de
Stratios. Or, juges, la succession de Hagnias ne peut pas
revenir à une personne d'une autre maison, tant qu'il
reste un rejeton vivant dans la maison de Hagnias; elle
ne peut pas nous être violemment arrachée comme nos
adversaires s'efforcent de le faire, quoique plus éloignés
en degré et ne faisant pas partie de la même maison. —
C'est en effet sur ce point, juges, que Théopompe, père
de Macartatos que voici, a usé d'imposture contre nous.
— Quels sont donc ces derniers rejetons? Ceux qui sont
maintenant dans la maison de Hagnias, Phylomaché, ma
femme, fille d'Eubulide, le cousin de Hagnias, et cet enfant introduit par adoption dans la maison d'Eubulide et
de Hagnias. Théopompe, père de Macartatos que voici,
et d'une autre maison que celle de Hagnias, a dit aux
juges un mensonge énorme. Il a dit de Phylomaché, sœur
de Polémon et tante de Hagnias, qu'elle n'était pas à Polémon, fils de Hagnias, une sœur née du même père et de
la même mère, et de plus, il s'est donné lui-même comme
étant de la même maison que Hagnias, tandis qu'il n'en a
jamais été. Théopompe avait beau jeu pour dire toutes ces
choses. Il ne produisait aucun témoin que nous pussions
discuter, et, pour appuyer ses affirmations, il avait ses
complices, qui se prêtaient un mutuel secours et agissaient
de concert, pour enlever à la mère de cet enfant la succession que vos suffrages lui avaient adjugée. Je veux
donc, juges, vous produire les témoignages établissant

les faits que je viens d'exposer, d'abord celui-ci, que Phylomaché, fille d'Eubulide, a obtenu la succession contre
tous, comme étant la plus proche en degré, et ensuite
tout le reste. Lis la déposition.

TÉMOIGNAGE.

« Tels et tels déclarent avoir été présents devant l'arbitre, sous
l'archontat de Nicophème, lorsque Phylomaché, fille d'Eubulide,
obtint la succession de Hagnias, contre tous ses compétiteurs. »

Vous venez d'entendre, juges, que la fille d'Eubulide a
obtenu, de préférence à tous les autres, la succession de
Hagnias. Cette victoire n'est due ni à d'injustes manœuvres, ni à un complot. Jamais, au contraire, il n'y en eut
de plus juste, car nous montrâmes que cette femme était
au degré le plus proche de Hagnias, de la succession duquel il s'agit, étant fille de cousin par son père, et de
la maison de Hagnias. Si donc Macartatos vient vous dire
que son père Théopompe a obtenu cette succession, répondez-lui, juges, que cette femme l'a elle-même obtenue
et à bon droit, étant de la maison de Hagnias, et la fille
d'Eubulide, cousin de Hagnias ; que Théopompe n'a pas,
à vrai dire, remporté de victoire, qu'il a seulement réussi
par imposture, n'étant d'aucune façon de la maison de
Hagnias. Répondez-lui cela, juges, et ajoutez que l'enfant
que voici, Eubulide, fils d'Eubulide, étant par son père
fils de cousin à Hagnias, de la succession duquel il s'agit,
n'a été vaincu ni par Théopompe, père de Macartatos, ni
par qui que ce soit au monde. Aujourd'hui, la lutte et la
contestation judiciaire sont engagées sur la succession de
Hagnias entre ce fils d'Eubulide et Macartatos, fils de
Théopompe. Celui des deux dont la cause vous paraîtra
la plus juste et la plus conforme aux lois, celui-là, juges,
obtiendra évidemment vos suffrages. Lis les témoignages

qui restent et qui prouvent d'abord que Phylomaché, tante de Hagnias, était à Polémon, père de Hagnias, sœur née du même père et de là même mère. On vous lira ensuite tous les autres témoignages relatifs à la parenté.

TÉMOIGNAGES.

« Tels et tels témoignent être du même dème que Philagros, père d'Eubulide, et que Polémon, père de Hagnias. Ils savent que Phylomaché, mère d'Eubulide, passait pour être sœur de père et de mère à Polémon, père de Hagnias, et ils n'ont jamais entendu parler d'un frère de Polémon, père de Hagnias. »

AUTRE.

« Tels et tels témoignent qu'Œnanthé, la mère de leur aïeul Stratonide, était cousine issue de frère consanguin à Polémon, père de Hagnias, et ils ont entendu dire à leur père que Polémon, père de Hagnias, n'avait jamais eu de frère, qu'il avait au contraire une sœur, Phylomaché, née du même père et de la même mère, mère d'Eubulide père de Phylomaché, femme de Sosithée. »

AUTRE.

« Un tel témoigne être parent d'Eubulide, de la même phratrie et du même dème. Il a entendu dire à son père et aux autres parents que Polémon, père de Hagnias, n'a jamais eu aucun frère, mais bien une sœur de père et de mère, Phylomaché, mère d'Eubulide, père de Phylomaché, femme de Sosithée. »

AUTRE.

« Un tel témoigne qu'il a pour aïeul Archimaque, qu'il a été adopté par ce dernier, et qu'il est parent de Polémon, père de Hagnias. Il a entendu dire à Archimaque et aux autres parents que Polémon, père de Hagnias, n'a jamais eu de frère, mais bien une sœur de père et de mère, Phylomaché, mère d'Eubulide, père de Phylomaché, femme de Sosithée. »

AUTRE.

« Un tel témoigne que Callistrate, père de sa femme, était cousin issu de frère consanguin à Polémon, père de Hagnias, et à Charidème, père de Théopompe, et que sa mère à lui était fille de cousin à Polémon. Leur mère leur a dit souvent que Phylomaché,

mère d'Eubulide, était sœur de père et de mère à Polémon, père
de Hagnias, et que Polémon, père de Hagnias, n'a jamais eu de
frère. »

Lors du premier procès, juges, lorsque nos adversaires
conjurés et réunis ensemble luttèrent à plusieurs contre
une femme, nous négligeâmes, soit de nous procurer
des témoignages écrits sur les faits qui n'étaient pas dé-
niés, soit d'appeler des témoins, tant nous étions convaincus que nous n'avions rien à craindre de ce côté.
Mais eux avaient tout mis en œuvre, et sans scrupule,
pour se préparer à cette lutte, et ils ne s'appliquèrent
qu'à tromper à ce moment les juges. Ils soutinrent, en
effet, que Polémon, père de Hagnias, n'avait jamais eu
de sœur née du même père et de la même mère. Ils eurent assez d'impudence et de mauvaise foi pour en impo-
ser aux juges sur un fait si considérable et si notoire,
c'est sur ce point qu'ils concentrèrent tous leurs efforts,
toute la lutte. Mais, aujourd'hui, nous vous produisons
des témoins en nombre égal touchant la tante de Polémon
et la tante de Hagnias. Vienne qui voudra témoigner en
faveur de Macartatos, et dire : Polémon et Phylomaché
n'étaient pas frère et sœur de père et de mère, » ou « Polémon n'était pas fils, ni Phylomaché fille de Hagnias, fils
de Bousélos, » ou « Polémon n'était pas père de Hagnias,
de la succession duquel il s'agit, » ou « Phylomaché,
sœur de Polémon, n'était pas tante de ce même Hagnias, »
ou « Eubulide n'était pas fils de Phylomaché ni de Philagros, cousin de Hagnias (19), » ou « Phylomaché, qui
est encore vivante, n'est pas la fille d'Eubulide, cousin
de Hagnias, » ou « cet enfant n'est pas le fils de ce même
Eubulide et n'est pas entré par adoption, suivant vos lois,
dans la maison d'Eubulide, » ou enfin « Théopompe,
père de Macartatos que voici, était de la maison de Ha-

gnias. » Permis à qui voudra de venir déclarer telle ou
telle de ces choses en faveur de Macartatos. Je sais bien
qu'il ne se trouvera personne d'assez audacieux, d'assez
insensé pour le faire. Pour vous démontrer, juges, qu'ils
n'ont dû leur premier succès qu'à leur impudence, et que
leur cause n'était pas juste, greffier, lis les témoignages
qui restent encore.

TÉMOIGNAGES.

« Un tel témoigne qu'il est parent de Polémon, père de Hagnias.
Il a entendu dire à son père que Polémon avait pour cousins issus
de frères de père, Philagros, père d'Eubulide, Phanostraté, fille
de Stratios, Callistrate, père de la femme de Sosias, Euctémon,
qui a été archonte roi, et Charidème, père de Théopompe et de
Stratoclès, qu'en outre, Eubulide, par son père Philagros, était au
même degré que les enfants de Charidème et que Hagnias,
qu'enfin ce même Eubulide par sa mère Phylomaché passait pour
être cousin de Hagnias, du côté paternel, étant né de la tante
paternelle de Hagnias. »

AUTRE.

« Tels et tels témoignent être parents de Polémon père de Hagnias, de Philagros père d'Eubulide, et d'Euctémon qui a été
archonte roi ; ils savent qu'Euctémon était frère de père à Philagros, père d'Eubulide, et qu'au moment du procès engagé sur la
succession de Hagnias entre Eubulide et Glaucon, Euctémon vivait
encore, qu'il était cousin issu de frère de père à Polémon, père de
Hagnias, et que ni lui, ni aucun autre parent à aucun degré, ne
conteste à Eubulide la succession de Hagnias. »

AUTRE.

« Tels et tels témoignent que leur père Straton était parent de
Polémon père de Hagnias, de Charidème père de Théopompe, et
de Philagros père d'Eubulide. Il a entendu dire à son père que
Philagros a eu pour première femme Phylomaché sœur de père et
de mère à Polémon père de Hagnias, et que Philagros a eu de
Phylomaché un fils Eubulide, qu'après la mort de Phylomaché
Philagros a eu pour seconde femme Télésippé, que Ménesthée se
trouvait ainsi être le frère d'Eubulide par son père et non par sa
mère, et qu'au moment où Eubulide revendiqua la succession de

Hagnias, comme plus proche en degré, aucune prétention contraire
ne fut élevée sur cette succession ni par Ménesthée, ni par Euctémon frère de Philagros, ni par aucun autre parent à aucun
degré. »

AUTRE.

« Un tel témoigne que son père Archimaque était parent de
Polémon père de Hagnias, de Charidème père de Théopompe, et de
Philagros père d'Eubulide. Il a entendu dire à son père que Philagros a eu pour première femme Phylomaché sœur de père et de
mère à Polémon père de Hagnias, et qu'il a eu de Phylomaché un
fils Eubulide, qu'après la mort de Phylomaché Philagros a pris
pour seconde femme Télésippé, et que Philagros a eu de Télésippé
Ménesthée frère de père, mais non de mère, à Eubulide, et qu'au
moment où Eubulide réclama la succession de Hagnias comme
plus proche en degré, aucune prétention contraire ne fut élevée
sur cette succession ni par Ménesthée, ni par Euctémon frère de
Philagros, ni par aucun autre parent à aucun degré. »

AUTRE.

« Un tel témoigne que Callistrate, père de sa mère, était frère
d'Euctémon qui fut archonte roi, et de Philagros père d'Eubulide,
que ceux-ci étaient cousins à Polémon père de Hagnias et à Charidème père de Théopompe. Il a entendu dire à sa mère que Polémon père de Hagnias n'avait pas eu de frère, mais qu'il avait eu
une sœur, Phylomaché, née du même père et de la même mère,
que cette Phylomaché avait épousé Philagros, et que de leur union
était né Eubulide père de Phylomaché femme de Sosithée. »

C'était une nécessité pour nous de vous lire ces témoignages, juges, si nous ne voulions avoir le même sort
que la première fois, lorsque étant désarmés nous fûmes
surpris par nos adversaires. Mais un témoignage bien plus
décisif est celui que Macartatos rendra contre lui-même,
lorsqu'il reconnaîtra qu'aucune part de la succession de
Hagnias ne doit revenir ni à son père Théopompe, ni à
lui-même, puisque Théopompe est d'un degré plus éloigné
et n'appartient pas à la même maison. Si on lui demandait, juges, qui est celui qui conteste à cet enfant la suc-

cession de Hagnias, il répondrait assurément Macartatos.
Quel est son père? Théopompe. Sa mère? Apolexis, fille
de Prospaltios, sœur de Macartatos Prospaltios (20). Et
quel était le père de Théopompe? Charidème. Et celui de
Charidème? Stratios. Et celui de Stratios? Bousélos. Cette
maison, juges, est la maison de Stratios, l'un des fils de
Bousélos, et les noms que vous venez d'entendre sont
ceux des descendants de Stratios. Pas un seul de ces
noms ne se retrouve dans la maison de Hagnias; il n'y a
même pas de ressemblance. Maintenant j'interroge cet
enfant, et je lui demande à quel titre il se présente pour
contester à Macartatos la succession de Hagnias. La seule
réponse qu'il pourrait faire, juges, c'est qu'il s'appelle
Eubulide. Quel est son père? Eubulide, cousin de Hagnias.
Sa mère? Phylomaché, qui était à Hagnias fille de cousin
du côté paternel. Et Eubulide, qui était son père? Philagros, cousin de Hagnias (21). Sa mère? Phylomaché, tante
de Hagnias. Hagnias lui-même de qui était-il fils? De Polémon. Et Polémon? De Hagnias. Et Hagnias? De Bousélos. Cette seconde maison est celle de Hagnias, l'un des
fils de Bousélos, et dans cette maison on ne trouve pas
une seule fois le nom d'un des descendants de Stratios,
ni même un nom qui s'en rapproche. La série se poursuit
sans interruption dans la maison de Hagnias, et les noms
se transmettent de génération en génération. Ainsi, partout et de toutes les manières nous trouvons la preuve
que nos adversaires sont d'une autre maison, et d'un
degré plus éloigné, et qu'ils n'ont aucun droit à recueillir
la succession de Hagnias. Voici, en effet, à quelles personnes le législateur donne la dévolution et le droit de
recueillir la succession. On va vous lire les lois.

« Lorsque le défunt n'aura pas fait de testament, s'il laisse des
filles la succession sera recueillie avec celles-ci (23); s'il n'en laisse
point les biens passeront aux personnes ci-après désignées. D'abord
viennent les frères issus du même père, et les enfants légitimes de
frères, par représentation de leur père. A défaut de frères ou
d'enfants de frères, leurs descendants héritent d'après la même
règle, mais la préférence appartient aux mâles et aux descendants
par les mâles, soit au même degré, soit même à un degré plus
éloigné. A défaut de parents du côté du père, en deçà du degré
d'enfants de cousins, les parents du défunt du côté de la mère
hériteront d'après la même règle. A défaut de parents à ce degré,
de l'un et de l'autre côté, le plus proche parent du côté du père
recueillera la succession. Quant aux bâtards des deux sexes, il n'y
a pas de dévolution en leur faveur, et ils n'ont part ni aux choses
sacrées, ni aux choses saintes (24), depuis l'archontat d'Euclide (25). »

La loi explique tout au long, juges, dans quel ordre la
succession est déférée. Ce n'est certes pas à Théopompe
ni à Macartatos, fils de Théopompe, qui ne sont même pas
de la maison de Hagnias. A qui donc la loi donne-t-elle la
succession ? Aux descendants de Hagnias, à ceux qui sont
dans sa maison. Voilà ce que dit la loi, voilà le droit.

Maintenant, juges, il ne faut pas croire que le législateur, en donnant la succession aux parents, ne leur ait pas
imposé des charges. Elle exige au contraire beaucoup de
choses des héritiers, et ne leur permet pas de se soustraire, sous aucun prétexte, à ces obligations rigoureuses.
Mais lis-leur plutôt la loi elle-même, la première.

« Pour les filles héritières qui payent le cens de la quatrième
classe (27), si le plus proche en degré refuse d'épouser celle qui
lui échoit, il sera tenu de la marier avec une dot de cinq cents
drachmes s'il est de la première classe, de trois cents drachmes
s'il est de la seconde, de cent cinquante s'il est de la troisième, en
ce non compris les biens personnels de la fille. S'il y a plusieurs
parents au même degré, chacun d'eux contribuera à la dot pour

sa part; s'il y a plusieurs filles, la famille ne sera pas obligée d'en marier plus d'une, le plus proche parent sera tenu de la marier ou de l'épouser. Si le plus proche parent ne l'épouse pas ou ne la marie pas, l'archonte le contraindra soit à l'épouser soit à la marier. Faute de l'y avoir contraint l'archonte devra payer mille drachmes au profit du temple de Héra. Tout citoyen pourra dénoncer (28) à l'archonte celui qui ne se conformera pas à cette loi. »

Vous entendez, juges, ce que dit la loi. Lorsqu'il s'agissait de savoir à qui devait être assignée, comme fille héritière, Phylomaché, mère de cet enfant, et fille de cousin à Hagnias du côté paternel, je me présentai, obéissant à la loi, et je fis valoir mes droits comme étant le plus proche parent, mais Théopompe, père de Macartatos, ne s'est même pas montré; il n'a pas contesté, sachant bien qu'il n'avait aucun droit, et cela quoiqu'il fût du même âge que moi. Ne voyez-vous pas, juges, tout ce qu'il y a d'insensé dans la prétention de Théopompe, qui, sans avoir jamais élevé aucune contestation au sujet de cette fille héritière, fille de cousin à Hagnias du côté paternel, veut obtenir, contrairement aux lois, la succession de Hagnias? A-t-on jamais vu des gens plus impudents et plus infâmes? Lis les autres lois.

LOIS (29).

« Le droit de prononcer l'interdiction contre le meurtrier appartiendra au parent le plus rapproché en deçà du degré de cousin. Les cousins et enfants de cousins, les gendres, les beaux-frères, les membres de la phratrie se joindront à lui pour exercer la poursuite. Pour transiger, le père, le frère, les enfants, s'ils existent, doivent tous intervenir, et le refus d'un seul est un obstacle insurmontable. S'il n'existe ni père, ni frères, ni enfants, et qu'il s'agisse d'un meurtre involontaire, jugé tel par les Cinquante et un, les membres de la phratrie pourront transiger s'ils le veulent, au nombre de dix. Le choix de ces dix appartiendra aux Cinquante et un. Ils seront pris parmi les plus dignes. Cette loi s'applique même aux meurtres commis antérieurement. »

« S'il survient un décès dans un dème, et que personne ne fasse enlever le corps, le démarque donnera ordre aux parents d'enlever le corps, de faire les funérailles et de purifier le dème, le jour même du décès (30). S'il s'agit d'un esclave, l'ordre sera donné au maître; s'il s'agit de personnes libres, à ceux qui recueillent les biens. Si le défunt ne laisse aucuns biens, l'ordre sera donné aux parents. Si les parents n'enlèvent pas le corps sur l'ordre du démarque, celui-ci devra passer marché, le jour même, au plus bas prix possible, pour l'enlèvement du corps, les funérailles et la purification du dème. S'il néglige de passer ce marché, il devra mille drachmes d'amende au trésor public. La dépense qu'il aura faite lui sera remboursée au double par ceux qui en sont tenus. S'il n'exerce pas son recours, il sera tenu lui-même à l'égard du dème. »

« Ceux qui seront en retard de payer les fermages des bois sacrés de la déesse, des autres dieux, et des héros éponymes seront frappés d'atimie, eux, leurs enfants et leurs héritiers, jusqu'à parfait payement (31). »

Toutes ces obligations que les lois imposent aux parents c'est à nous, juges, qu'elles les imposent et qu'elles en demandent l'accomplissement. Elles ne s'adressent pas à Macartatos, ni à son père Théopompe, qui ne sont pas de la maison de Hagnias. A quel titre, dès lors, pourraient-ils être obligés?

A ces lois, juges, à ces témoignages que nous produisons, Macartatos n'a rien de sérieux à opposer, mais il se plaint et crie à la persécution, parce qu'on le force à plaider alors que son père n'est plus. Il oublie, juges, que son père était mortel et qu'il a eu le sort de beaucoup d'autres, jeunes et vieux. Mais si son père Théopompe est mort, les lois ne sont pas mortes, le droit n'est pas mort, ni les juges, dont le vote décide tout. Si nous plaidons aujourd'hui, si nous contestons, ce n'est pas sur le point de savoir laquelle de deux personnes est morte la première. Il s'agit de savoir s'il convient que les parents de Hagnias, cousins et enfants de cousins à Hagnias du côté paternel, soient chassés de la maison de ce même Hagnias par ceux

de la maison de Stratios, qui ne sont pas parents de Hagnias au degré successible, et ne viennent qu'à un rang
plus éloigné. Telle est la question qui s'agite aujourd'hui.

Voici une autre loi, juges, qui va vous montrer plus
clairement encore que Solon, le législateur, s'occupe longuement de la parenté, et qu'en donnant la succession aux
parents, il leur impose en même temps toutes les obligations pénibles. Lis la loi.

LOI (32).

« Le corps du défunt sera exposé dans l'intérieur de la maison,
peu importe de quelle manière (33). Il sera enlevé le lendemain du
jour de l'exposition, avant le lever du soleil (34). Lors de l'enlèvement, les hommes marcheront les premiers, et les femmes der-
rière. Les femmes ne pourront entrer dans la maison mortuaire
ni suivre le convoi du défunt lorsque le corps sera conduit au lieu
de sépulture, si elles ont moins de soixante ans, à l'exception des
parentes jusqu'au degré d'enfants de cousins. Même après l'enlèvement du corps, aucune femme ne pourra entrer dans la maison
mortuaire, à l'exception des parentes jusqu'au degré d'enfants de
cousins. »

La loi ne permet à aucune femme d'entrer dans l'endroit où se trouve le défunt, si ce n'est aux parents jusqu'au degré d'enfants de cousins. Elle ne permet qu'à
celles-ci de suivre le convoi jusqu'au monument funé-
raire. Eh bien Phylomaché, la sœur de Polémon, père de
Hagnias, était tante et non cousine de Hagnias, car elle
était sœur de Polémon, père de Hagnias. Eubulide, fils de
cette femme, était cousin du côté paternel à Hagnias de la
succession duquel il s'agit. La mère de cet enfant que
voici était la fille d'Eubulide. C'est à ces parents que la loi
prescrit d'assister à l'exposition du corps et de suivre le
convoi, ce n'est ni à la mère de Macartatos, ni à la femme
de Théopompe. Celles-ci, en effet, n'étaient pas parentes de Hagnias, elles étaient d'une autre tribu, de la

tribu Acamantide, et d'un autre dème, celui de Prospalta,
en sorte qu'elles n'ont même pas connu le décès de Hagnias. En vérité, la prétention de nos adversaires est intolérable. Nous et nos femmes nous aurions hérité du
corps de Hagnias lorsqu'il est mort, nous aurions été tenus de lui rendre les derniers devoirs, comme étant de la
famille et les plus proches en degré, mais l'héritage de
Hagnias défunt passerait à Macartatos, qui est de la maison
de Stratios, issu d'Apolexis, fille de Prospaltios et sœur
de Macartatos. Cela, juges, est contraire à toutes les lois
divines et humaines.

Lis-moi maintenant l'extrait de l'oracle rapporté de
Delphes. Vous verrez que le dieu s'exprime, au sujet des
parents, dans les mêmes termes que les lois de Solon.

ORACLE.

« Que la fortune nous favorise! Le peuple athénien consulte au
sujet du signe qui a été vu dans le ciel. Il demande ce que doivent
faire les Athéniens, à quel dieu ils doivent offrir des sacrifices ou
des prières, pour que les suites de ce signe soient heureuses. — Les
Athéniens feront bien, à l'occasion du signe qui s'est montré dans
le ciel, d'offrir des sacrifices à Jupiter souverain, à Athéné souveraine, à Héraclès, à Apollon sauveur, et d'offrir aux dieux leur part
pour se les rendre favorables. Ils demanderont une heureuse fortune à Apollon dieu des places publiques, à Latone, à Artémis; ils
feront brûler la graisse sur les places publiques, ils y placeront
des cratères et y conduiront des chœurs. Ils porteront des couronnes, suivant l'usage de leurs pères, à tous les dieux, à toutes
les déesses de l'Olympe, et levant les mains au ciel, la droite et la
gauche, ils déposeront ces gages de reconnaissance, suivant l'usage
de leurs pères. Vous offrirez des sacrifices et des dons, suivant
l'usage de vos pères, au héros protecteur dont vous portez le
nom. Ceux qui viendront à mourir recevront de leurs parents les
derniers devoirs au jour déterminé, selon qu'il est prescrit. »

Vous l'entendez, juges. Les lois de Solon et l'oracle du
Dieu tiennent le même langage. Il est enjoint aux parents

3.

de rendre les derniers devoirs aux enfants au jour déterminé. Mais ni Théopompe ni Macartatos n'ont pris ce soin.
Ils se sont mis en possession de ce qui ne leur appartenait pas, et ils se plaignent qu'après une si longue possession (35) on leur conteste aujourd'hui l'héritage. Pour
moi, juges, je pense que celui qui possède injustement le
bien d'autrui n'a pas à se plaindre d'avoir possédé si
longtemps, qu'il doit au contraire, savoir gré, non pas à
nous, mais à la fortune, des empêchements nombreux,
insurmontables, qui se sont élevés, dans l'intervalle, et
qui ont retardé le procès jusqu'à ce jour.

Voilà, juges, à quels hommes nous avons affaire; ils
n'ont aucun souci ni de la maison de Hagnias qui reste
déserte, ni des lois qu'ils méconnaissent. Qui pourrait,
par Jupiter et tous les dieux! dire toutes les infractions
qu'ils commettent? On n'en finirait pas. Mais voici un fait,
le plus illégal et le plus odieux de tous, qui montre bien
que leur seule pensée est de s'enrichir. A peine Théopompe s'était fait adjuger la succession de Hagnias, par
les moyens que vous savez, et déjà il montrait qu'il était
convaincu du vice de sa possession. La plus grande valeur des propriétés de Hagnias, celle qui était le plus
admirée des voisins et de tout le monde, consistait dans
les oliviers. Ils en ont arraché et déraciné plus de mille
pieds qui rapportaient une grande quantité d'huile. Ils
ont ensuite vendu le bois ainsi abattu et en ont retiré une
somme d'argent considérable. Et ils ont fait cela alors que
la succession de Hagnias pouvait encore être adjugée à
d'autres en vertu de la même loi qui leur avait permis
d'assigner la mère de cet enfant. Pour preuve de ce fait
qu'ils ont arraché les oliviers sur toutes les terres laissées par Hagnias, nous vous produirons les témoignages
des voisins et des autres personnes appelées par nous,

au moment où nous fîmes constater ces choses. Lis le témoignage.

« Tels et tels déposent qu'ils se sont rendus à Araphène (36), sur la réquisition de Sosithée, aux domaines de Hagnias, lorsque Théopompe se fut fait adjuger la succession de Hagnias, et que Sosithée leur montra les oliviers arrachés sur le domaine de Hagnias. »

Si en commettant ces actes, juges, ils n'avaient outragé que le défunt, ce serait déjà grave, mais il y a plus, c'est contre la ville tout entière qu'ils ont commis cet outrage et cette infraction aux lois. Vous le reconnaîtrez quand vous aurez entendu la loi. Lis la loi.

LOI.

« Si quelqu'un arrache un olivier à Athènes, à moins que ce ne soit pour un temple du peuple athénien ou d'un dème, ou pour son usage personnel jusqu'à concurrence de deux pieds d'olivier par an, ou pour le service d'un défunt, il devra au trésor public cent drachmes par chaque pied d'olivier, et en outre, le dixième de cette somme à la déesse. Il devra en outre cent drachmes par chaque pied d'olivier au particulier qui intentera la poursuite. Les actions seront portées devant les archontes suivant leur compétence. Le poursuivant consignera les frais pour la part qui lui revient (37). Après la condamnation prononcée contre l'une ou l'autre des parties, les archontes devant lesquels l'affaire aura été portée feront aux agents du trésor la déclaration de ce qui revient à l'État. Ce qui revient à la déesse sera déclaré aux receveurs des biens de la déesse. Si les archontes ne font pas la déclaration, ils seront tenus de payer eux-mêmes. »

Vous voyez combien la loi est rigoureuse. Et maintenant, juges, faites cette réflexion en vous-mêmes, que n'avons-nous pas dû souffrir autrefois de ces gens et de leur insolence, lorsqu'au mépris de vous, tout grands que vous êtes, et de vos lois, et en violation formelle de la défense portée par les lois, ils ont commis ces dévas-

tations sur les terres laissées par Hagnias? La loi interdit d'enlever aucun produit de ce genre, même sur un
fonds transmis de père en fils. Mais en vérité il s'agit
bien pour eux d'obéir à vos lois ou de veiller à ce que la
maison de Hagnias ne soit pas déserte! Quant à moi,
juges, je veux vous dire quelques mots de moi-même, et
vous montrer que je me suis occupé tout autrement de
veiller à ce que la maison de Hagnias ne soit pas déserte.
Moi aussi, je suis de la race de Bousélos. Habron, fils de
Bousélos, eut une fille dont la fille épousa Callistrate,
fils d'Eubulide et petit-fils de Bousélos. De la petite-
fille de Habron, et de Callistrate neveu de Habron, est
issue notre mère. Après avoir obtenu en justice la mère
de cet enfant, devenu père de quatre fils et d'une fille,
voici, juges, les noms que je leur ai donnés. L'aîné reçut,
suivant l'usage, le nom de mon père Sosias. Tel est le nom
que reçut l'aîné. Celui qui vient ensuite fut appelé Eubulide, du nom du père de la mère de cet enfant. Celui qui
vient après fut nommé Ménesthée. Il y avait en effet un
Ménesthée parmi les parents de ma femme. Le plus jeune,
enfin, s'appela Callistrate, du nom du père de ma mère.
Ce n'est pas tout. Je n'ai pas voulu donner ma fille à d'autres qu'au fils de mon frère, afin que leurs enfants, s'ils
en ont, soient aussi de la race de Hagnias. J'ai pris tous
ces arrangements pour conserver, autant que possible,
les maisons issues de Bousélos. Énumérons-les de nouveau, mais avant tout lis cette loi.

LOI.

« L'archonte (38) veillera sur les orphelins, les filles héritières,
les maisons devenues désertes, et les femmes qui se disant en-
ceintes resteront dans les maisons de leurs maris décédés. Il en
prendra soin et ne permettra pas qu'on leur fasse injure. Si quelqu'un leur fait injure ou commet à leur égard quelque acte défendu

par la loi, l'archonte pourra le frapper d'une amende (39) proportionnée à sa fortune. Si le coupable paraît mériter une peine plus forte, il l'assignera à cinq jours, en requérant une condamnation pécuniaire dont il fixera le chiffre suivant les circonstances, et introduira l'affaire devant les juges. En cas de condamnation les juges décideront quelle somme le condamné devra payer, ou à défaut quelle peine il devra subir. »

Eh bien, quel plus sûr moyen de rendre une maison déserte que d'expulser les plus proches parents de Hagnias, et cela quand on est soi-même d'une autre maison, celle de Stratios ? que de prétendre obtenir la succession de Hagnias à titre de parent, quand on porte un nom qui ne se trouve ni dans la maison de Hagnias, ni même dans celle de Stratios ou des autres descendants de Bousélos, si nombreux pourtant ? Le nom qu'il porte ne se trouve ni dans la maison de son ancêtre, ni dans les autres. D'où vient donc ce nom de Macartatos ? Du côté maternel. Cet homme est entré par adoption dans la maison de Macartatos de Prospalta, frère de sa mère, et il possède aujourd'hui cette maison avec la sienne. Voyez maintenant combien il est oublieux de toute règle. Lorsqu'un fils lui est né, il n'a pas songé à le faire entrer dans la maison de Hagnias, lui, possesseur de la succession de Hagnias, et se prétendant parent de ce dernier par les mâles. Cet enfant, Macartatos le donna en adoption dans la ligne de sa mère, à ceux de Prospalta, et il a contribué, autant qu'il était en lui, à laisser déserte la maison de Hagnias. Après cela il vient dire que son père Théopompe était parent de Hagnias. Mais la loi de Solon donne la préférence aux mâles et aux parents par les mâles. Lui, il n'a eu, comme vous le voyez, nul souci ni des lois ni de Hagnias, et il a fait entrer par adoption son fils dans la maison de sa mère. Peut-on pousser plus loin le mépris des lois et la violence ?

Ce n'est pas tout, juges. Il y a un monument funèbre commun à tous les descendants de Bousélos. On l'appelle le monument des Bousélides, c'est un vaste emplacement entouré d'une clôture, suivant l'usage antique (40). Dans ce monument reposent tous les autres descendants de Bousélos : Hagnias, Eubulide, Polémon, tous les autres membres de cette nombreuse famille issue de Bousélos. Tous ont leur part dans ce monument; mais le père et l'aïeul de Macartatos que voici n'y ont aucune part. Ils se sont fait un monument séparé, loin de celui des Bousélides. Dès lors, juges, par quel lien tiennent-ils à la maison de Hagnias, si ce n'est pour s'être injustement emparés de ce qui ne leur appartient pas? Que la maison de Hagnias, que celle d'Eubulide, cousin de Hagnias demeurent désertes, que les noms mêmes s'éteignent, c'est ce dont ils n'ont jamais eu souci.

C'est moi, juges, qui, dans la mesure de mes forces, prends en main l'intérêt de ces morts. Mais contre une brigue aussi forte, la lutte n'est pas facile. Je remets donc, juges, cet enfant entre vos mains. Vous ferez pour lui ce qui vous paraîtra le plus juste. Il a été introduit par adoption dans la maison d'Eubulide, il a été présenté aux membres de la phratrie, non pas de la mienne, mais de celle d'Eubulide, de Hagnias et de Macartatos que voici. Au moment où il fut présenté, les autres membres de la phratrie allaient voter au scrutin secret, mais lui, Macartatos, donna ouvertement son suffrage et reconnut que cet enfant entrait régulièrement dans la maison d'Eubulide. On ne l'a vu ni saisir la victime ni l'enlever de dessus l'autel. C'eût été s'exposer à un procès, et il ne le voulait pas. Il s'est retiré, comme les autres membres de la phratrie, emportant le morceau de chair qu'il avait reçu de cet enfant. Figurez-vous, uges, que cet enfant se pré-

sente devant vous pour vous supplier, au nom des morts,
Hagnias, Eubulide et tous les descendants de Hagnias,
que tous vous conjurent de ne pas laisser périr leur maison, en proie à ces loups dévorants qui sont de la maison
de Stratios, et n'ont jamais appartenu à celle de Hagnias.
Ne leur permettez pas de retenir ce qui ne leur appartient pas, forcez-les de rendre les biens à la maison de
Hagnias, aux parents de Hagnias. Pour moi, je défends la
cause de ces morts, et des lois qui ont été faites pour eux.
Je vous en prie, juges, je vous supplie et vous conjure,
ne fermez pas les yeux au spectacle de cet enfant, indignement traité par ces hommes, ni de ses ancêtres qui
ont déjà souffert une injure, mais qui en souffriront une
bien plus cruelle encore si ces hommes obtiennent ce
qu'ils veulent. Venez-donc en aide aux lois, veillez sur
les morts, pour que leur maison ne demeure pas déserte.
Si vous faites cela vous ferez ce que demandent la justice,
votre serment, votre intérêt.

NOTES

(1) Nous avons encore la plus grande partie du plaidoyer d'Isée pour Théopompe, éd. Didot, XI. Lysias avait écrit un plaidoyer au sujet de la succession de Macartatos de Prospalta, éd. Didot, fragment LXXXVI.

(2) Il y avait deux dèmes d'Œon, l'un de la tribu Léontide, l'autre de la tribu Hippothoontide.

(3) Ἐπιδικασία τοῦ κλήρου est la demande d'envoi en possession ainsi que l'action en pétition d'hérédité.

(4) Ἀμφισβήτησις se dit de toute action en revendication de propriété ou de succession.

(5) Ἀντωμοσία désigne le serment du défendeur. Celui du demandeur s'appelait προωμοσία.

(6) Ἀγχιστεία est la vocation légale à recueillir l'hérédité. Nous traduisons toujours ce mot par *dévolution*. Συγγενεία signifie la parenté, et οἰκειότης, la proximité, soit par la parenté soit par l'alliance. Il n'y a pas de termes techniques pour désigner l'agnation et la cognation. Le droit attique distingue bien entre la ligne paternelle et la ligne maternelle, mais du reste peu importe que le lien de parenté soit transmis par les hommes ou par les femmes.

(7) Παρακαταβολή, cautionnement que le demandeur est tenu de consigner pour que son action soit recevable. Les actions pour lesquelles cette formalité était exigée étaient les actions en revendication de biens confisqués par l'État, ou en revendication de successions. Dans le premier cas la consignation était du cinquième, et dans le second cas du dixième de la valeur du litige. Selon l'issue du procès, le cautionnement était rendu au demandeur ou adjugé au défendeur. Voy. Meier et Schœmann, p. 616. Par suite, παρακαταβάλλειν se prend dans le sens d'intenter l'action en revendication d'hérédité.

(8) Hagnonte, dème de la tribu Acamantide.

(9) Διαδικασία est la procédure qui doit se terminer par un jugement d'adjudication au profit d'une des parties.

(10) Le texte porte une amphore pour chacune des parties, et trois *chous* pour la réplique. L'amphore valait en litres 39,3. Le chous était la douzième partie de l'amphore. Voy. Hermann, t. 3,

§ 46, n° 11. — D'autres supposent que l'amphore était seulement de six chous, et formait la moitié du métrète. Voy. Meier et Schœmann, p. 715, et la table jointe au dictionnaire d'Alexandre. Il est en effet probable que le temps accordé était d'une heure pour la plaidoirie et de moitié pour la réplique. Voy. les discours contre Aphobos, Onétor et Stéphanos.

(11) Isée nous apprend (*de Hagniœ hereditate*) qu'il y avait une urne pour chaque demande, en ne comptant que pour une seule demande toutes celles qui ne s'excluaient pas. Il y avait donc quatre urnes, à savoir une pour Glaucos et Glaucon, une pour Théopompe, une pour Phylomaché, et enfin une pour la mère de Hagnias. Quant à Eupolémos, il ne figurait sans doute au procès que pour appuyer la demande de Théopompe ou celle de Glaucos et de Glaucon, mais non en son nom personnel. Voy. Schœmann, *ad Isœum*, p. 467.

(12) L'adoption à Athènes était fondée sur une idée religieuse. Elle avait pour objet de perpétuer les maisons et d'assurer ainsi le culte des morts.

(13) Ainsi, non-seulement l'adoption n'a pas eu lieu du vivant d'Eubulide, mais à cette époque Phylomaché n'était pas encore mariée, puisque c'est à titre d'épiclère et par autorité de justice qu'elle a épousé Sosithée. L'adoption posthume était permise à Athènes ; nous en retrouvons un exemple dans le plaidoyer contre Léocharès.

(14) Les membres de la phratrie avaient un décret à rendre. Ils prêtaient serment de prononcer selon la loi. Macartatos les engageait à violer leur serment en repoussant le jeune Eubulide, mais ses conseils ne furent pas écoutés.

(15) Le jeune Eubulide était mineur. Il ne pouvait agir en justice que par le fait de son κύριος. Cette qualité appartenait d'ordinaire au père, mais précisément Sosithée avait cessé d'être père, puisqu'il avait donné son fils en adoption dans une autre famille. Il faut donc désigner une autre personne. En conséquence, l'enfant désigne son frère. Il suit de là que le jeune Eubulide avait un frère majeur, mais il n'est pas nécessaire de supposer que ce frère fût fils de Phylomaché, autrement il faudrait admettre un intervalle de dix-huit ans au moins entre le décès d'Eubulide II et l'action intentée par Eubulide III contre Macartatos, ce qui paraît bien long.

(16) En droit athénien, toutes les actions se prescrivaient par cinq ans, et quelquefois même par un délai plus court. La prescription était-elle suspendue au profit des mineurs? Nous ne

savons. Seulement, il paraît résulter de ce passage, comme d'un texte d'Isée, *De Pyrrhi hered.*, § 58, que la prescription de cinq ans commençait à courir seulement du jour du décès de l'héritier en possession.

(17) Eubulide II n'était père d'Eubulide III que par adoption, et encore par une adoption posthume.

(18) La parenté ne confère de droit de succession qu'autant que la loi lui donne un nom. Il faut être par exemple frère, ou cousin, ou fils de cousin.

(19) Philagros était cousin germain de Polémon père de Hagnias. Je ne crois cependant pas qu'il soit nécessaire de corriger le texte. Le mot de cousin peut très-bien s'appliquer à deux générations.

(20) Il y a sans doute ici quelque confusion dans le texte. Prospalta était un dème de la tribu Acamantide. Prospaltios n'est donc pas un nom propre, c'est un surnom.

(21) Voy. la note 19.

(22) Cette loi de Solon sur les successions collatérales a donné lieu à un grand nombre d'explications contradictoires. On n'en finirait pas s'il fallait exposer et discuter toutes les opinions qui se sont produites. Nous nous bornons à rappeler qu'il faut rapprocher de ce texte la paraphrase d'Isée, *De Hagniæ hered.*, § I. La plupart des anciens commentateurs se sont fourvoyés ; quant aux nouveaux, leurs explications sont bien résumées dans Schelling, *De Solonis legibus apud oratores atticos*, Berlin, 1842, p. 104-127. Mais celui-ci a encore commis des erreurs qui sont relevées par Hermann, t. 3, § 64, et par Caillemer, *le Droit de succession à Athènes. (Revue de législation*, 1874.)

(23) Σὺν ταυτησί. La succession passe en effet non pas à la fille, mais *avec la fille*, au mari de celle-ci, pour être remise aux fils qui naîtront d'elle. C'est pourquoi, en l'absence de fils, la fille s'appelait ἐπίκληρος. Voy. Hermann, § 64, note 11.

(24) La véritable explication de cette phrase a été donnée par M. Van den Es, *De jure familiarum apud Athenienses*, Leyde, 1864. La parenté ne confère pas seulement un droit de succession, elle assure encore la participation aux sacrifices de famille et à certaines pratiques religieuses, τὰ ἱερά sont plus particulièrement celles qui s'adressent aux dieux, τὰ ὅσια celles qui ont les morts pour objet, comme chez les Romains *sacra et religiosa*. Voy. le discours contre Bœotos : τῶν πατρῴων ἔχεις μέρος... ἱερῶν ὁσίων μετέχεις, et Isée, *De Astyphil. hered.*, § 13.

(25) L'archontat d'Euclide correspond à l'année 403. Périclès avait fait voter une loi qui excluait du droit de cité tous ceux qui n'étaient pas nés d'un père athénien et d'une mère athénienne. Cette loi tomba presque aussitôt en désuétude. En 403 elle fut reprise par Aristophon, mais avec réserve expresse des droits acquis avant cette date. Voy. Hermann, t. I, § 118. On voit que l'orateur ne cite pas complétement le texte, car la loi d'Aristophon ne créait pas l'incapacité des enfants nés hors légitime mariage, elle l'étendait seulement.

(26) L'authenticité de cette loi est énergiquement contestée par Francke, *Ienische Zeitung*, 1844, p. 742, par Van den Es, *De jure familiarum*, p. 41, et par Caillemer, *le Droit de succession à Athènes, Revue de législation*, 1874, p. 171. La principale objection est tirée de ce que tous les autres textes fixent uniformément le chiffre de la dot à 500 drachmes, sans distinction de classe. Mais ne pourrait-on pas répondre que la distinction des classes qui fut abolie sous l'archontat de Nausinique, en 377, était tombée en désuétude bien avant cette époque, par le seul effet du progrès de la richesse publique?

(27) On sait que Solon avait divisé le peuple en quatre classes, à savoir : 1° les pentacosiomédimnes, c'est-à-dire ceux qui récoltaient sur leur fonds 500 médimnes de grain ou 500 métrètes de vin; 2° les chevaliers, qui en récoltaient 300 ; 3° les Zeugites, qui en récoltaient 150, enfin 4° les thètes, ceux dont le revenu était inférieur à 150 médimnes. L'obligation d'épouser ou de doter l'épiclère n'avait lieu que lorsque l'épiclère était de la quatrième classe. La loi ne parle pas du cas où le parent était lui-même de la quatrième classe. Il est probable qu'en ce cas le parent était tenu d'épouser et n'avait pas la faculté de s'en dispenser en donnant une dot. Mais ici encore il semble que les distinctions faites par Solon durent promptement s'effacer. Voy. Térence, *Phormion*, I, 2, 75 et II, 1, 65. Cette coutume rappelle le lévirat de la loi mosaïque (*Deutéron.*, XXV, 5-10).

(28) Ἀπογραφή. C'était une forme particulière d'action publique, employée par exemple contre les débiteurs de l'État, ou contre les tuteurs suspects. Le mot signifie à proprement parler *inventaire*. Il est probable que la dénonciation faite à l'archonte devait être appuyée d'une sorte d'inventaire, soit des biens dissimulés, soit de la fortune du mineur, soit de la fortune de l'épiclère. La peine était une amende. Voy. Meier et Schœmann, p. 255, et Hermann, t. I, § 136. L'action intentée était l'action de mauvais traitements, γραφὴ κακώσεως.

(29) Cette loi est celle qui a été retrouvée sur un marbre, en

1843. Elle est de Dracon. Voici la traduction du texte tel qu'il a été restitué par le dernier éditeur :

« Diognète de Phréarrhe étant greffier, Dioclès archonte (La date répond à l'année 409-408.), le conseil et le peuple ont décidé. La tribu Acamantide exerçant la prytanie, Diognète étant greffier et Euthydikos président, Athénophanès a dit : La loi de Dracon sur le meurtre sera gravée de nouveau par les graveurs des lois sur une stèle de pierre. La loi leur sera fournie par le secrétaire de la prytanie qui siégera au Conseil. Elle sera placée au-devant du portique royal. Les questeurs régleront leur salaire, selon la loi, et les trésoriers de la caisse hellénique fourniront l'argent.

Première table :

« En cas de meurtre commis sans préméditation, la peine sera l'exil. Les archontes rois jugeront les causes de meurtre ou d'intention, chacun pendant la durée de ses fonctions. Les éphètes décideront. Pour transiger, s'il y a un père, ou un frère, ou des enfants, il faudra le consentement de tous. Le refus d'un seul prévaudra.....

« S'il n'y a aucun de ces parents, et que le meurtre soit involontaire, et que les Cinquante et un, c'est-à-dire les éphètes, aient décidé que le meurtre a été involontaire, la permission de rentrer pourra lui être donnée par les membres de la phratrie, s'ils le veulent, au nombre de dix. Ces dix seront choisis parmi les plus dignes par les Cinquante et un. Ces dispositions s'appliquent à ceux qui ont commis des meurtres antérieurement à la présente loi. L'interdiction contre le meurtrier sera prononcée dans l'agora, par les parents en deçà du degré de cousin. Les cousins, les fils de cousins, les gendres, les beaux-frères, les membres de la phratrie concourront à la poursuite..... »

(Le reste de l'inscription répond aux lois citées par Démosthène contre Leptine, § 158, et contre Aristocrate, § 37.)

Aux termes de cette loi de Dracon, une des obligations de la parenté consistait à poursuivre la vengeance du meurtre. La loi impose ce devoir au plus proche parent. La transaction dont il s'agit ici n'est autre chose que le prix du sang, le *wergeld* des anciens Germains, la *dia* des Arabes. Cette institution qui se fondait sur d'anciennes idées religieuses fut maintenue par Solon. Voy. Hermann, t. I, § 104, et Schelling, p. 69.

Προείπειν indique la défense par laquelle le poursuivant interdit au meurtrier l'accès des lieux sacrés ou publics.

(30) Sur les funérailles et les purifications voy. Hermann, t. 3, § 39.

(31) Il semble au premier abord que cette dernière disposition

ne se rattache par aucun lien à la précédente ; mais, comme le fait très-bien remarquer G. Schæfer, c'est au moyen des fonds provenant de la location des bois sacrés que l'archonte pourvoyait aux frais des inhumations, sauf son recours contre les familles. La disposition dont il s'agit est donc bien à sa place.

(32) Voy. Hermann, t. 3, § 39, notes 17 et 27.

(33) C'est le sens donné par Reiske. D'autres traduisent « comme le défunt aura voulu ». Mais la loi n'a pas à s'occuper ici de la volonté du défunt ; c'est une loi de police. C'est à l'héritier qu'elle adresse ses prescriptions.

(34) Voy. les textes cités par Hermann, t. III, § 39, note 18. C'était une idée religieuse. On prévenait le lever du soleil

> de peur que ses rayons, aux vivants destinés,
> par des yeux sans regard ne fussent profanés.

(35) Voici encore un exemple de la longue possession invoquée comme moyen de défense. Ce n'est pas à proprement parler un moyen de droit. Les Athéniens ne connaissaient pas l'usucapion ou prescription à l'effet d'acquérir, c'était une considération livrée à l'appréciation souveraine des juges. C'est de là qu'est sortie la *longi temporis possessio* du droit romain. Voy. notre *Essai sur le traité des lois de Théophraste*, p. 31.

(36) Araphène, un des dèmes de la tribu Ægéide.

(37) L'action était à la fois publique et privée, puisque la condamnation se partageait entre le trésor public et le poursuivant. C'est pourquoi ce dernier était tenu de consigner les frais, πρυτανεῖα, comme en matière civile, tandis que pour les actions publiques il suffisait de consigner la παράστασις, une drachme. Meier et Schœmann, p. 613. Les prytanies étaient ainsi fixées : de 100 à 1,000 drachmes, 3 drachmes ; de 1,000 à 10,000 drachmes, 30 drachmes, et ainsi de suite. La consignation était restituée au gagnant par le perdant, et le tout profitait aux juges. Voy. Hermann, t. I, § 140, et Bœckh, t. I, p. 369.

(38) L'archonte par excellence, c'est-à-dire l'archonte éponyme. Voy. Meier et Schœmann, p. 42.

(39) Ἐπιβολή est l'amende de police que les magistrats ont le droit d'infliger, sans jugement. Voy. Hermann, § 137, note 10.

(40) Sur les sépultures de famille des Athéniens voy. Hermann, t. III, § 40, note 13.

XXIII

LE FILS D'ARISTODÈME CONTRE LÉOCHARÈS

ARGUMENT

Archiadès, fils d'Euthymaque, du dème d'Otryne, est décédé à Salamine, sans avoir été marié. Il laissait un frère, Midylidès, et un petit-neveu Léocratès, fils d'une fille de sa sœur Archidicé, mariée à Léostratos du dème d'Éleusis. D'après la loi athénienne qui préférait toujours les mâles, la succession revenait tout entière à Midylidès. Mais cette loi pouvait être éludée par une adoption posthume. Léocratès usa de ce moyen et alla s'établir comme fils adoptif dans la maison d'Archiadès. Ce procédé était conforme aux mœurs et aux idées religieuses des Athéniens. Midylidès n'osa pas s'y opposer. Il ne s'opposa pas davantage à ce que Léocratès retournât dans sa famille d'origine, en laissant un fils légitime dans la maison d'Archiadès. Ces sortes de substitutions étaient expressément permises par la loi. L'héritage passa ainsi de Léocratès à son fils Léostratos, et de celui-ci à Léocratès II, fils de Léostratos. Léocratès II décéda sans laisser d'enfants.

La succession d'Archiadès devenue ainsi vacante fut alors revendiquée par un petit-fils de Midylidès, Aristodémos fils d'Aristotélès, du dème de Pallène, et de Clitomaché fille de Midylidès. Un procès s'engagea sur la succession dont Léostratos était resté en possession, et suivant l'usage tous les prétendants furent appelés à faire valoir leurs droits, διαδικασία τοῦ κλήρου. Quels étaient donc ces droits?

Aristodémos se présentait comme petit-fils du frère d'Archiadès. Léostratos était l'arrière-petit-fils de sa sœur. Le pre-

mier excluait donc le second à un double titre, comme repré
sentant un mâle et comme plus proche en degré. Léostratos
comprit qu'il ne pouvait réussir qu'à la condition de renouveler
ou de perpétuer la fiction en vertu de laquelle son père avait
été appelé à recueillir la succession. Il retourna à Otryne, y
reprit la qualité de fils adoptif d'Archiadès, et intenta en cette
qualité une demande d'envoi en possession. Mais ici se présenta une difficulté. L'état civil des Athéniens était constaté
par l'inscription sur les listes du dème, lesquelles étaient re-
visées annuellement par l'assemblée générale des inscrits, sous
la présidence de l'archonte. Léostratos voulut se faire inscrire
sur cette liste. Il rencontra l'opposition d'Aristodémos, qui
n'eût pas de peine à montrer que cette inscription préjugerait
le procès pendant entre Léostratos et lui. En conséquence,
l'assemblée du dème prononça le sursis jusqu'à ce qu'il eût été
statué par les tribunaux sur la question de succession. Léostratos eut alors recours à un autre moyen, et il se décida à
agir non plus en son nom, mais au nom d'un second enfant
qui lui restait, et qui portait le nom de Léocharès. Il fit inscrire
Léocharès au dème d'abord, puis à la phratrie, comme fils
adoptif d'Archiadès. Puis Léocharès, ainsi inscrit, souleva devant l'archonte une fin de non-recevoir, soutenant qu'il n'y
avait pas lieu à envoi en possession, puisqu'il y avait dans la
maison un fils adoptif, saisi de plein droit. Cette procédure
s'appelait *diamartyria*, et consistait, comme le nom l'indique,
en une déclaration présentée avec témoignages à l'appui, et
soulevant ordinairement une question préjudicielle. Elle diffé-
rait de la *paragraphè* par là d'abord, et ensuite en ce qu'elle ne
renversait pas les rôles. Si les parties en cause contestaient le
fait avancé dans la diamartyria, un débat s'ensuivait qui était
porté devant le tribunal, et les parties plaidaient alors sur la
fin de non-recevoir et en même temps sur le fond.

C'est ce qui eut lieu dans l'affaire dont il s'agit. Aristodémos
s'y présente contre Léocharès. C'est son fils, nommé sans
doute Aristotélès, qui porte la parole pour lui. Aristotélès raconte les faits et la procédure, puis il s'efforce de démontrer :

1° que la diamartyria est mal fondée; 2° qu'Aristodémos est bien le plus proche parent d'Archiadès, et que dès lors il doit être déclaré héritier.

Au fond, toutes ces questions se réduisaient à une seule : L'adoption posthume de Léocharès est-elle valable? Non, disait Aristodémos, car la loi ne permet à l'enfant adoptif de retourner dans sa famille d'origine que s'il laisse un enfant légitime dans la famille adoptive, or un enfant adoptif n'est pas un enfant légitime, au sens de la loi. Au contraire, la prétention de Léocharès était sans doute celle-ci : « Je ne me présente pas, disait-il, comme fils adoptif de Léocratès, mon frère décédé; je me présente comme fils adoptif d'Archiadès. Si mon père Léostratos a pu retourner dans sa famille d'origine en laissant un fils dans la maison adoptive, peu importe que ce fils s'appelle Léocratès ou Léocharès, et si Léocratès meurt avant d'avoir été marié, rien ne s'oppose à ce que Léocharès lui soit substitué. »

Lequel des deux avait raison? C'est ce que nous n'avons pas la prétention de savoir. Nous ferons seulement remarquer que la matière des adoptions posthumes était régie plutôt par les idées religieuses et par les mœurs que par des textes précis. La loi était extrêmement laconique, et dès lors laissait les juges libres de faire ce qu'ils voulaient.

Nous n'avons aucune donnée sur la date de ce plaidoyer qui, du reste, et à en juger par le style, appartient plutôt à quelque contemporain de Démosthène qu'à Démosthène lui-même.

A. Schæfer nous paraît s'être fourvoyé dans l'explication de ce plaidoyer. Il croit que la diamartyria de Léocharès a été accueillie, et qu'Aristodémos combat ce premier jugement au moyen d'une action en faux témoignage. Mais le texte dit positivement que l'action est la revendication de succession, et dans la discussion il n'est nullement question de faux témoignage. Il est vrai que Léocharès est en possession, mais cela s'explique par ce fait qu'étant inscrit au dème, il a la possession d'état et par suite la saisine, tandis que son père Léostratos n'a pu se faire inscrire au dème et par suite n'a pu s'assurer la saisine.

PLAIDOYER.

C'est bien la faute de Léocharès que voici, juges, si vous avez à la fois à le juger et à m'entendre, tout jeune que je suis. En effet, il a voulu recueillir une succession à laquelle il n'avait aucun droit, et pour arriver à son but il a présenté devant l'archonte une protestation pleine de mensonges (1). Dès lors, quand la loi défère la succession en ligne collatérale à l'hoir le plus proche en degré, nous qui sommes les proches d'Archiadès, de la succession duquel il s'agit, pouvions-nous laisser s'éteindre le foyer domestique d'Archiadès (2), et laisser recueillir les biens à titre héréditaire par des personnes qui n'y ont aucun droit? Et lui, qui n'est le fils du défunt ni par le sang ni par une adoption légale, comme je le prouverai, il a fait une protestation téméraire, articulant toutes sortes de faussetés, pour nous dépouiller de la succession. Je vous prie, juges, de venir en aide à mon père que voici, et à moi, si notre cause est juste, et de ne pas souffrir que de pauvres et petites gens soient accablés par l'effet d'injustes manœuvres. Nous sommes venus ici, nous, mettant notre confiance dans la vérité seule. Tout ce que nous demandons, c'est qu'on nous laisse ce que les lois nous donnent. Eux, au contraire, ont constamment cherché leur force dans l'intrigue et l'argent dépensé. Je le crois bien. Il ne leur coûte guère de prodiguer le bien d'autrui pour se procurer force gens qui viendront les appuyer de leur parole ou de leurs faux témoignages. Mon père, que voici, et dont je vous reparlerai tout à l'heure, est pauvre, comme vous le savez tous, et sans éducation. Les témoignages les plus certains en font foi. Son métier est celui de crieur au Pirée. C'est assez vous dire que s'il est dépourvu de ressources, il n'a pas davantage le loisir qu'exigent les procès. En effet, dans ce métier-là, il faut être sur le marché du matin au soir. Songez-y bien, et vous conclurez de là que si nous n'avions pas confiance dans notre droit, nous ne nous serions jamais présentés devant vous.

Tout cela pourra vous être plus clairement expliqué dans la suite de ce discours, mais en ce moment il faut, ce me semble, que vous soyez édifiés sur la protestation elle-même et sur ce qui fait l'objet de ce procès. Et à ce propos, juges, si la défense de Léocharès devait consister à soutenir, en s'appuyant sur la protestation, qu'il est le fils légitime d'Archiadès, il ne serait pas besoin de longs discours, et vous n'auriez pas à rechercher notre filiation depuis l'origine. Mais puisque la protestation se fonde sur un fait différent, puisque mes adversaires doivent s'attacher à prouver qu'ils ont été adoptés, et que d'ailleurs l'héritage leur serait dévolu de droit, comme étant les collatéraux les plus proches (3), il devient dès lors nécessaire, juges, que je remonte un peu dans le passé pour vous expliquer la filiation. Une fois que vous serez instruits sur ce point, il n'y aura plus lieu de craindre que vous vous laissiez tromper par leurs discours. Le procès actuel est une revendication de succession. Le titre invoqué à l'appui de la revendication est pour nous le lien du sang, pour eux l'adoption. Or, nous reconnaissons devant vous que l'adoption est un titre valable, lorsqu'elle a lieu régulièrement et selon les lois. Ne perdez donc pas de vue ces bases de la discussion. S'ils vous prouvent que les lois leur accordent ce qu'ils ont soutenu dans la protestation, donnez-leur l'héritage par votre jugement; et, quand bien même les lois ne seraient pas en leur faveur, si vous trouvez leur prétention juste et équitable, dans ce cas encore nous consentons à tout. Mais, sachez-le bien, quand nous nous présentons comme étant les plus proches en degré par le sang, ce n'est pas là notre seul titre, et nous ne sommes pas moins forts à tous autres égards. Nous commencerons donc par vous montrer quelle est la filiation et de quel côté la succession doit être recueillie. Si vous suivez bien cette partie de la discussion, il n'y aura plus, après cela, rien qui puisse vous embarrasser.

Pour prendre les choses au commencement, juges, Euthymaque d'Otryne (4) eut trois fils, Midylidès, Archippos et Archiadès, et une fille appelée Archidicé. Après la mort de leur père, les trois frères donnèrent en mariage leur sœur Archidicé à Léostratos d'Éleusis (5). Puis Archippos, parti comme triérarque, termina ses jours à Méthymne. Peu de temps après, Midylidès épousa Mnésimaché, fille de Lysippe de Crioa (6), et eut une fille appelée Clitomaché. Son intention était de la donner pour épouse à son frère qui n'était pas marié, mais Archiadès déclara qu'il ne voulait pas se marier, consentit, par suite, à laisser la succession indivise (7), et alla habiter séparément à Salamine. Alors Midylidès donna sa fille à Aristotélès de Pallène (8), mon aïeul. De lui sont nés trois enfants : mon père Aristodémos, que voici, mon oncle Abronychos, et Midylidès aujourd'hui décédé. Tel est, en deux mots, juges, le degré de proximité de notre ligne, à laquelle appartient l'héritage. En effet, comme nous étions les plus proches parents d'Archiadès par les mâles, nous pensions que nous devions recueillir sa succession aux termes de la loi précitée, et ne pas laisser s'éteindre sa race. Nous revendiquâmes donc la succession devant l'archonte. Nos adversaires, qui possèdent les biens sans aucun droit, firent alors une protestation, en se fondant principalement sur l'adoption, et soutenant aussi que d'ailleurs ils étaient parents par le sang.

Pour ce qui concerne cette adoption, nous vous montrerons plus clairement tout à l'heure ce qui en est. Quant à la parenté par le sang, ils ne sont pas plus proches que nous, et je vous le prouve. Il y a en ceci un principe hors de doute, c'est que les successions sont dévolues de préférence aux mâles et aux descendants par les mâles. En effet la loi, à défaut d'enfants, ne donne les successions qu'aux parents les plus proches par les mâles et non à d'autres. C'est nous qui sommes dans ce cas. On convient en effet qu'Archiadès est mort sans enfants, et c'est nous qui sommes ses plus proches parents par les mâles. Nous le sommes aussi par les femmes. En effet, Midylidès était frère d'Archiadès; or la fille de Midylidès était la mère de mon père. De la sorte, Archiadès, dont nous revendiquons aujourd'hui la succession, était l'oncle de la mère de mon père. Le père de cette femme et lui étaient frères de père, et, par suite, la parenté se trouve établie par les mâles et non par les femmes. Pour Léostratos que voici, il est d'un degré plus éloigné, et sa parenté lui vient par les femmes. En effet la mère de Léocratès, son père, était la nièce de cet Archiadès et aussi de Midylidès, dont nous sommes les descendants, revendiquant l'hérédité à ce titre.

On va vous lire d'abord, juges, les témoignages desquels il résulte que telle est, en effet, notre filiation, ensuite le texte même de la loi qui défère les successions dans l'ordre des lignes et aux plus proches parents par les mâles. Ce sont là, en effet, les points essentiels de ce procès, et c'est en somme sur quoi vous aurez à voter, comme l'exige votre serment. Appelle ici les témoins et lis la loi.

TÉMOINS, LOI.

Voilà donc, juges, leur filiation et la nôtre, et par conséquent ceux-là doivent hériter qui ont prouvé, par les témoignages eux-mêmes, qu'ils sont plus proches en degré. Une protestation faite en désespoir de cause ne doit pas être plus puissante que vos lois. Qu'ils s'appuient sur l'adoption,—nous dirons tout à l'heure comment elle s'est faite,—je le veux ; mais quand l'adopté est mort sans enfants, quand la maison a été déserte jusqu'au jour où nous avons intenté l'action, ne convient-il pas alors d'attribuer l'héritage à ceux qui se trouvent les plus proches en degré, et ne devez-vous pas venir en aide, non aux citoyens dont la brigue est la plus puissante, mais à ceux dont les droits sont méconnus ? Si, après avoir discuté la filiation et la protestation, il dépendait de nous de quitter cette place sans avoir besoin de plus longs discours, nous pourrions nous contenter d'avoir dit l'essentiel et nous ne nous fatiguerions pas du reste. Mais puisque nos adversaires cherchent leur appui ailleurs que dans les lois, puisque, pour prouver leur vocation héréditaire, ils doivent plaider que depuis longtemps déjà ils se sont emparés des affaires de la succession et se sont mis en possession du patrimoine, peut-être est-il nécessaire de nous expliquer encore sur ce point, et de montrer que jamais on n'a violé toutes les lois comme le font nos adversaires.

Je prends donc les choses au commencement, juges. Midylidès et Archiadès ont donné leur sœur en mariage à Léostratos d'Éleusis, puis, d'une fille de cette sœur mariée par eux est né Léocratès, père de Léostratos que voici. Voyez à quel lointain degré il est parent d'Archiadès pour

4.

la succession duquel il a fait sa protestation. Après cela
Archiadès ne se maria point, mais Midylidès, son frère et
l'aïeul de mon père que voici, se maria. Jamais ils ne partagèrent le patrimoine paternel. Chacun d'eux en prit de
quoi vivre. Midylidès resta dans Athènes, Archiadès s'é-
tablit à Salamine. Quelque temps après, pendant que
Midylidès, l'aïeul de mon père, était absent hors du pays,
Archiadès tomba malade et mourut sans avoir été marié,
en l'absence de Midylidès. Vous faut-il une preuve de ce
fait ? Une esclave portant une aiguière fut placée sur le
tombeau d'Archiadès (9). A ce moment, Léocratès, père
de Léostratos que voici, sous prétexte qu'il est parent
par les femmes, se constitue lui-même fils adoptif d'Archiadès, et prend, à ce titre, possession du patrimoine,
comme si Archiadès l'eût réellement adopté de son vivant.
Midylidès, à son retour, fut très-blessé de ce qui s'était
passé, et peu s'en fallut qu'il n'appelât Léocratès en justice. Cependant ses parents le sollicitèrent et le prièrent
de permettre que Léocratès restât dans la maison comme
fils adoptif d'Archiadès. Midylidès y consentit, sans qu'il
eût succombé devant un tribunal, mais trompé par ces
gens-là, et cédant aux instances de la famille. Après cela,
Midylidès mourut à son tour; quant à Léocratès, il pos-
séda le patrimoine d'Archiadès, et s'en porta héritier
pendant plusieurs années, comme s'il eût été fils adoptif
de ce dernier. Pour nous, nous gardions le silence, respectant le consentement donné par Midylidès. Peu de
temps après, — c'est surtout à partir de ce moment, juges,
que je vous prie de suivre avec attention le récit des faits,
— Léocratès devenu, comme nous l'avons vu, le fils adoptif d'Archiadès, laissant dans la maison héréditaire un
enfant légitime, Léostratos que voici, retourna, de sa
personne, à Éleusis, dont il était originaire. A ce moment

encore nous n'élevâmes aucune contestation au sujet de
la succession, et les choses restèrent en l'état. A son
tour, ce même Léostratos que voici, ainsi devenu fils adoptif, et placé dans la maison d'Archiadès, retourna, comme
son père, à Éleusis, laissant à sa place un fils légitime et
faisant passer sur une troisième tête l'adoption primitive,
contrairement aux lois. Comment, en effet, ne serait-il pas
contraire aux lois qu'un fils adoptif retournât chez lui et
y restât, en se substituant d'autres fils adoptifs? C'est ce
que Léostratos a fait jusqu'à ce jour, et c'est par ce moyen
qu'ils espèrent nous dépouiller de l'héritage. Ils font
valoir à leur profit le patrimoine d'Archiadès et s'en servent pour élever leurs enfants, puis ils retournent tous,
l'un après l'autre, au patrimoine paternel, laissant ce dernier intact pour vivre aux dépens du premier. Eh bien,
pendant que les choses se passaient de la sorte, nous
avons tout supporté en silence. Jusqu'à quand? jusqu'au
jour où le fils de Léostratos, laissé comme fils dans la
maison d'Archiadès, mourut sans postérité. Mais du moment où Léocratès est mort sans postérité, c'est nous qui
sommes au degré le plus proche d'Archiadès et qui devons recueillir la succession. Il n'est pas possible de créer
un fils adoptif au défunt, qui était lui-même fils adoptif,
et de nous dépouiller ainsi de notre héritage. S'il eût fait
lui-même cette adoption de son vivant, quoi que cet acte
soit contraire aux lois, nous nous serions abstenus d'y
contredire. Mais il n'avait pas de fils né de son sang, et ne
s'en était pas fait un de son vivant, par adoption. Dès lors,
puisque la loi donne la succession aux plus proches en
degré, n'est-il pas juste que nous ne soyons pas dépouillés
de cet héritage? N'avons-nous pas un double titre? En
effet, nous sommes les plus proches en degré non-seulement d'Archiadès à qui le patrimoine dont il s'agit appar-

tenait primitivement, mais encore de son fils adoptif Léocratès. Le père de ce dernier, en retournant à Éleusis,
n'a conservé aucun lien de parenté avec son fils, et nous
qui gardions Léocratès dans notre famille, nous nous trouvions dès lors être les plus proches parents comme cousins issus de germains. Ainsi nous demandons à recueillir
la succession soit, si tu veux, comme parents d'Archiadès, soit, si tu le préfères, comme parents de Léocratès.
Ce dernier étant mort sans postérité, nul autre que nous
ne lui est plus proche en degré. Pour toi, Léostratos, tu
n'as fait autre chose que de rendre la maison déserte. Si
tu as joué le rôle de parent à l'égard de ceux qui t'ont
adopté, ç'a été uniquement en vue de leur fortune. Après
la mort de Léocratès, tant qu'il ne s'est pas présenté un
autre prétendant à la succession, tu n'as pas créé de fils
adoptif à Archiadès; mais maintenant que nous nous
sommes mis en avant, comme parents les plus proches,
alors tu crées un fils adoptif, afin de rester en possession
du patrimoine. Tu affirmes qu'Archiadès, ton père adoptif,
n'a rien laissé, et tu fais une protestation contre nous afin
d'écarter des prétendants dont la parenté est reconnue.
Mais s'il n'y a rien dans la maison, que perds-tu en nous
laissant hériter de ce rien? Eh bien, juges, il pousse à ce
point la mauvaise foi et la convoitise, qu'il lui semble tout
naturel de retourner à Éleusis, et d'y posséder le patrimoine paternel, tout en restant, à défaut de fils établi dans
la maison, propriétaire du patrimoine auquel il a été appelé comme fils adoptif. En tout cela il ne lui est pas difficile d'arriver à ses fins. En effet, ayant le bien d'autrui
pour subvenir à ses dépenses, il a un grand avantage sur
nous autres, pauvres et petites gens. C'est pourquoi je
pense que vous devez nous venir en aide, à nous qui ne
convoitons rien, satisfaits si on veut nous laisser ce que

les lois nous donnent. Car enfin, juges, que faut-il que nous
fassions? Quand l'adoption a passé sur trois têtes, et que
le dernier adopté laissé dans la maison est mort sans postérité, ne devons-nous pas enfin reprendre ce qui nous
appartient? C'est pour exercer ce droit que nous avons
intenté devant l'archonte l'action relative à la succession.
Quant à Léocharès, au moyen des faussetés qu'il a témé-
rairement avancées dans sa protestation, il prétend nous
dépouiller de l'héritage contrairement à toutes les lois.

Pour vous montrer d'abord que nous avons dit la vérité
en ce qui concerne les adoptions et la filiation de nos adversaires, et qu'en effet une esclave avec une aiguière fut
placée sur le tombeau d'Archiadès, je demande qu'on vous
lise ces témoignages, nous passerons ensuite aux autres
faits, et nous vous montrerons jusqu'à l'évidence comment ils se sont passés, de manière à convaincre nos adversaires d'avoir dit des faussetés dans leur protestation.
Prends-moi les témoignages dont je parle.

TÉMOIGNAGES.

Voilà, juges, à quoi se réduit toute cette affaire, et le
droit successoral dans toute sa simplicité. Ce que vous
avez entendu suffit pour vous faire connaître tout ce qui
s'est passé depuis le commencement. Mais je crois nécessaire de vous dire encore ce qu'ils ont fait après mon action intentée, et la conduite qu'ils ont tenue à notre égard.
Jamais, ce me semble, on n'a disputé un héritage avec un
plus grand mépris des lois qu'on ne l'a fait à l'encontre
de nous. Au décès de Léocratès et lors de ses funérailles,
comme il ne laissait pas d'enfants et n'avait jamais été
marié, nous nous disposions à prendre possession de ses
biens, lorsque Léostratos que voici nous éconduisit (10),

prétendant que les biens lui appartenaient. Qu'il nous ait empêché de rendre au défunt les devoirs prescrits par la loi, et cela en sa qualité de père, je le comprends, quoique les lois en disposent autrement. Il convient en effet de remettre au père par le sang le soin de la sépulture. Après lui ce soin nous appartient, à nous membres de la famille, dont le défunt était parent par l'adoption. Mais une fois les derniers devoirs rendus, sur quelle loi se fonde-t-il pour nous éconduire et nous priver de la succession, nous qui sommes les plus proches en degré, alors que la maison du défunt est déserte ? Il dit, je le sais, qu'il était le père du défunt. Oui, mais il était retourné dans la maison paternelle, et ce patrimoine, sur lequel il avait établi son fils, ne lui appartenait plus. Autrement, que signifient les lois ? Ainsi donc, — je laisse de côté la plupart des circonstances, — nous trouvant éconduits de la sorte, nous intentâmes devant l'archonte l'action relative à la succession, nous soutînmes que le défunt n'avait pas d'enfants par le sang, ainsi que je l'ai dit, et qu'il n'existait pas d'ailleurs d'enfant légalement adopté. Alors Léostratos que voici forme de son côté une demande (11), en qualité de fils d'Archiadès, oubliant sans doute qu'il était retourné Éleusis, et que les enfants adoptifs ne se créent pas eux-mêmes, mais sont créés par les adoptants. A vrai dire il ne pense qu'à une chose, élever, à tort ou à raison, des prétentions sur le bien d'autrui. Et d'abord, il se rendit à Otryne, et quoique étant d'Éleusis il s'avisa de s'y inscrire sur le tableau des citoyens ayant le droit de paraître aux assemblées (12). Cela fait, avant de s'être fait inscrire en outre sur le registre de l'état civil (13) il intrigua encore pour prendre part dans ce dème à la jouissance des biens communs (14), au mépris des lois, mais rien ne l'arrête quand il s'agit de convoitise. Dès que sa tentative nous

fut connue, nous lui fîmes, en présence de témoins, défense de passer outre. Il fallait, pensions-nous, que la
succession eût été adjugée par vous, avant qu'une personne quelconque pût être inscrite comme fils adoptif
d'Archiadès. Nous l'empêchâmes donc d'arriver à ses
fins, et nous prouvâmes qu'il avait tort. Cela se passait en
présence d'un grand nombre de personnes, devant le tableau, et à l'assemblée tenue pour la désignation des
magistrats du dème (15). Malgré cela, il ne s'en montra
pas moins résolu à forcer l'entrée et à se mettre par ses
artifices au-dessus de vos lois. En voulez-vous la preuve ?
Il réunit d'abord quelques habitants d'Otrýne et le démarque, et se fit promettre par eux qu'il serait inscrit
lorsque le registre serait ouvert (16). Après cela, lors des
grandes panathénées, il se présenta à la distribution du
théorique (17), et, lorsque les autres habitants du dème
eurent reçu leur argent, il demanda à recevoir lui-même,
et à être inscrit sur le registre au nom d'Archiadès. Mais
nous protestâmes, les autres s'écrièrent que les choses ne
pouvaient pas se passer ainsi, et Léostratos se retira sans
avoir été inscrit, sans avoir reçu le théorique. Eh bien,
cet homme qui, contrairement à votre décret, a prétendu
recevoir le théorique avant d'être inscrit sur les listes des
Otryniens, alors qu'il est d'un autre dème, ne vous paraî-
tra-t-il pas aussi agir contrairement aux lois lorsqu'il revendique la succession ? Et cet homme qui, avant la décision du tribunal, n'a reculé devant aucune manœuvre pour
arriver à ses fins, peut-il avoir confiance dans sa cause ?
Non, quand on a trouvé bon de recevoir le théorique sans
y avoir droit, on n'éprouve pas plus de scrupule à réclamer sans droit une succession. Il ne faut donc pas s'étonner s'il a trompé l'archonte lors de sa revendication contre
nous, ni si, dans sa demande (18), il a dit être d'Otryne,

alors qu'il est d'Éleusis. Mais voyant qu'il n'avait réussi
par aucun de ces moyens, il s'entendit, lors des dernières
élections, avec quelques habitants du dème, et demanda
à être inscrit comme enfant adoptif d'Archiadès. Nous
nous opposâmes. Nous demandâmes que l'assemblée du
dème attendît, pour voter, l'issue du procès engagé sur
la succession, et que jusque-là elle s'abstînt. Nos adversaires y consentirent, non pas précisément de leur plein
gré, mais pour obéir aux lois. On ne pouvait guère admettre en effet qu'après avoir lié l'instance relative à la
succession on pût s'introduire dans la maison comme fils
adoptif, tant que l'affaire n'était pas encore jugée. Mais
ce qu'il y a de plus fort, c'est la manœuvre que Léostratos
a pratiquée ensuite. N'ayant pas pu réussir à se faire inscrire lui-même, il institue fils adoptif d'Archiadès son
propre fils Léocharès, contrairement à toutes les lois,
avant la révision des listes du dème, avant même d'avoir
présenté Léocharès à la phratrie (19) d'Archiadès. C'est
après l'avoir fait inscrire au dème qu'il le fit inscrire à la
phratrie, par la connivence d'un des membres de celle-ci.
Et après cela, dans la protestation devant l'archonte,
il fait mettre le nom de Léocharès agissant comme fils
légitime du défunt, ce dernier mort depuis longues années,
l'enfant à peine inscrit d'hier. Il se trouve que la succession est réclamée à la fois par l'un et par l'autre. En effet,
Léostratos que voici revendique la succession comme fils
légitime d'Archiadès, et Léocharès que voici s'est présenté
dans la protestation comme fils légitime du même père.
Et ce n'est pas à un homme vivant, c'est à un mort qu'ils
se donnent ainsi en adoption l'un et l'autre. Pour nous,
juges, nous pensons tout autrement. C'est au moment où
vous porterez vos votes sur le procès actuel, qu'il con-
viendra de donner au défunt un fils adoptif pris parmi

nous, ses plus proches parents, afin de ne pas laisser périr sa maison.

Je dis donc, juges, que Léostratos, ici présent, est
retourné d'Otryne à Éleusis, laissant un fils légitime dans
la maison d'Archiadès, que son père, avant lui, avait fait
la même chose, que l'enfant ainsi laissé dans la maison
est mort sans postérité, et que celui qui a fait la protestation a été inscrit au dème avant de l'être à la phratrie.
Pour preuve, on va vous lire les témoignages des membres de la phratrie et du dème. Quant aux autres choses
dont j'ai parlé, sur tout ce que nos adversaires ont fait, je
vous fournirai successivement les témoignages. Appelle
ici les témoins.

TÉMOINS.

Vous avez entendu tous les faits, juges, et ceux qui se
sont produits depuis le commencement de l'affaire au sujet
de cet héritage, et ceux qui ont eu lieu depuis, dès que
nous eûmes intenté l'action. Il reste à parler de la protestation elle-même et des lois aux termes desquelles nous
prétendons recueillir la succession. Ensuite, si la clepsydre le permet et si nos paroles ne vous deviennent pas
importunes, nous aurons encore à réfuter les moyens qui
doivent être présentés par nos adversaires et à montrer
qu'ils ne sont fondés ni en droit ni en fait. Qu'on lise
d'abord la protestation. Écoutez cette lecture avec attention, car c'est sur quoi vous allez voter tout à l'heure.

PROTESTATION.

Ainsi donc, cet homme a fait une protestation, comme
vous venez de l'entendre, pour soutenir qu'il n'y a pas
lieu à envoi en possession de la succession d'Archiadès,
puisqu'il existe des enfants légitimement procréés et va-

lablement institués suivant la loi. Eh bien, voyons s'il
existe réellement des enfants ou si cet homme a avancé
un fait faux. Cet Archiadès, de la succession duquel il
s'agit, a adopté pour fils le grand-père de celui qui a fait
la protestation. Celui-ci, à son tour, laissant dans la maison
un fils légitime, Léostratos, père de Léocharès que voici,
retourna à Éleusis. Après cela, ce même Léostratos, laissant, encore à son tour, un fils dans la maison adoptive,
retourna dans la maison paternelle. Enfin, le fils laissé
par lui, et le dernier de tous ces enfants adoptifs, est
mort lui-même sans postérité, en sorte que la maison est
aujourd'hui déserte et que la succession fait retour à ceux
qui, dès le commencement, se trouvaient être les parents
les plus proches. Comment admettre avec la protestation
qu'il existe encore des enfants d'Archiadès, alors que les
enfants adoptifs reconnaissent être retournés dans la maison paternelle et que le dernier enfant laissé par eux dans
la maison adoptive est mort sans postérité? Ne suit-il
pas de là que la maison est déserte? Or, quand la maison
est déserte, il ne saurait y avoir des enfants procréés du
défunt. Eh bien, mon adversaire a soutenu, par voie de
protestation, l'existence d'enfants qui n'existent pas. Il a
écrit ces mots : « alors qu'il existe des enfants », prétendant avoir ce titre et l'avoir seul. Mais parler d'enfants
légitimement procréés et valablement institués selon la
loi, c'est dire une chose captieuse et contraire aux lois.
En effet, qui dit légitimement procréés dit nés du sang,
et cela résulte des termes de la loi elle-même qui porte :
« Lorsqu'une femme aura été donnée en mariage par son
père, son frère ou son aïeul, les enfants qui naîtront
d'elle seront légitimement procréés. » Quant au mot
« valablement », c'est en vue des adoptions que le législateur l'a employé. Cela veut dire que si un homme étant

sans enfants et libre de disposer de ses biens adopte un fils, sa volonté sera exécutée. Or, mon adversaire qui reconnaît qu'Archiadès n'a pas laissé de fils né de son sang, a parlé, dans la protestation, d'enfants légitimement procréés, ce qui est une énonciation contraire à la vérité des faits. Et quand il prend la qualité d'enfant adoptif, il se trouve que cette adoption n'émane pas du défunt lui-même. Comment alors peux-tu encore parler de cet acte comme fait valablement selon la loi? Sans doute parce que Léocharès a été inscrit comme fils d'Archiadès. Oui inscrit, mais par mes adversaires, de force, il y a quelques jours à peine, alors que le procès sur la succession était déjà pendant. On n'a jamais le droit d'invoquer comme une preuve son propre délit. Et en vérité, juges, n'est-ce pas une étrange contradiction? Dans leur plaidoyer ils vont dire tout à l'heure qu'il s'agit d'un fils adoptif, et dans la protestation ils n'ont pas osé écrire ce mot. Ainsi les déclarations rapportées dans la protestation parlent d'un fils né du sang, et le plaidoyer qu'ils vont prononcer tout à l'heure parlera d'un fils adoptif. Si leur défense n'est pas d'accord avec leur protestation, ne faut-il pas nécessairement qu'il y ait un mensonge ou dans la défense ou dans la protestation? Mais c'est avec raison qu'ils n'ont pas parlé d'adoption dans la protestation. En effet, il eût fallu ajouter : « L'adoption a été faite par un tel. » Or Archiadès n'a point fait d'adoption. Ce sont eux qui se sont donnés en adoption eux-mêmes, et qui nous dépouillent ainsi de la succession. Et maintenant, leur conduite après cela n'est-elle pas étrange et contradictoire? Léostratos que voici revendique la succession comme étant lui-même fils d'Archiadès, lui qui est d'Éleusis, quand Archiadès était d'Otryne; et en même temps l'autre, comme vous le voyez vous-mêmes, a fait une protestation, se disant aussi fils d'Archiadès. Lequel des deux dit la vérité? Lequel des deux devez-vous croire? Certes, ce n'est pas la moindre preuve de. la fausseté de la protestation que de voir la revendication, tendant aux mêmes fins, formée par une autre personne. Il le fallait bien, car si je ne me trompe, alors que Léostratos que voici a revendiqué la succession contre nous, celui qui a fait la protestation n'a pas encore été inscrit comme membre du dème. Nous serions donc bien malheureux si vous deviez ajouter foi à la protestation qui a été faite depuis l'affaire engagée.

Il a tout au moins avancé dans sa protestation des faits plus anciens que lui-même. Puisqu'il n'était pas encore dans la maison d'Archiadès lorsque la présente action a été intentée au sujet de la succession, que peut-il savoir de ces faits? De plus, s'il s'était désigné lui-même, son langage aurait encore quelque apparence de raison. Il l'eût fait à tort sans doute, mais enfin le nom qu'il aurait écrit eût été celui d'un homme parlant de ce qu'il a pu voir à raison de son âge. Au lieu de cela, il a écrit qu'il existait des enfants légitimement procréés d'Archiadès, à savoir son propre père et lui-même, selon l'adoption primitive, oubliant qu'ils étaient tous deux retournés dans leur maison, d'où il suit nécessairement qu'il a avancé des faits antérieurs à lui et non des faits arrivés de son temps. Quand un homme a osé faire cela, pouvez-vous croire qu'il dit aujourd'hui la vérité? Mais, dira-t-on, il a déclaré ce qu'il avait ouï dire à son père. Oui, mais la loi qui permet de témoigner par ouï-dire, lorsqu'il s'agit de ce qu'a dit un défunt, ne permet pas à Léocharès de témoigner de ce qu'a fait son père, alors que ce dernier est encore vivant. Et puis, il faut encore ajouter ceci : Pourquoi donc Léostratos que voici a-t-il écrit dans la pro-

testation le nom de Léocharès au lieu du sien propre ? C'é-
tait au plus âgé des deux à rendre témoignage des faits les
plus anciens. Il va sans doute me répondre : « C'est que
j'ai fait Léocharès fils adoptif d'Archiadès. » Eh bien, c'est
précisément parce que tu as fait cette adoption et arrangé
toutes ces affaires que tu devais en rendre raison, comme
étant responsable de ton fait personnel. Il le fallait absolument. Mais tu as eu soin de n'en rien faire, et tu as mis
la protestation sous le nom de Léocharès qui ne sait rien.
Il est donc évident pour vous, juges, que les faits déclarés dans la protestation ne sont pas vrais, et nos adversaires en conviennent eux-mêmes. Je vais même jusqu'à dire que vous ne devrez pas écouter Léostratos
lorsqu'il vous parlera tout à l'heure de choses qu'il n'a pas
osé avancer sous son nom dans la protestation.

Au surplus, que la protestation soit la pire des procédures et la plus odieuse pour ceux qui l'emploient, c'est
ce dont on peut se convaincre par cet exemple, mieux
que par tout autre. D'abord, cette procédure n'est pas nécessaire comme le sont les autres. Elle dépend du choix
libre et réfléchi de celui qui l'emploie. Supposons, en effet,
que dans les querelles judiciaires le seul moyen d'obtenir justice soit d'employer la protestation ; peut-être
alors cette procédure sera justifiée par la nécessité. Mais
si, même sans protestation, on a dans tous les tribunaux
le droit de n'être pas jugé sans avoir été entendu, comment ne pas reconnaître à la protestation le caractère
d'un moyen qu'on emploie à tout hasard et en désespoir
de cause ? On ne peut pas dire, en effet, que le législateur
en ait fait une nécessité pour les parties. Il leur a seulement permis d'avoir recours à ce moyen si elles veulent,
et met ainsi à l'épreuve, en quelque sorte, le caractère
de chacun de nous, de manière à faire voir dans quelle

mesure nous sommes disposés aux témérités. Ajoutez que
si on laissait faire ceux qui ont recours à ce, moyen, il
n'y aurait plus ni tribunaux ni procès régulier. Tout cela
en effet est tenu en échec par la protestation, et elle fait
obstacle à l'introduction de toute instance devant le tribunal, au moins dans l'intention de la partie qui la présente. Aussi je pense que vous devez regarder les gens de
cette sorte comme des ennemis publics, et qu'ils ne méritent aucune faveur lorsqu'ils plaident devant vous, car c'est
volontairement, et non par nécessité, qu'ils s'exposent tous,
tant qu'ils sont, aux risques de cette procédure (20).

Ainsi donc, la protestation est mensongère; c'est ce
dont les écritures (21) et les plaidoiries vous ont déjà
suffisamment instruits. J'ajoute que les lois nous attribuent la succession; voilà, juges, ce que je veux encore
vous montrer en peu de mots. Vous le savez déjà par ce
que j'ai dit en commençant, mais il importe que vous
ayez le droit bien présent à l'esprit pour l'opposer aux
discours mensongers de nos adversaires. En résumé, nous
sommes, par les mâles et dans l'ordre des degrés, les
plus proches parents d'Archiadès de la succession duquel
il s'agit. Des descendants qu'il s'est donnés par adoption,
les uns sont retournés dans la maison paternelle, le dernier laissé dans la maison adoptive est mort sans postérité. Dans cette situation, nous prétendons recueillir
l'héritage. Nous n'enlevons rien à Léostratos (car nos adversaires ont leur patrimoine et le gardent), mais nous
demandons la fortune d'Archiadès, qui nous appartient
d'après les lois. En effet, juges, la loi appelle de préférence les mâles et les descendants des mâles. C'est nous.
De plus, Archiadès n'avait pas de descendants, et c'est
nous qui sommes les plus proches collatéraux. D'ailleurs,
le fils adoptif n'a jamais le droit d'introduire dans la

maison d'autres fils adoptifs. Il doit y laisser un enfant procréé de lui ou, à défaut, rendre la succession aux lignes collatérales; car les lois le veulent ainsi. Est-il après cela un seul d'entre vous qui puisse jamais rien recueillir en ligne collatérale, si l'on donne aux enfants adoptifs la faculté dont nous parlons? Vous voyez bien que la plupart du temps si l'on se donne des enfants adoptifs c'est par faiblesse à l'égard de complaisances intéressées, ou par l'effet des haines qui souvent divisent les membres d'une même famille. Si on laisse l'adopté adopter lui-même qui bon lui semble, sans que la loi l'y autorise, jamais les successions ne seront dévolues aux lignes collatérales. C'est dans cette prévision que le législateur a interdit au fils adoptif de créer lui-même un fils adoptif. Comment s'y est-il pris pour faire cette disposition ? Il s'est servi de ces mots : « Retourner dans la maison paternelle en laissant dans la maison adoptive un fils légitimement procréé, » ce qui exclut bien évidemment la faculté de créer un enfant adoptif. Il est impossible, en effet, de laisser un enfant légitimement procréé, si on n'a pas d'enfant né de son sang. Ainsi donc, Léostratos, tu veux créer un enfant adoptif au défunt qui lui-même n'était entré que par adoption dans notre famille, et faire passer la succession à cet enfant, comme s'il s'agissait de prendre possession de biens à toi appartenant, et non de biens devant être remis à qui de droit, aux termes de la loi. Notre prétention à nous, juges, est tout autre. Assurément, si le défunt avait adopté un enfant, quoiqu'il n'y fût point autorisé par la loi, nous n'eussions point fait obstacle à l'adoption. S'il eût laissé un testament nous l'aurions laissé exécuter, puisque dès le commencement nous avions toujours gardé la même attitude, ne nous opposant pas à ce que nos adversaires possédassent les biens, et retournassent ensuite là d'où ils étaient venus, quand et comme il leur convenait. Mais puisque aujourd'hui la prétention de nos adversaires se trouve condamnée, soit par leurs propres aveux, soit par les lois, nous demandons à recueillir l'héritage d'Archiadès, nous demandons que le fils adoptif soit pris parmi nous qui n'avons pas été adoptés d'abord, et non parmi eux. En effet, si le législateur impose aux plus proches en degré la charge de venir en aide aux membres nécessiteux de la famille, et de doter les femmes, n'est-ce pas avec raison qu'il leur donne en compensation les successions et une sorte de droit dans les biens? Mais voici l'argument le plus fort et le plus facile à vérifier pour vous. La loi de Solon ne permet même pas au fils adoptif de disposer par testament des objets qui se trouvent dans la maison adoptive. Elle a bien fait, à mon sens. Car la personne qui a été investie des biens d'une autre par l'effet d'une adoption, selon la loi, ne doit pas pouvoir disposer de ces biens comme de ceux qui lui appartiennent en propre. Son pouvoir doit se borner à suivre la loi, à faire ce qu'elle prescrit pour chaque cas déterminé. « Tous ceux, dit la loi, qui n'étaient pas encore adoptés, au moment où Solon est entré en fonctions comme archonte (22), pourront disposer par testament, comme ils voudront. Quant aux adoptés, ils ne peuvent pas disposer par testament, mais, entre-vifs, ils peuvent retourner dans la maison paternelle en laissant dans la maison adoptive un fils légitimement procréé; à cause de mort, ils peuvent remettre la succession à ceux qui, au moment de l'adoption, étaient les plus proches parents de l'adoptant (23). »

NOTES

(1) Je traduis διαμαρτυρία par protestation. Il est bien entendu qu'il s'agit d'une procédure incidente qui a pour base l'articulation d'un fait et l'énonciation des témoignages à l'appui. Si un débat s'élevait, celui qui avait présenté la diamartyria jouait le rôle de défendeur, tandis qu'au contraire dans la παραγραφή, celui qui présentait l'exception devenait demandeur.

(2) Les mots d'ἀγχιστεία et d'οἶκος ont déjà été expliqués dans les notes du plaidoyer contre Macartatos.

(3) Comment ce point pouvait-il être sérieusement contesté? Il semble qu'il dût suffire de compter les degrés ; mais il ne faut pas oublier qu'on était à la cinquième génération depuis Archiadès, et que l'état civil n'était pas constaté comme il l'est chez nous.

(4) Otryne, dème de la tribu Ægéide.

(5) Éleusis formait un dème de la tribu Hippothontide.

(6) Crioa, dème de la tribu Antiochide.

(7) Pourquoi l'orateur relève-t-il ce fait? Sans doute pour établir qu'Archiadès n'a pas à proprement parler fondé une maison. Dès lors il n'y aurait pas eu de maison à perpétuer par adoption, ou plutôt la maison d'Archiadès serait restée celle de Midylidès et de ses enfants.

(8) Pallène, dème de la tribu Antiochide.

(9) Lorsqu'un homme mourait sans avoir été marié, on plaçait sur son tombeau l'image d'une esclave portant une aiguière, λουτρόφορος, voy. Pollux VIII, 66, et Hermann, t. III, § 40, note 35. C'était un signe destiné à servir de preuve au besoin.

(10) L'ἐξαγωγή était le préliminaire de l'action réelle. Nous en avons déjà parlé dans les notes du plaidoyer contre Zénothémis.

(11) La παρακαταβολή était à proprement parler la consignation d'une somme égale au dixième de la valeur du litige. C'est par cette consignation que s'introduisaient les contestations en matière de succession.

(12) Πίναξ ἐκκλησιαστικός. C'est un tableau qui comprend tous les citoyens ayant le droit de voter dans les assemblées, c'est-à-dire ayant atteint l'âge de vingt ans, y compris deux ans de service militaire. Voy. Schœmann, t. I, p. 370.

5.

(13) Ληξιαρχικὸν γραμματεῖον. C'est la liste des citoyens qui appartiennent à un dème, et en quelque sorte le registre de l'état civil. Il ne faut y voir ni une liste électorale ni une liste d'éligibilité. La véritable étymologie paraît être celle qui se rattache au mot ληξις dans le sens d'action en justice, et particulièrement d'action en pétition d'hérédité. L'inscription avait lieu à la majorité de chaque citoyen, c'est-à-dire au moment où il atteignait l'âge de dix-huit ans. Voy. Schœmann, t. I, p. 370.

(14) Μετέχειν τῶν κοινῶν. La participation aux sacrifices communs, aux distributions publiques, à tous les avantages attachés à la qualité de membre d'un dème.

(15) Ἀγοραὶ τῶν ἀρχόντων. Ἀγορά signifie l'assemblée du dème par opposition à ἐκκλησία qui signifie l'assemblée du peuple entier. Voy. Schœmann, p. 370.

(16) C'est-à-dire au moment de la révision de la liste qui jusquelà était conservée sous scellés.

(17) Les grandes Panathénées étaient la plus grande des fêtes nationales; elles se célébraient tous les quatre ans, du 25 au 28 hécatombéon (juillet). Voy. Hermann, t. II, § 54. Le théorique était l'argent que l'on distribuait à tous les citoyens pour leur entrée aux spectacles.

(18) C'est-à-dire dans sa demande d'envoi en possession, opposée à celle d'Aristodémos, ἀντιγραφή, celle pour laquelle Léostratos a déposé la παρακαταβολή.

(19) La phratrie représentait la société religieuse, le dème représentait la société civile. L'inscription à la phratrie avait lieu comme l'inscription au dème, par un vote de tous les intéressés. Voy. le plaidoyer contre Macartatos, et Schœmann, t. I, p. 365. Devait-elle nécessairement précéder l'inscription au dème? Il ne paraît pas probable que la loi eût rien prescrit à cet égard.

(20) Quels étaient les risques attachés à la diamartyria? C'est ce que nous ignorons absolument.

(21) Les écritures dont il s'agit sont l'acte même de la diamartyria, et les témoignages écrits qui y étaient annexés.

(22) C'est Solon qui avait introduit dans le droit athénien la faculté de tester. Voy. Plutarque, *Vie de Solon*. Nous expliquerons cette loi plus loin (deuxième plaidoyer contre Stéphanos, note 2).

(23) Ce plaidoyer se termine brusquement. Il y avait sans doute, selon l'usage, une péroraison qui n'est pas parvenue jusqu'à nous. Peut-être faut-il voir là un artifice de plaidoirie.

XXIV

EUXITHÉE CONTRE EUBULIDE

ARGUMENT

Le droit athénien ne reconnaissait pour légitimes que les enfants nés d'un Athénien et d'une Athénienne. Si le père ou la mère n'avait pas le droit de cité, le mariage n'était pas légitime, les enfants étaient bâtards (νόθοι), et ne pouvaient être considérés comme Athéniens. Mais ce droit rigoureux fondé sur d'anciennes idées religieuses ne fut pas toujours bien observé. A plusieurs reprises différentes, il fallut le remettre en vigueur par des dispositions expresses. Une loi de ce genre se trouvait déjà sans doute dans les lois de Solon. Elle fut renouvelée en 445 par Périclès, en 403 par Aristophon. Enfin, en 346, une révision générale de la liste civique eut lieu sur la proposition de Démophile. La loi réglait en pareil cas la procédure à suivre. Une assemblée se réunissait dans chacun des dèmes de l'Attique. La liste civique était produite, l'appel fait par le démarque et les noms des inscrits étaient successivement soumis à un vote (διαψήφισις) (1). En cas de contestation, il s'élevait un débat contradictoire dont l'assemblée était juge en premier ressort. Ceux dont la radiation était prononcée rentraient dans la classe des métèques. S'ils ne voulaient pas accepter la décision rendue contre eux (ἀποψήφισις), ils avaient un recours (ἔφεσις) devant le tribunal des Héliastes. Le démarque s'y présentait pour soutenir la décision attaquée et parlait le premier. L'appelant prenait ensuite la parole. S'il n'obtenait pas la réfor-

---

1 Sur cette procédure, voy. de Neve Moll, *De peregrinorum apud Athenienses conditione.* Dordrecht, 1839, p. 52.

mation de la décision, il était vendu comme esclave, peine comminatoire qui pouvait être prévenue par un exil volontaire.

C'est à cette occasion que paraît avoir été prononcé le discours que l'on va lire. Euxithée, du dème d'Halimunte, a été rayé de la liste civique par l'assemblée du dème, à l'instigation du démarque Eubulide. Il a formé son recours devant le tribunal des héliastes, et répond à Eubulide qui a dû parler le premier. Il expose que la procédure suivie dans l'assemblée du dème a été irrégulière, et prouve qu'il est bien Athénien, né de père et mère Athéniens.

Il y avait à Athènes une action criminelle contre l'étranger qui se faisait passer pour citoyen (γραφὴ ξενίας), mais ce n'est pas de cela qu'il s'agit ici. Il n'y a même aucune action intentée, ni civile ni criminelle, c'est simplement un recours contre une décision qui a un caractère administratif. La peine qui menace l'auteur d'un recours téméraire ne change pas le caractère du débat. C'est donc avec raison que le plaidoyer contre Eubulide a été rangé dans les œuvres de Démosthène à la suite des plaidoyers civils.

Est-il réellement de Démosthène? A. Schæfer trouve que le langage d'Euxithée est parfois trop sentencieux pour le personnage, et il voit là une faute contre le goût. Mais ce n'est pas une raison suffisante pour se décider contre la tradition.

Outre les grandes éditions citées dans la préface, j'ai eu sous les yeux, pour ce discours, l'excellente édition spéciale de Westermann, Berlin, 1865, avec commentaire en allemand. Je l'ai suivi presque partout.

PLAIDOYER

Eubulide a parlé longuement contre nous, juges, et n'a dit que des mensonges. Il s'est livré à des diffamations contraires à toutes les convenances comme à tout droit. J'entreprendrai, moi, de vous tenir le langage de la vérité et du droit : je vous montrerai, d'une part, que nous sommes bien citoyens; d'autre part, que j'ai été indignement traité par cet homme. Je vous en prie seulement, juges, tous tant que vous êtes, je vous en supplie et je vous en conjure, songez à l'importance du débat qui s'agite en ce moment, à l'affront de celui qui succombe et qui se voit perdu. Écoutez-moi avec le même silence, et s'il se peut, avec plus de bienveillance que vous n'avez écouté mon adversaire, — aussi bien plus on court de danger, plus on a de titres à votre faveur, — ou si cela n'est pas possible, faites-nous, du moins, la mesure égale. Je me présente ici, juges, rassuré en ce qui dépend de moi par la conviction de mon bon droit et le ferme espoir de sortir de cette lutte à mon honneur, mais je ne puis voir sans inquiétude le moment où nous sommes et l'entraînement qui vous porte à prononcer des radiations. Il y a eu dans tous les dèmes beaucoup de gens expulsés à juste titre; nous autres, victimes de rivalités politiques, nous nous trouvons confondus avec ces gens-là dans l'opinion, et nous avons à combattre les griefs qui pèsent sur eux, bien plus qu'à nous défendre chacun pour notre compte. Aussi, et par une suite nécessaire, grandes sont nos appréhensions, et cependant, quelles que soient les difficultés de ma situation, je commencerai par vous dire ce qui me paraît juste à ce sujet. Donc, à mon avis, vous devez vous montrer sévères pour ceux qui sont reconnus étrangers, si, sans avoir ni obtenu ni même demandé cette faveur, ils ont, par ruse ou par violence, participé aux cérémonies de votre culte et à la jouissance de vos biens communs. Mais ceux qui ont été malheureux et qui prouvent qu'ils sont citoyens, vous devez les prendre sous votre protection et les relever. Songez quel déplorable malheur ce serait pour nous autres qui avons vu nos droits méconnus, si, au lieu de siéger avec vous, comme c'est notre droit, sur les bancs des juges, nous nous trouvions confondus avec les coupables et injustement condamnés avec eux, en haine de leur forfait. En vérité, juges, Eubulide, et tous ceux qui se font contradicteurs en ce moment, dans ces affaires de radiation, auraient dû, ce me semble, se borner à dire exactement tout ce qu'ils savent, et n'apporter aux débats aucun ouï-dire. L'injustice d'un semblable procédé est reconnue depuis bien longtemps, à ce point que les lois elles-mêmes ne permettent pas de témoigner par ouï-dire, même dans les affaires les plus minces (1), et avec grande raison; car, s'il n'est pas rare de voir des gens convaincus de mensonge sur des faits qu'ils avaient déclaré être à leur connaissance personnelle, comment ajouter foi aux paroles d'un témoin qui ne sait rien par lui-même? Et s'il n'est pas permis de venir, même à ses risques et périls, invoquer des ouï-dire pour faire tort à autrui, comment pourriez-vous avoir confiance en un homme qui ne prend pas la responsabilité de ce qu'il dit? Eh bien, puisque cet homme qui connaît les lois, qui ne les connaît que trop bien, a mis tant d'injustice et de passion dans ses poursuites contre moi, c'est une nécessité pour moi de vous parler d'abord de l'affront qui m'a été infligé dans l'assemblée du dème.

Seulement, Athéniens, laissez de côté pour le moment le vote émis contre moi par les habitants du dème, et gardez-vous d'en conclure qu'en effet, je ne suis pas citoyen. Si vous aviez cru les habitants des dèmes capables de discerner le bon droit partout et toujours, vous n'auriez pas ouvert un recours devant vous. Vous avez compris que la rivalité, l'envie, la haine et d'autres motifs encore pourraient amener quelque chose de semblable à ce qui se passe aujourd'hui. C'est pourquoi vous avez permis à toute personne frappée à tort de recourir à vous, et par cette mesure qui vous honore, Athéniens, vous avez sauvé tous ceux qui avaient été injustement rayés. Je vais donc vous dire d'abord de quelle façon a eu lieu la révision des listes dans l'assemblée du dème. Sans doute on ne doit plaider que ce qui a trait à l'affaire, mais ce n'est pas en sortir que de vous montrer comment a été traitée, contrairement à votre décret, la personne indûment rayée par ses adversaires politiques.

Eubulide que voici, Athéniens, avait, beaucoup d'entre vous le savent, accusé d'impiété la sœur de Lacédémonios et n'obtint pas le cinquième des voix (2). Appelé comme témoin dans cette affaire, j'ai dit la vérité, contrairement à ce qu'il avançait; c'est pour cette offense que je suis en butte à ses attaques. Lorsqu'il se vit membre du conseil, juges, le serment, la liste du dème se trouvèrent en son pouvoir, ainsi que le droit de convoquer le dème en ville (3). Savez-vous ce qu'il fit alors? Après avoir réuni les habitants du dème, il passa toute la journée à faire des discours et à écrire des décrets. Ce ne fut pas là l'effet du hasard; c'était un calcul dirigé contre moi pour retarder autant que possible le vote qui devait avoir lieu sur moi, et il y réussit. Nous nous trouvâmes soixante et treize habitants du dème présents et ayant

prêté serment, et nous ne commençâmes à voter les uns
sur les autres que bien avant dans la soirée. Lorsque mon
nom fut appelé, il ne faisait déjà plus jour. On en était
au numéro soixante, et je fus le dernier de ceux qui
furent appelés ce jour-là. Les plus âgés des habitants
étaient déjà partis pour retourner chez .eux. En effet,
juges, notre dème est à trente-cinq stades (4) de la ville,
presque tous y demeurent et la plupart d'entre eux y re-
tournaient. Ce qui restait ne faisait pas trente personnes.
Mais dans ce nombre se trouvaient tous ceux auxquels
Eubulide avait fait la leçon. A l'appel de mon nom cet
homme se leva d'un bond et se mit à me diffamer, parlant vite et beaucoup et avec de grands éclats de voix,
comme il le fait encore en ce moment, sans produire un
seul témoin à l'appui de ses accusations, ni du dème ni
d'ailleurs; puis il engagea les membres du dème à voter
ma radiation. Je demandai que l'affaire fût remise au lendemain. L'heure était avancée, je n'avais personne pour
m'assister, je me trouvais pris au dépourvu. Il fallait
laisser à cet homme le temps de soulever contre moi tous
les griefs qu'il voudrait, et de produire ses témoins s'il
en avait. Il fallait aussi que j'eusse la liberté de me défendre devant tous les membres du dème réunis au complet, et de produire mes propres témoins. J'acceptais par
avance la décision qui serait alors rendue sur mon compte.
Mais cet homme n'eut aucun égard à ma demande formelle et distribua sur-le-champ les bulletins de vote aux
membres présents, sans me donner la parole pour me
défendre, et sans faire aucune preuve précise. Ses partisans se levèrent donc et votèrent. On n'y voyait déjà
plus; ils reçurent de lui chacun deux ou trois bulletins, et
les jetèrent dans l'urne. Il y a de cela une bonne preuve.
En effet, il n'y avait pas plus de trente votants et il se

trouva plus de soixante bulletins, au grand étonnement de nous tous. Pour prouver que je dis vrai, que les bulletins n'ont pas été distribués à tous, et qu'il s'en est trouvé plus qu'il n'y avait de votants, je vais vous produire des témoins. Sur ce point, je ne puis vous fournir le témoignage ni d'un ami ni d'un autre Athénien. L'heure était avancée et je n'avais appelé personne pour m'assister, mais j'emploierai le témoignage de ceux-là mêmes qui m'ont injustement traité. J'ai mis par écrit pour eux des faits qu'ils ne pourront pas nier. Lis.

TÉMOIGNAGE.

S'il eût été possible aux gens d'Halimunte, juges, de voter ce jour-là sur tous les habitants du dème, on comprendrait qu'ils eussent continué de voter jusque dans la soirée, afin d'en finir, et de ne retourner chez eux qu'après avoir satisfait à votre décret. Si, au contraire, il restait encore plus de vingt personnes sur lesquelles on devait voter le lendemain, si une nouvelle réunion du dème était nécessaire, quelle difficulté y avait-il à ce qu'Eubulide renvoyât au lendemain, et me prît ensuite le premier, pour faire voter sur moi les habitants du dème? En voici la raison, juges : Eubulide n'ignorait pas que si la parole m'était donnée, si tous les membres du dème étaient présents, si le vote s'accomplissait régulièrement, ceux qui avaient formé la brigue avec lui ne se retrouveraient plus. D'où venait cette brigue? je vous le dirai, Athéniens, si vous voulez m'entendre, quand je vous aurai parlé de ma filiation. En ce moment, savez-vous ce qui me paraît juste et ce que je suis prêt à faire? Le voici, juges : c'est de vous montrer que je suis Athénien de père et de mère, de vous produire sur ce fait des témoins que vous tiendrez pour véridiques, de dissiper les médisances et les faux bruits. Quant à vous, vous devez écouter toutes ces choses; après quoi, si vous trouvez qu'étant citoyen j'ai succombé par l'effet d'une brigue, vous me viendrez en aide, sinon vous ferez ce que vous conseillera votre conscience. C'est donc par là que je commencerai.

Ils ont publié méchamment que mon père avait l'accent étranger. Mais ils ont omis de dire que pris par les ennemis au temps de la guerre de Décélie (5) et vendu pour être emmené à Leucade (6), il rencontra par hasard l'acteur Cléandre et fut enfin rendu à sa famille après une longue absence. Comme si ce malheur était une raison pour nous perdre, ils ont fait de cet accent étranger un grief contre moi. Eh bien, c'est précisément sur ces circonstances que je me fonde surtout pour vous prouver que je suis Athénien. Je vous produirai des témoins, d'abord sur ce fait que mon père a été pris et délivré, puis qu'à son retour il a reçu de ses oncles une part de leurs biens (7); ensuite que ni dans les assemblées du dème, ni dans celles de la phratrie, ni nulle part ailleurs, personne ne l'a jamais attaqué comme étranger à cause de son accent. Prends-moi les témoignages.

TÉMOIGNAGES.

Vous venez d'entendre tout ce qui concerne la captivité de mon père, l'heureux hasard de sa délivrance et son retour. J'ajoute qu'il était votre concitoyen, juges, et telle est bien réellement la vérité. Sur ce point j'appelle en témoignage tous nos parents vivants du côté paternel. Appelle d'abord Thoucritidès et Charisiadès. Leur père Charisios était frère de mon aïeul Thoucritidès et de ma grand'mère Lysarété, par suite oncle de mon père (car mon aïeul avait épousé sa sœur née d'une autre mère) (8).

Appelle ensuite Nikiadès dont le père Lysanias était frère de Thoucritidès et de Lysarété, et oncle de mon père. Appelle enfin Nicostrate, dont le père Nikiadès était neveu de mon aïeul et de ma grand'mère, et cousin de mon père (9). Appelle-moi tous ces témoins, et toi arrête la clepsydre.

TÉMOINS.

Vous avez entendu, Athéniens, les parents de mon père par les mâles témoigner et affirmer avec serment que mon père était Athénien et leur parent. Aucun d'eux assurément ne voudrait se parjurer avec imprécations (10) en présence de gens qui sauraient comme lui que son témoignage est faux. Prends aussi les témoignages des parents de mon père du côté des femmes.

TÉMOIGNAGES.

Ainsi tous les parents vivants du côté de mon père, tant par les hommes que par les femmes, ont attesté qu'il était Athénien des deux côtés et en possession légitime du droit de cité. Appelle maintenant les membres de la phratrie et ceux de la *gens* (11).

TÉMOINS.

Prends aussi les témoignages des membres du dème et ceux des membres de la *gens* au sujet de la phratrie pour prouver que j'ai été élu président de celle-ci.

TÉMOIGNAGES.

Vous avez entendu les membres de la famille, de la phratrie, du dème et de la *gens*. Ce sont nos témoins naturels. Vous en avez assez pour juger si celui qui obtient tous ces témoignages était citoyen ou étranger. Si nous

avions eu recours à une ou deux personnes seulement,
nous pourrions être soupçonnés de les avoir subornées.
Mais si mon père, de son vivant, et moi-même aujourd'hui
nous avons fait nos preuves, comme chacun de vous,
j'entends devant les membres de la phratrie et de la
famille, devant ceux du dème et de la *gens,* comment
serait-il possible que tous ces témoins ne fussent pas
réellement nos parents et qu'il y ait eu fraude? Sans doute
si mon père eût été riche et s'il eût été convaincu d'avoir
donné de l'argent à ces hommes pour qu'ils affirmassent
être ses parents, on pourrait avec quelque raison soupçonner qu'il n'était pas citoyen. Mais s'il était pauvre, s'il
était en état de prouver que ces mêmes hommes qu'il
produisait comme ses parents lui ont donné une part de
leurs biens, n'est-il pas démontré que la parenté dont il
s'agit est bien réelle? Certes, si mon père ne leur eût pas
tenu par les liens du sang, jamais ils ne lui eussent fait
une part dans leurs biens ni une place dans la famille.
Ces liens existaient donc, comme le fait l'a prouvé et
comme les témoins vous l'affirment. De plus, il a été désigné par le sort pour remplir certaines fonctions, et il
les a remplies après avoir subi l'examen. Prends-moi le
témoignage.

TÉMOIGNAGE.

Paraît-il croyable à un seul d'entre vous que les membres du dème eussent permis à mon père d'exercer une
fonction chez eux s'il eût été étranger et non citoyen? Ne
l'auraient-ils pas poursuivi? Eh bien, pas un seul n'a
formé de poursuite ni même de critique. Il y a plus : la
nécessité se présenta pour les membres du dème de voter
les uns sur les autres sous la foi d'un serment solennel,
lorsque la liste civique (12) fut détruite sous l'administra-

tion d'Antiphile, père d'Eubulide, et ils exclurent plusieurs d'entre eux ; quant à mon père, il ne fut l'objet d'aucune observation, d'aucune critique. Eh bien, pour tous les hommes, tout finit avec la vie. Lorsqu'un homme a été attaqué de son vivant, il est juste que les enfants soient toujours prêts à répondre du fait de leur père ; mais si de son vivant il n'a été l'objet d'aucune attaque, n'est-il pas bien dur pour les enfants de se voir mis en jugement par le premier venu ? Si donc il n'y a jamais eu de contestation sur ce point, laissons tomber cette affaire dans l'oubli ; si au contraire la question a été débattue, s'il y a eu vote de tous sur chacun, sans que jamais plainte ait été élevée par personne, comment n'aurais-je pas droit à la qualité d'Athénien, du chef de mon père, mort avant que sa filiation ait été contestée ? Pour prouver que je dis vrai, appelle les témoins de ces faits.

TÉMOINS.

Ce n'est pas tout. Mon père a eu quatre autres enfants nés de la même mère que moi. Les ayant perdus, il les a ensevelis dans le monument des ancêtres, qui est commun à tous les membres de la *gens*. Aucun de ceux-ci n'a fait défense ni formé opposition, ni intenté action. Et pourtant qui consentirait jamais à laisser ensevelir dans le monument des ancêtres des personnes étrangères à la *gens* ? Pour prouver qu'en cela encore je dis vrai, prends le témoignage.

TÉMOIGNAGE.

Voilà ce que j'ai à dire au sujet de mon père pour prouver qu'il était Athénien. J'ai produit comme témoins des hommes que nos adversaires eux-mêmes ont reconnu par décret être citoyens. Ils attestent que mon père était

leur cousin. Comme vous le voyez, il a vécu ici je ne sais
combien d'années; jamais, à aucune époque, il n'a été
reconnu pour un étranger. Au contraire, ayant eu recours
à ces hommes qui sont ses parents, il fut accueilli par eux
et reçut d'eux une part de leur patrimoine, comme étant
un des leurs. Vous voyez aussi par la date de sa naissance
que, fût-il issu d'Athéniens d'un côté seulement, il aurait
encore droit de citoyen. Il est né en effet avant l'archontat d'Euclide (13). Pour ce qui est de ma mère (car c'est
encore un des reproches que l'on m'a faits), je vais vous
en parler, et j'appellerai des témoins pour appuyer mes
paroles. Et pourtant, Athéniens, en me diffamant de la
sorte, Eubulide n'a pas seulement violé les décrets qui
régissent le commerce. Il a encore violé les lois aux termes desquelles l'action en diffamation peut être intentée
contre quiconque reproche à un Athénien ou à une Athénienne le métier qu'il exerce sur la place. Il est vrai, nous
vendons des rubans, nous vivons autrement que nous
voudrions, et si tu veux, Eubulide, conclure de là que
nous ne sommes pas Athéniens, je te prouverai que c'est
tout le contraire, puisqu'il n'est pas permis à un étranger
de travailler de son état sur notre place (14). Prends-moi
d'abord la loi de Solon et fais-en lecture.

LOI.

Prends encore celle d'Aristophon. En effet, Athéniens,
la loi de Solon vous a paru si belle et si démocratique,
que vous l'avez reprise et renouvelée par un vote.

LOI.

Maintenant, il faut venir en aide aux lois, non pas en
repoussant comme étrangers ceux qui travaillent, mais en

flétrissant ceux qui font de méchants procès. Aussi bien,
Eubulide, il y a une autre loi contre les oisifs (15). Tu es
sous le coup de cette loi, et tu nous attaques, nous qui
travaillons. Voilà bien à quelle extrémité nous sommes
réduits en ce moment. Il peut, lui, sortir de l'affaire,
tout dire, tout mettre en œuvre, pour m'enlever mes
droits jusqu'au dernier. Mais moi! vous pourrez bien trouver mauvais que je dise quel métier cet homme va prati-
quant dans notre ville, et vous avez raison, car ce que
vous savez, à quoi bon le dire? Voyez pourtant. A mon
sens, le métier que nous exerçons ici, sur la place, est
précisément ce qui prouve le mieux la fausseté des griefs
qu'Eubulide avance contre nous. Il dit en effet que ma
mère vendait des rubans, au vu et au su de tous; mais
alors ces gens qui l'avaient vue, et en si grand nombre,
devaient venir témoigner, et autrement que par ouï-dire.
Si elle était étrangère, ils devaient feuilleter le registre
des droits qui se perçoivent sur le marché; ils y auraient
vu si elle payait la taxe des étrangers et d'où elle venait.
Si elle était esclave, il fallait appeler en témoignage contre elle un homme qui l'eût achetée, ou tout au moins un
qui l'eût vendue, ou quelque autre à leur défaut, pour
prouver soit qu'elle a servi comme esclave, soit qu'elle a
été mise en liberté par un affranchissement. Mais Eubulide n'a fait aucune preuve semblable. En revanche, il n'y
a pas d'injures, ce me semble, qu'il ne m'ait prodiguées.
Voilà bien le fait du sycophante : trouver partout des
griefs et ne jamais rien prouver.

Il a encore dit de ma mère qu'elle a été nourrice. Oui,
lors des malheurs du pays, au milieu de la ruine générale; le fait est vrai, nous ne le nions pas. Mais comment
et pourquoi elle a été nourrice, c'est ce que je vais
vous montrer clairement. Que nul d'entre vous, Athé-

niens, ne prenne la chose en mauvaise part. Même aujourd'hui, vous trouverez encore beaucoup d'Athéniennes
qui font métier de nourrices. Nous vous les nommerons
si vous voulez. Il est certain que si nous étions riches,
nous n'aurions besoin ni de vendre des rubans ni de chercher des ressources pour vivre. Mais quel rapport tout
cela peut-il avoir avec la question de filiation? Pour moi
je ne le vois pas. Gardez-vous, juges, de flétrir les pauvres,
— c'est déjà pour eux un assez grand malheur que d'être
pauvres — encore moins ceux qui ont un métier et qui
gagnent honnêtement leur vie. Écoutez-moi. Si je vous
montre que les parents de ma mère se comportent comme
il convient à des hommes libres, qu'ils repoussent avec
serment comme autant de calomnies les griefs élevés
contre elle par Eubulide, si des gens dignes de foi déclarent savoir que ma mère est Athénienne, rendez-moi justice alors et votez pour moi. Mon aïeul, Athéniens, le père
de ma mère, s'appelait Damostratos, de Mélité (16). Il
eut quatre enfants, à savoir de sa première femme une
fille et un fils nommé Amythéon, de la seconde Chærestraté ma mère, et Timocrate. Ceux-ci à leur tour eurent
des enfants. D'Amythéon naquirent Damostrate portant le
nom de mon aïeul, Callistrate et Dexithée. Amythéon le
frère de ma mère a pris part à l'expédition de Sicile (17);
il y a trouvé la mort et a été enseveli dans les monuments
publics (18) qui serviront eux-mêmes de témoins. De sa
sœur, qui épousa Diodore de Halæ (19), naquit un fils,
Ctésibios. Celui-ci mourut dans l'expédition d'Abydos (20),
sous le commandement de Thrasybule. De tous ceux que
je viens de nommer, un seul vit encore, c'est Damostrate,
fils d'Amythéon, neveu de ma mère. Quant à ma grand'-
mère Chærestraté, elle avait une sœur qui épousa Apollodore de Plothéia (21). D'eux naquit Olympichos, d'Olym-

pichos Apollodore qui est vivant, lui aussi. Appelle-moi ces
deux témoins.

TÉMOINS.

Vous venez d'entendre les témoignages et les serments
de ces hommes. J'appelle maintenant le frère de ma mère,
issu de la même mère et notre parent des deux côtés, et
ses fils (22). En effet Timocrate, frère de ma mère et par
son père et par sa mère, a eu pour fils Euxithée, lequel a
eu lui-même trois fils. Toutes ces personnes sont encore
vivantes. Appelle-moi ceux d'entre eux qui se trouvent à
Athènes.

TÉMOINS.

Prends-moi les témoignages des membres de la phratrie qui appartiennent à la même *gens* et au même dème
que ma mère, et de tous ceux qui ont droit à une place
dans les mêmes tombeaux.

TÉMOIGNAGES.

Ainsi, en ce qui touche la filiation de ma mère, vous
voyez qu'elle était Athénienne et par les hommes et par
les femmes. Maintenant, juges, ma mère épousa d'abord
Protomaque, à qui elle fut donnée en mariage (23) par
Timocrate, son frère de père et de mère. Elle eut une fille
de ce mari, puis elle épousa mon père et je naquis de
cette union. Comment elle épousa mon père, c'est ce que
je dois vous apprendre. Je vais vous expliquer très-claire-
ment et les faits qu'on nous reproche au sujet de Clinias,
et comment ma mère a été nourrice, et tout ce qui s'est
passé. Protomaque était pauvre. Appelé à recueillir une
opulente succession avec la main d'une fille héritière (24),
il prit la résolution de se défaire de ma mère, et déter-

mina mon père Thoucritos, qui était son ami, à la prendre.
En conséquence, mon père reçut ma mère en mariage (25),
de Timocrate de Mélité, frère de celle-ci, en présence de
ses deux oncles à lui, et d'autres témoins. Tous ceux
d'entre eux qui sont vivants nous rendront témoignage.
Quelque temps après, elle avait déjà donné le jour à deux
enfants, mon père était au service hors du pays, sous le
commandement de Thrasybule ; elle se trouva sans ressources, et fut réduite à nourrir Clinias fils de Clidicos, en
quoi certes elle est loin d'avoir fait une chose utile au
sujet du danger que je cours aujourd'hui, car de cette
nourriture viennent tous les reproches qu'on nous fait. Il
faut pourtant convenir que la détresse où elle se trouvait
rendait ce parti nécessaire et convenable. Ainsi vous le
voyez, Athéniens, mon père n'est pas le premier qui ait
reçu ma mère en mariage. Protomaque avait déjà été son
époux, en avait eu des enfants, et avait marié une fille.
Quoiqu'il soit mort, il n'en témoigne pas moins par ses
actes que ma mère était Athénienne et citoyenne. Pour
prouver que je dis vrai, appelle-moi d'abord les fils de
Protomaque, puis ceux qui étaient présents quand mon
père contracta son mariage, puis parmi les membres de
la phratrie les parents auxquels mon père a donné le repas de noces au nom de ma mère (26), puis Eunikos de
Cholargos (27) qui a reçu de Protomaque ma sœur en
mariage, puis le fils de cette sœur. Appelle-les.

TÉMOINS.

En vérité, Athéniens, ne serais-je pas le plus à plaindre
de tous les hommes, si, entouré de nombreux parents,
venus ici pour attester et affirmer avec serment nos rapports de famille, la qualité de citoyen n'étant contestée à
aucun d'entre eux, votre vote déclarait que je suis étran-

ger? Prends-moi encore le témoignage de Clinias et celui de ses parents. Ils savent apparemment ce qu'était ma mère lorsqu'elle lui a servi de nourrice. En effet, leur serment leur ordonnait d'attester non pas ce que nous affirmons aujourd'hui, mais ce qu'ils ont su de tout temps au sujet de notre mère qui pour eux était toujours la nourrice de Clinias. Assurément, c'est peu de chose qu'une nourrice, mais je n'ai pas peur de la vérité. Aussi bien ce n'est pas pour avoir été pauvres que nous pouvons être en faute, mais pour n'avoir pas été citoyens, et il ne s'agit, dans ce procès, ni de fortune ni de biens, mais d'une simple question de filiation. On voit souvent des personnes libres, réduites par la pauvreté à des occupations serviles et basses. Il faut les plaindre, Athéniens. Cela est plus juste que de les accabler. Si je suis bien informé, beaucoup de femmes Athéniennes ont été forcées par les malheurs du temps à servir de nourrices, ou à se louer pour les vendanges, et beaucoup qui étaient pauvres alors sont riches aujourd'hui. Mais j'y reviendrai tout à l'heure. En ce moment appelle les témoins.

TÉMOINS.

Ainsi donc, la qualité d'Athénien m'appartient à la fois du côté de ma mère et du côté de mon père. C'est ce que vous savez tous maintenant, et par les témoignages que vous venez d'entendre, et par ceux que vous aviez entendus auparavant au sujet de mon père. Il me reste à vous parler de moi-même; c'est bien simple, à mon sens, et mon droit est bien clair. Athénien issu de parents Athéniens l'un et l'autre, héritier de leurs biens et de leur sang, je suis citoyen. Néanmoins je prouverai qu'il n'y manque aucune circonstance, et je produirai des témoins. Vous verrez comment j'ai été introduit dans la phratrie,

comment j'ai été inscrit parmi les membres du dème,
comment ces mêmes membres m'ont désigné parmi les
hommes de race pure pour tirer au sort les fonctions de
prêtre d'Héraclès (28), comment j'ai rempli les fonctions
publiques après avoir subi l'examen. Appelle-moi ces témoins.

TÉMOINS.

Trouvez-vous juste la condition qui m'est faite, juges?
si j'avais obtenu par le sort le sacerdoce pour lequel j'avais
été désigné comme candidat, nous serions obligés, moi
de sacrifier pour ces hommes, et lui de sacrifier avec moi.
Aujourd'hui ces mêmes hommes ne veulent même pas
permettre que je sacrifie avec eux. Et maintenant, Athéniens, il est évident que j'ai été reconnu comme citoyen
par tous ceux qui m'accusent en ce jour. Si j'avais été un
étranger, un métèque, comme dit Eubulide ; jamais il ne
m'eût permis de remplir des fonctions publiques, ni de
tirer au sort avec lui pour le sacerdoce, après avoir été
désigné comme candidat. Car lui aussi était de ceux qui
ont tiré au sort après avoir été désignés. Dans tous les
cas, Athéniens, s'il eût connu en moi quelque défaut de ce
genre, il n'aurait pas attendu la présente occasion que
personne ne pouvait prévoir, lui, mon ancien ennemi. Mais
il ne me connaissait aucun défaut. C'est pourquoi jusqu'à
ce jour il a constamment participé avec moi aux assemblées du dème et aux tirages au sort, sans rien voir, mais
lorsqu'il a vu la ville tout entière irritée et indignée contre
tous ceux qui ont forcé l'entrée des dèmes, il s'est mis à
m'attaquer. S'il savait quelque chose sur mon compte,
c'est au moment dont je parlais tout à l'heure qu'il eût dû
dire la vérité. L'occasion présente ne convient qu'à un
ennemi ou à un sycophante. Pour moi, juges — et ici, au

nom de Jupiter et de tous les dieux, n'allez pas m'inter-
rompre, ni prendre en mauvaise part ce que je vais dire
— je me crois Athénien comme chacun de vous croit l'être.
J'ai toujours regardé comme étant ma mère celle que je
vous déclare. On ne peut pas dire qu'étant né d'une autre
femme je me donne pour fils de celle-ci. Pour mon père,
Athéniens, c'est la même chose. Quand vous voyez qu'un
homme cache sa vraie filiation pour s'en attribuer une
autre, vous en concluez qu'il est étranger. Si ce raisonnement est juste, Athéniens, je suis donc citoyen, moi qui
ai fait tout le contraire. Je n'aurais pas désigné pour mes
parents une étrangère et un étranger, lorsque j'ai réclamé
la qualité de citoyen. Si j'avais su n'être pas en règle,
j'aurais cherché d'autres personnes à déclarer comme
mes parents. Mais je ne me connais en cela aucun défaut.
C'est pourquoi je m'en tiens à ceux qui sont réellement
mes parents, et je réclame ma qualité de citoyen.

Ce n'est pas tout. Je suis resté orphelin, et on dit que
je suis riche, et que plusieurs des témoins ont reçu de
moi des secours pour se dire mes parents. Ils rappellent
pour me nuire les misères de ma pauvreté, ils calomnient
ma naissance, et en même temps ils affirment qu'étant
riche j'ai tout acheté. Mais alors, de ces deux choses laquelle faut-il croire? Le droit des hommes que voici, si
j'étais un bâtard ou un étranger, était d'hériter de tous
mes biens. Aiment-ils donc mieux recevoir de petits présents, s'exposer aux suites d'un faux témoignage, et commettre un parjure, que de posséder tout, et sûrement,
sans se charger d'aucun crime? Non, cela n'est pas. Je
dis que ce sont des parents qui font leur devoir en venant
au secours d'un des leurs. Et ce n'est pas une détermina-
tion récente qui les porte à agir de la sorte. Je venais de
naître lorsqu'ils me présentèrent à la phratrie, au temple

6.

d'Apollon, auteur de notre race (29), aux autres temples.
Certes, ce n'était pas un enfant comme moi qui pouvait
les faire agir en leur donnant de l'argent. En outre, mon
père lui-même, de son vivant, ayant prêté le serment légal
à la phratrie, me présenta comme Athénien né, à sa connaissance, d'une Athénienne son épouse légitime. Il y a
encore des témoignages qui établissent ces faits. Suis-je
donc étranger maintenant? Où est-ce que j'ai acquitté la
taxe de séjour, moi ou quelqu'un des miens (30)? Est-ce
qu'on m'a vu me présenter à d'autres dèmes, et faute
d'être admis par eux, venir m'inscrire dans celui-ci? Ai-je
rien fait de ce qu'on a vu faire à ceux dont le droit de cité
n'était pas à l'abri du soupçon? Nullement. Là où l'aïeul
paternel de mon père, le mien et mon père lui-même
avaient pris part aux assemblées de dème, là aussi on m'a
vu y prendre part. Et maintenant comment pourrait-on
vous prouver plus clairement qu'on est citoyen? Que chacun de vous, Athéniens, se demande comment il pourrait
produire ses parents autrement que je ne produis les
miens, donnant leur témoignage, apportant leurs serments, montrant toujours depuis ma naissance les mêmes
dispositions à mon égard?

C'est par ces motifs que j'ai pris confiance en moi-
même et que j'ai eu recours à vous. En effet, Athéniens,
je vois que vos tribunaux ont le pouvoir d'annuler non-
seulement le décret rendu contre moi par les habitants
d'Halimunte, mais encore les décrets du conseil et ceux
du peuple, et cela est juste, car les jugements que vous
rendez sont à tous égards les plus justes de tous. Rappelez-vous encore ceci, vous tous qui appartenez à de grands
dèmes : Vous n'avez jamais enlevé à personne l'avantage
d'être attaqué et de se défendre (31). Grâces vous soient
rendues à tous pour la justice dont vous avez fait preuve

dans les débats de ce genre, en n'ôtant pas à ceux qui
demandaient un délai le temps nécessaire pour se préparer. Vous avez atteint par là les sycophantes et tous
ceux qui attaquent les autres par haine. Il est juste de
faire de vous cet éloge, Athéniens, et en même temps de
flétrir ceux qui [abusent d'une institution belle et juste.
Eh bien, vous le verrez, dans aucun dème les choses ne
se sont passées d'une façon plus regrettable que chez
nous. Voici des frères qui ont le même père et la même
mère. Les uns ont été rayés, les autres non. Voici de malheureux vieillards qui ont été exclus, et dont on a gardé
les fils. Si vous le voulez je produirai des témoins de tous
ces faits. Mais écoutez ce que la cabale a fait de plus fort.
— Par Jupiter et tous les dieux, n'allez pas m'en vouloir,
si je montre l'improbité de ceux dont je suis la victime. Il
me semble que montrer l'improbité de ces hommes c'est
précisément plaider ma cause. — Des étrangers, Anaxi-
mène et Nicostrate, voulaient devenir citoyens. Ils les ont
admis, Athéniens, moyennant une somme qu'ils se sont
partagée à raison de cinq drachmes par tête. Et cela,
Eubulide et ses amis n'affirmeront pas avec serment qu'ils
n'en ont pas connaissance. Il est certain qu'ils n'ont pas
prononcé la radiation de ces hommes. Que n'ont-ils pas
dû faire isolément ceux qui, réunis, ont osé pareille chose?
Le nombre est grand, juges, de ceux que les complices
d'Eubulide ont rayés ou maintenus pour de l'argent. Déjà
autrefois — en disant ceci, Athéniens, je ne sors pas de
ma cause — Antiphile, père d'Eubulide, étant démarque,
ainsi que je l'ai dit, employa une manœuvre semblable
pour se faire donner de l'argent de plusieurs mains. Il
prétendit que le registre public avait péri, fit voter les
habitants d'Halimunte sur eux-mêmes, et attaqua dix
membres du dème, qui furent exclus, mais le tribunal les

rétablit tous, à l'exception d'un seul. Tous les anciens savent cela. Certes, ils n'étaient pas disposés à laisser sur les listes des hommes qui ne fussent pas Athéniens, puisqu'ils ont expulsé par une cabale des gens qui étaient réellement citoyens, et que le tribunal a rétablis. Or, déjà ennemi de mon père, non-seulement il ne l'a pas attaqué, mais il n'a même pas voté contre lui pour le faire exclure comme n'étant pas Athénien. Où est la preuve de ce fait ? En ce que mon père a été reconnu membre du dème à l'unanimité des suffrages. Mais à quoi bon parler de nos pères ? Eubulide lui-même, que voici, le jour où je fus inscrit, et alors que les membres du tribunal étaient tous appelés à voter sur moi, suivant la loi, et sous la foi du serment, ne m'a pas attaqué, et n'a pas voté contre moi, car cette fois encore je fus reconnu membre du dème à l'unanimité des votants. S'ils disent que je mens en cela, que l'un de ces hommes, le premier qui voudra, vienne comme témoin déclarer le contraire, en prenant sur le temps qui m'est assigné. Si donc, Athéniens, vous trouvez que ces hommes ont un argument très-fort quand ils disent que dans cette circonstance les membres du dème m'ont exclu par un vote, je prouve que quatre fois, auparavant, alors que l'on votait en conscience et sans cabale, ils ont eux-mêmes déclaré par un vote que j'étais membre du même dème, et mon père aussi ; d'abord, lors de l'examen de mon père ; puis lors du mien (32) ; en troisième lieu, lors de la première révision des listes, après que ces hommes eurent fait disparaître le registre. Enfin, par un dernier vote, ils m'ont, après vérification, inscrit parmi les citoyens de race pure appelés à tirer au sort pour le sacerdoce d'Héraclès. Tous ces faits ont été déclarés par les témoins.

Faut-il maintenant parler de mes fonctions de démarque, qui m'ont fait des ennemis, et n'ont pas été sans lutte, car j'ai eu à poursuivre plusieurs membres du dème en payement de loyer pour des biens appartenant aux temples, et en restitution de choses prises à la communauté ? Je voudrais bien vous en entretenir, mais vous penserez peut-être que cela est en dehors de la cause. Aussi bien je trouve là précisément une preuve de la cabale qu'ils ont faite. Ils ont retranché de la formule du serment ces mots : « je voterai pour l'opinion la plus juste, sans faveur et sans haine. » De plus, ceci encore est un fait notoire, ils ont dérobé par un vol sacrilége les armes offertes par moi à la déesse Athéné, ils ont effacé le décret que le dème avait rendu en mon honneur, et après cela tous ceux que je poursuivais en restitution se sont liés contre moi par un serment. Et ils n'ont pas eu honte de dire de tous côtés que c'est moi-même qui ai fait toutes ces choses pour me ménager un moyen de défense. Mais qui d'entre vous, juges, me croira assez insensé pour commettre des actes que la loi punit de mort, en vue d'ajouter à ma cause des arguments de cette force, et pour faire disparaître ce qui me faisait honneur ? Il y a du moins un fait dont on ne m'accusera pas d'être l'auteur, et c'est le plus grave de tous. A peine la chance avait-elle tourné contre moi qu'aussitôt je fus considéré comme un proscrit et un homme perdu. Plusieurs de mes adversaires se rendirent de nuit à mon habitation au milieu des champs, et tentèrent de piller tout ce qui s'y trouvait, sans le moindre souci ni de vous ni des lois. Si vous le voulez nous appellerons en témoignage ceux qui ont vu le fait.

J'aurais encore bien d'autres choses à vous faire connaître et sur les actes qu'ils ont commis et sur les mensonges qu'ils ont dits. Je ne demanderais pas mieux que de vous en parler, mais vous pensez que cela est en dehors de la cause, il suffit. Je laisse tout cela. Rappelez-vous seulement les choses que je vous ai dites, et voyez comme je me présente devant vous avec force bonnes raisons. Je vais m'interroger moi-même, ici, de la même façon que vous interrogez les thesmothètes. « Dis-moi, mon ami, quel était ton père? » — « Mon père était Thoucritos. » — « As-tu des témoins qui déclarent être tes parents? » — « Oui, certes : d'abord quatre cousins, puis un fils de cousin, puis ceux qui ont épousé les cousines de Thoucritos, puis les membres de la phratrie, puis ceux de la *gens* qui invoque Apollon, auteur de notre race, et Jupiter, protecteur de la propriété (33), puis ceux qui ont droit à une place dans les mêmes tombeaux. Enfin les membres du dème déclarent que j'ai souvent subi l'examen et rempli des fonctions. Eux-mêmes ont voté sur moi, tout le monde le sait ». Pour ce qui est de mon père, comment pourrais-je vous fournir une preuve plus forte ou plus irréprochable? J'appellerai mes parents en témoignage si vous voulez. Écoutez maintenant ce qui est de ma mère. Ma mère est Nicarété, fille de Damostratos de Mélité. Quels sont les parents qui témoignent pour elle? D'abord un neveu, puis deux fils d'un autre neveu, puis un fils de cousin, puis les fils de Protomaque, le premier mari de ma mère, puis Eunikos de Cholargos qui a épousé ma sœur issue de Protomaque, puis les fils de cette sœur. Ce n'est pas tout, les membres de la phratrie à laquelle ses parents appartiennent, et ceux du dème ont témoigné de tout cela. Que vous faudrait-il donc de plus? Aussi bien on vous a déclaré que mon père a épousé ma mère en légitime mariage, et qu'il a donné le repas de noces aux membres de la phratrie. En outre, j'ai montré que moi-même j'avais joui de tous les avantages qui appartiennent à des hommes libres. Ainsi, à tous égards, si vous votez pour moi vous ferez acte de justice et de convenance, et vous vous montrerez fidèles à votre serment. Encore un mot, juges. Quand vous interrogez les neuf archontes, vous leur demandez comment ils se conduisent à l'égard de leurs pères et mères. Moi j'ai perdu mon père de bonne heure, mais au nom de ma mère, je vous en supplie et je vous en conjure, rendez-moi ce que j'ai revendiqué devant vous, le droit d'ensevelir cette femme dans les tombeaux de mes ancêtres, et ne m'empêchez pas d'accomplir ce devoir. Ne faites pas de moi un homme sans patrie, ne me retranchez pas d'une parenté si nombreuse, en un mot ne me perdez pas. Avant de quitter ces parents, si je ne pouvais être sauvé par eux, je me donnerais plutôt la mort, afin d'être au moins enseveli par eux dans ma patrie.

NOTES

(1) La défense de témoigner par ouï-dire est souvent invoquée dans les plaidoyers grecs. Voy. le discours contre Léocharès, § 55, et le deuxième discours contre Stéphanos, § 6.

(2) L'accusation d'impiété, γραφὴ ἀσεβείας s'appliquait à toute offense faite aux dieux ou à la religion. Si l'accusateur n'obtenait pas le cinquième des voix, il payait mille drachmes d'amende, et encourait une atimie particielle, consistant dans l'interdiction d'entrer dans certains lieux consacrés au culte. (Andocide, I, 33.)

(3) Le préfixe ἀνὰ indique le mouvement pour venir de la campagne et monter en ville. Nous voyons ici que l'assemblée d'un dème rural pouvait se tenir à Athènes.

(4) Environ six kilomètres et demi.

(5) Il s'agit de la seconde période de la guerre du Péloponèse, pendant laquelle les Lacédémoniens s'étaient emparés de Décélie en Attique.

(6) La presqu'île de Leucade, aujourd'hui l'île de Sainte-Maure, à l'extrémité de l'Acarnanie.

(7) Lorsque le père d'Euxithée revint de captivité, ses oncles firent, suivant l'usage athénien, une sorte de souscription en sa faveur (ἔρανος).

(8) Le mariage entre frère et sœur était permis à Athènes, lorsqu'ils n'étaient pas de la même mère. Plut. Thém., 32, Cimon, 4.

(9) Il y a ici une lacune, signalée par Westermann et A. Schœfer. Voy. le § 67.

(10) Les témoins dont il s'agit ici prêtaient serment avec imprécations contre eux-mêmes, d'après la formule prescrite pour certains cas graves et exceptionnels; c'est ce qu'on appelait le serment κατ' ἐξωλείας. Voy. Antiphon, V, 11. Démosth. contre Aristocrate, 68, contre Conon, 41.

(11) Le peuple athénien était primitivement divisé en quatre tribus, chaque tribu comprenait trois phratries, chaque phratrie trente γένη, chaque γένος trente familles. Clisthène remplaça les quatre anciennes tribus par dix nouvelles et les subdivisa en

dèmes ou communes, au nombre de cent soixante-trois. Les phratries et les γένη cessèrent alors d'être des institutions politiques,
mais subsistèrent avec leur caractère civil et religieux. Le mot
γένος n'a pas d'équivalent en français, nous le traduisons toujours
par l'équivalent latin *gens*.

(12) La liste civique, ληξιαρχικὸν γραμματεῖον, comprenait tous
les citoyens mâles et majeurs, c'est-à-dire âgés de plus de dix-
huit ans. Toute demande d'inscription était soumise par le démarque au vote des citoyens inscrits sur la liste du dème.

(13) Sous l'archontat d'Euclide, en 403, fut remise en vigueur,
sur la proposition d'Aristophon, une ancienne loi aux termes de
laquelle il fallait, pour être citoyen, être né non-seulement d'un
père athénien, mais d'une mère athénienne. Mais cette loi n'avait
pas d'effet rétroactif, du moins cela fut déclaré ainsi par une loi
postérieure portée sur la proposition de Nicomène. (Schol. Æschin.
In Timarch., § 39, et Van den Es, p. 76.)

(14) A moins de payer un impôt spécial. Voy. plus loin.

(15) C'est une loi de Dracon renouvelée par Solon, ou, suivant
d'autres, par Pisistrate. La peine était une amende de cent drachmes. La troisième condamnation entraînait l'atimie. La formule
d'accusation s'appelait γραφὴ ἀργίας.

(16) Mélité, dème de la tribu Œnéide ou Cécropide.

(17) L'expédition des Athéniens en Sicile est de l'an 415.

(18) Symboliquement, dit avec raison Westermann, car le
monument dont il s'agit ne pouvait être qu'un cénotaphe.

(19) Halæ, dème de la tribu Ægéide.

(20) L'expédition d'Abydos est de l'an 388.

(21) Plothéia, dème de la tribu Ægéide.

(22) Westermann propose ici une correction qui ne me paraît
pas nécessaire. Le témoin invoqué est Timocrate et non Euxithée.

(23) Pour qu'un mariage fût légitime, il fallait que la femme fût
donnée en mariage par celui qui avait puissance sur elle (κύριος),
c'est-à-dire par son père, ou à défaut par son frère.

(24) La fille ne pouvait hériter, mais elle passait avec la succession au plus prochain agnat, qui avait le droit et l'obligation de
l'épouser. Si l'un des deux était déjà marié, on avait recours au
divorce.

(25) L'ἐγγύη est à proprement parler l'acte par lequel le
κύριος atteste au futur époux, avec serment et devant témoins,

la filiation légitime de l'épouse, et se porte, en quelque sorte, caution.

(26) Ce repas de noces, γαμηλία, tenait lieu de présentation de la femme à la phratrie. Les mœurs athéniennes ne permettaient pas que la femme se rendît à l'assemblée de la phratrie. C'étaient les membres de la phratrie ou du moins quelques-uns d'entre eux qui se rendaient chez les nouveaux époux. Le repas avait un caractère symbolique et religieux.

(27) Cholargos, dème de la tribu Acamantide.

(28) Héraclès était la divinité protectrice du dème d'Halimunte.

(29) Les enfants nés dans l'année étaient présentés à la phratrie et à la gens le troisième jour de la fête des Apaturies, dans le mois de pyanepsion (octobre). Andoc., I, 126; Démosth., XLIII, 14. Le père, ou à son défaut le plus proche parent affirmait par serment la légitimité de l'enfant, et requérait qu'il fût inscrit sur les listes.

(30) La taxe de séjour pour les métèques ou étrangers domiciliés, τὸ μετοίκιον, était de douze drachmes par an. Harpocr., § 126, 29.

(31) C'est-à-dire l'avantage d'un débat contradictoire. Κατηγορία n'est pas pris ici dans le sens restreint du mot accusation, qui suppose un procès criminel. Le raisonnement de l'orateur est celui-ci : si les formes ont été observées dans les grands dèmes, où les affaires de ce genre étaient plus nombreuses, à plus forte raison devaient-elles être suivies dans les petits dèmes comme celui d'Halimunte.

(32) Il s'agit de la δοκιμασία εἰς ἄνδρας, c'est-à-dire de l'examen qui précédait l'inscription sur la liste civique, à l'époque de la majorité.

(33) Apollon Pythien était père de Ion et, par lui, de toute la race ionienne dont les Athéniens étaient un rameau. Quant à Jupiter, protecteur de la propriété, ou plus littéralement de l'enclos, c'était une divinité nationale à Athènes. Le passage de la propriété collective à la propriété individuelle s'était fait, là comme ailleurs, sous la sanction de la religion.

X X V

ÉPICHARÈS CONTRE THÉOCRINE

ARGUMENT

Le père d'Épicharès avait proposé un décret pour accorder au jeune Charidème la nourriture au prytanée, en récompense des services rendus par son père Ischomaque. Le décret fut voté ; mais, peu de temps après, Théocrine l'attaqua pour illégalité (γραφὴ παρανόμων), et fit condamner le père d'Épicharès à une amende de dix talents, qui fut bientôt portée au double comme n'ayant pas été payée dans le délai légal.

Épicharès veut venger son père frappé d'atimie et déchu du droit de porter une accusation. Il intente à son tour une accusation contre Théocrine. Il soutient que Théocrine est débiteur envers l'État. Or, il était interdit aux débiteurs de l'État de porter la parole, soit pour accuser, soit pour traiter des affaires publiques. Et comme l'existence de la dette était notoire, puisqu'elle résultait ordinairement d'une amende prononcée en justice, les infractions apportées à cette loi étaient poursuivies au moyen d'une procédure sommaire, c'est-à-dire par voie de délation ou de réquisitoire direct (ἔνδειξις). Il n'y avait pas, à proprement parler, de preuve à faire. Elle était toute faite. Il suffisait de constater la condamnation encourue. Plus tard, sans doute, la loi fut étendue à d'autres cas, dans lesquels il s'agissait d'autre chose que d'un fait matériel à vérifier, mais, dans l'origine, c'est évidemment par ce côté que l'ἔνδειξις se distinguait des autres actions criminelles (γραφαί). La preuve étant toute faite, le rôle du poursuivant se bornait à requérir l'application de la loi.

La procédure consistait probablement en ceci : Le poursuivant déposait entre les mains du magistrat une plainte écrite, et le magistrat décernait un mandat contre l'inculpé, qui était mis en état de détention préventive, à moins qu'il ne fournît caution [1]. La peine portée par la loi contre l'inculpé était la peine capitale ; mais en fait, les juges se bornaient la plupart du temps à prononcer la prison ou l'amende [2].

Voyons maintenant quels sont les faits relevés par Épicharès. Un seul, le premier, était porté dans le réquisitoire. Il est probable que la loi ne permettait pas d'en signaler par cette procédure plus d'un seul à la fois. Mais quoique les autres faits soient en dehors de la poursuite, Épicharès ne les retient pas moins comme moyens de plaidoirie.

Théocrine avait porté une dénonciation contre un nommé Micon, qu'il prétendait avoir exporté du blé. Une loi expresse défendait à tout navire athénien de porter du blé ailleurs qu'à Athènes, et Micon avait contrevenu à cette loi. La dénonciation (φάσις) était la procédure ordinairement employée en matière de contraventions aux lois de finances. Le dénonciateur était récompensé, en cas de condamnation, par une part de l'amende et des confiscations [3]. Mais s'il n'obtenait pas la cinquième partie des suffrages, ou s'il se désistait, il payait une amende de mille drachmes. Or, au lieu de suivre sur sa dénonciation contre Micon, Théocrine s'est désisté, sans doute à prix d'argent. Il a donc encouru l'amende. Dans tous les cas, il a enfreint une autre loi qui défend de porter des actions téméraires contre les gens de mer et les marchands.

Outre ces mille drachmes dues à l'État, Théocrine est encore débiteur de sept cents drachmes envers l'éponyme de sa tribu. Chacune des dix tribus athéniennes avait son héros éponyme,

[1] Meier et Schœmann, p. 583.
[2] Demosth., *Leptin.*, p. 504. Meier et Schœmann, p. 246.
[3] Meier et Schœmann, p. 247.

et formait une corporation religieuse, ayant ses biens et pourvoyant aux besoins du culte commun. Théocrine a été administrateur de ces biens, et il s'est reconnu en débet de sept cents drachmes.

Enfin, Théocrine est encore débiteur de cinq cents drachmes envers l'État, du chef de son père. Ce dernier avait intenté contre Céphisodore une revendication de liberté en faveur d'une femme que Céphisodore possédait comme esclave. Il a échoué dans son action, et dès lors il a encouru une amende de cinq cents drachmes, soit la moitié de la valeur de l'esclave.

Théocrine n'a pas acquitté ces trois dettes. Il n'a donc pas le droit de parler devant le peuple, et, s'il le fait, tout le monde a le droit de requérir contre lui.

Nous passons sur les personnalités dirigées contre Théocrine et sa famille, et nous arrivons aux moyens de défense.

Théocrine disait d'abord que le procès intenté contre lui était non pas seulement une vengeance personnelle (devant les tribunaux athéniens ce motif était admis), mais encore une manœuvre politique. Théocrine n'est pas, à proprement parler, un homme politique. Il ne prend pas la parole dans l'assemblée, mais il a une spécialité, c'est celle de faire casser les décrets illégaux. Démosthène, Hypéride, les orateurs au pouvoir, sont fatigués de son opposition et ont suscité le procès actuel, pour se débarrasser d'un adversaire gênant.

Au fond, Théocrine répondait que les noms des débiteurs publics étaient inscrits sur des listes affichées à l'acropole. Son nom, disait-il, ne figurait pas sur ces listes, et n'aurait pu y figurer qu'en vertu d'une condamnation régulière. Or, aucune condamnation n'a été prononcée contre lui. En effet, il y a eu transaction avec Micon, transaction encore avec le receveur au sujet de l'amende encourue dans le procès dè Céphisodore, et, quant à la dette envers l'éponyme de la tribu Léontide, le débiteur n'est pas Théocrine, c'est son aïeul, qui portait le même nom.

Ces raisons ne paraissent pas sans force, et on est surtout

frappé du peu d'importance des débets imputés à Théocrine.
Les trois sommes réunies ne font pas deux mille deux cents
drachmes. Si Théocrine les devait réellement, ne les aurait-il
pas payées au lieu de s'exposer aux poursuites de ses nombreux
ennemis? Quoi qu'il en soit, Épicharès réplique que la dette
envers l'Etat est indépendante de l'inscription, et même de la
condamnation, car elle résulte de la loi et se trouve ainsi encourue de plein droit par le seul fait du désistement illicite. La
transaction avec le receveur est d'ailleurs inadmissible, car le
receveur n'avait pas qualité pour transiger. Enfin, si la dette
envers l'éponyme est réellement imputable à l'aïeul de Théocrine, ce dernier n'en est pas moins responsable comme héritier de son aïeul.

Quant à la prétendue manœuvre politique, Epicharès la nie
énergiquement. La prétendue hostilité de Démosthène et d'Hypéride contre Théocrine n'est qu'un leurre. Ils se sont entendus
entre eux, et si bien que Démosthène, qui devait parler pour
Epicharès et soutenir l'accusation, l'a abandonnée et désertée
au dernier moment. Epicharès est ainsi forcé de prendre lui-
même la parole, malgré sa jeunesse et son inexpérience, tandis
que Théocrine se fait défendre par l'orateur Mœroclès.

On ne sait quel fut le résultat du procès.

Il suffit de lire ce plaidoyer pour comprendre qu'il ne peut
pas être de Démosthène. S'il a été joint au recueil des écrits
Démosthéniques, c'est évidemment parce que Démosthène s'y
trouve nommé. Les anciens critiques, Denys, Harpocration,
Libanius, attribuent ce plaidoyer à Dinarque, et, malgré les
objections d'A. Schæfer, nous croyons que le plus sûr est encore
de se ranger à leur avis.

Quant à la date du plaidoyer, Bœckh et A. Schæfer la pla-
cent en 339, et cette opinion paraît assez vraisemblable. L'archontat de Lyciscos est de l'an 344. La défection d'Ænos doit
être placée en 342. Enfin, Epicharès parle des invectives de
Démosthène contre Eschine. Il s'agit sans doute du procès de
l'ambassade. La date de 339 est donc justifiée.

PLAIDOYER

Notre père, juges, a été ruiné par Théocrine que voici, qui l'a fait condamner envers l'État à une amende de dix talents, aujourd'hui portée au double (1). Il n'y a donc plus pour nous aucun espoir de nous relever jamais. J'ai voulu prendre, avec votre aide, ma revanche sur cet homme, et dès lors j'ai cru que c'était un devoir pour moi de me porter délateur (2), sans m'arrêter, ni à ma jeunesse, ni à aucune autre considération. Aussi bien, juges, mon père, sur les conseils de qui j'ai tout fait, se plaignait à tous les gens de sa connaissance. Il craignait, disait-il, que je ne laissasse passer le temps où, ayant encore mon père, j'ai le droit de tirer vengeance de cet homme (3), et que prétextant mon inexpérience et ma jeunesse je ne regardasse avec indifférence, ici lui-même dépouillé de toute sa fortune, là Théocrine se portant accusateur au mépris des lois, et persécutant un grand nombre de citoyens quand cela lui est interdit. Donc, je vous prie tous, Athéniens, et je vous conjure de m'écouter avec bienveillance. Mon premier titre pour l'obtenir c'est que j'engage cette lutte pour venir en aide à mon père et pour obéir à ses conseils; le second, c'est que je suis jeune et sans expérience, à ce point que je devrai m'estimer heureux si, grâce à votre bienveillance, je réussis à vous exposer ce qu'a fait cet homme. Enfin, juges, — il faut bien dire toute la vérité devant vous, — je suis abandonné par des hommes en qui nous avions mis notre confiance parce qu'ils étaient ennemis de Théocrine (4).

Ils avaient pris connaissance des faits, ils m'avaient promis de venir combattre avec moi, et maintenant ils désertent ma cause et pactisent avec mon adversaire à l'occasion de mon procès. En un mot, je n'aurai plus personne, ne fût-ce que pour porter la parole avec moi, à moins qu'un de mes parents ne vienne à mon secours.

La présente délation n'est pas la seule qui pût être portée contre cet homme. De toutes les infractions qui donnent lieu à ce genre de poursuites, il n'y en a pas une qu'il n'ait commise. Mais, de tous les méfaits, le plus inouï, à notre connaissance, est la dénonciation relative au navire; c'est pourquoi mon père a relevé ce fait dans la délation qu'il m'a donnée. On va d'abord vous lire la loi relative à ceux qui font des dénonciations; et qui au lieu de poursuivre transigent contrairement aux lois, car c'est par là, ce me semble, qu'il convient de commencer mon discours. On vous lira ensuite la dénonciation même que cet homme a portée contre Micon. Lis.

LOI.

Cette loi, juges, fait connaître, en termes très-explicites, à quiconque veut, soit porter une accusation, soit faire une dénonciation, soit employer quelqu'une des voies ouvertes par cette loi même, à quelles conditions est soumise chacune de ces procédures. Ces conditions, vous les avez apprises de la loi même. Si le poursuivant n'obtient pas la cinquième partie des suffrages (5), il paye mille drachmes, et celui qui renonce à poursuivre,—entends-tu, Théocrine ? — en paye aussi mille (6). C'est une barrière opposée à la calomnie, comme aux spéculations et aux prévarications de ceux qui ont la main dans les affaires de l'État. Je soutiens, par la présente délation, que Théocrine a encouru cette peine parce qu'il a dénoncé Micon de Chollidæ (7), et qu'au lieu de poursuivre il a reçu de l'argent pour se désister. C'est ce que.je prouverai claire-ment, je l'espère. Et pourtant, juges, Théocrine et ses amis n'ont épargné aucune démarche, abordant les té-moins, employant tantôt la menace, tantôt la séduction, pour les engager à ne pas parler. Mais, après tout, si vous voulez m'aider à faire valoir mon droit, et si vous com-mandez à ces témoins, ou plutôt si vous vous joignez à moi pour les contraindre à déposer ou à s'excuser par serment, et si vous ne leur permettez pas de parler hors de la question, la vérité se découvrira. Lis donc d'abord la dénonciation, ensuite les témoignages.

DÉNONCIATION.

Cette dénonciation, juges, a été donnée par cet homme avec citation à Micon. Elle a été reçue par le greffier des inspecteurs du port marchand (8), Euthyphème. Elle est restée longtemps affichée à la porte de leur lieu de réu-nion, jusqu'à ce qu'enfin Théocrine, ayant reçu de l'argent, consentit à ce qu'elle fût rayée au moment où les archontes l'appelaient pour procéder à l'instruction. Pour prouver ce que j'avance, appelle d'abord Euthyphème qui était alors greffier de ces inspecteurs.

TÉMOIGNAGE.

Lis aussi le témoignage de ceux qui ont vu la dénoncia-tion affichée. Lis.

TÉMOIGNAGE.

Appelle aussi les inspecteurs du port marchand et Mi-con lui-même, dont il a dénoncé le navire. Donne lecture des témoignages.

7.

TÉMOIGNAGES.

Ainsi, juges, il est constant que Théocrine a dénoncé
le navire de Micon, que la dénonciation est restée longtemps affichée, qu'enfin Théocrine, appelé pour l'instruction, n'a pas obéi à cet ordre et n'a fait aucune poursuite. Vous avez entendu sur tous ces points le témoignage
de ceux qui doivent en être le mieux instruits. J'ajoute
qu'il n'a pas seulement encouru l'amende de mille drachmes, il s'expose encore à la prise de corps (9), et aux
autres mesures permises par cette loi contre celui qui
fait de méchants procès aux marchands et aux patrons de
navires. C'est ce dont vous vous convaincrez facilement
par les termes mêmes de la loi. En effet, le législateur a
voulu deux choses : ne pas laisser impunis les marchands
qui sont en faute, ne pas exposer aux tracasseries ceux
qui n'y sont pas. C'est pourquoi il a tout simplement défendu de porter aucune dénonciation contre cette sorte de
personnes, à moins que le dénonciateur ne soit bien assuré
de pouvoir faire devant vous la preuve des faits relevés
par lui. Si quelque sycophante enfreint cette loi, il est
permis d'agir contre lui par voie de délation et de prise
de corps. Mais lis plutôt la loi elle-même. Elle instruira
les juges bien mieux que moi.

LOI.

Vous entendez la loi, juges, et les peines dont elle
frappe le sycophante. Si donc Micon a commis un seul
des faits relevés par Théocrine dans sa dénonciation,
celui-ci, en étouffant l'affaire et en transigeant avec Micon,
a fait tort à vous tous, et a justement encouru l'amende
de mille drachmes. Si, au contraire, Micon avait donné
à son navire une destination régulière, — car je laisse à

Théocrine le choix entre ces deux hypothèses,—la dénonciation et la citation constituent des poursuites vexatoires contre gens de mer, et ainsi Théocrine a enfreint non-seulement la loi qui vous a été lue la première, mais celle qu'on vient de vous lire, et il est convaincu par son propre aveu de n'avoir ni parlé ni agi comme il devait. Car enfin, au lieu de suivre la marche régulière, et de recevoir une part des biens confisqués, comme le veut la loi, a-t-on jamais vu transiger pour un mince proüt, et s'exposer par là aux peines portées par les lois, quand on peut, comme je viens de le dire, recevoir la moitié des valeurs exprimées dans la dénonciation? Jamais, juges, à moins qu'on n'agisse méchamment et de mauvaise foi.

Voilà déjà deux lois que cet homme a enfreintes, lui qui intente aux autres des accusations d'illégalité. En voici une troisième, qui donne au premier venu d'entre les citoyens le droit de poursuivre, par voie de délation, soit les débiteurs de l'État, soit les débiteurs d'Athéné ou des autres divinités, ou de quelque éponyme (10). Or, cet homme est bien dans ce cas, comme vous le verrez; car il doit sept cents drachmes qu'il n'a pas payées. C'est le reliquat de son compte envers l'éponyme de sa tribu. Lis-moi le texte de la loi.

LOI.

Arrête. Entends-tu, Théocrine? Que dit la loi : « ou à quelque éponyme. » Lis maintenant le témoignage des gens de la tribu.

TÉMOIGNAGE.

Croyez-vous, juges, que cet homme ait grand souci des petites gens, ou de ceux qui passent la plus grande partie du temps sur mer comme fait Micon, lui qui ne

rougit pas de regarder en face les gens de sa tribu? Et
pourtant il a administré leurs biens communs de telle sorte
qu'ils l'ont fait condamner pour détournements (11). Débiteur public, et parfaitement instruit des lois qui lui
interdisent de se porter accusateur avant d'avoir payé,
il persécute les autres. Il trouve bon que les autres débiteurs soient exclus de la communauté; mais, pour lui-
même, il se croit au-dessus des lois. Il dira là-dessus que
c'est son aïeul et non lui, dont le nom figure dans le
registre des débets. Il parlera longuement au sujet de ce
nom pour prouver qu'il désigne son aïeul (12). Quant à
moi, je ne saurais dire au juste lequel des deux. Mais, si
les choses sont comme il le dit, c'est une raison de plus
pour qu'il soit condamné par vous. Eh quoi! son aïeul
était depuis longtemps en débet, la loi voulait qu'il fût
l'héritier de cet aïeul (13); depuis longtemps il avait
perdu le droit d'accuser, et il accuse! Et il croit se justifier en disant qu'ils sont tous fripons, de père en fils, à la
troisième génération (14)! Non, juges, cette excuse n'est
pas valable. Pour prouver que Théocrine a lui-même
avoué le débet, qu'il a pris terme avec les gens de sa
tribu (15), en son nom et au nom de son frère, et qu'un
juge qui veut respecter son serment ne peut pas déclarer
la délation mal fondée en ce point, prends-moi le décret
que Scironidès a présenté aux gens de la tribu. Théocrine
se présenta, reconnut la dette et promit de payer, dans
l'assemblée de la tribu, lorsqu'il vit que nous nous ap-
prochions, et que nous voulions prendre copie de ce qui
était écrit au registre.

DÉCRET.

Si vous aviez des éloges à donner, Athéniens, ce ne
serait certes pas à Théocrine, ce serait bien plutôt aux

gens de la tribu Léontide, qui ont contraint Théocrine à
payer les sept mines.

Voici maintenant une quatrième loi, — car j'ai recherché presque tous ses actes, je ne le cache pas, — aux
termes de laquelle ce même Théocrine est débiteur de
cinq cents drachmes. Son père, en effet, n'a pas payé
cette amende, quoiqu'il l'eût encourue comme ayant mal
à propos agi en revendication de liberté pour la servante
de Céphisodore (16). Il s'est arrangé avec Ctésiclès, le
logographe (17), qui était l'homme d'affaires de la partie
adverse. Il a obtenu de ne pas payer et de n'être pas porté
sur les listes à l'acropole (18). Cette somme, à mon sens,
n'en est pas moins due par Théocrine, aux termes de la
loi. En effet, que Ctésiclès le métèque ait accordé cette
faveur à Théocrine, qu'il lui ait promis, de fripon à fripon,
de ne pas le livrer aux agents du recouvrement (19),
quoique en débet aux termes de la loi, ce n'est pas une
raison pour que l'État perde les amendes infligées en
vertu des lois. Que les plaideurs règlent entre eux leurs
intérêts privés, aux conditions qu'ils peuvent faire agréer
à leurs adversaires, à la bonne heure! Mais, pour tout
ce qui regarde le public, il faut se régler sur les lois. Lis-
moi la loi portant que toute action en revendication de
liberté, qui sera reconnue mal fondée, emportera contre
son auteur condamnation à la moitié de l'estimation (20),
envers le trésor public. Lis aussi le témoignage de Céphisodore.

LOI, TÉMOIGNAGE.

Lis aussi cette autre loi, qui dispose que la dette exis-
tera du jour de l'amende encourue, qu'il y ait eu ou non
inscription sur la liste des débiteurs publics.

LOI.

Comment s'y prendrait-on, juges, et que ferait un accusateur honnête pour justifier autrement que je ne l'ai fait la délation portée contre Théocrine? Comment prouver autrement qu'il tombe sous le coup d'une délation, non pas seulement à raison des mille drachmes pour lesquelles il est poursuivi, mais encore à raison de beaucoup d'autres dettes? Pour moi, je ne le vois pas. En effet, il ne faut pas s'attendre à ce que Théocrine vienne de lui-même reconnaître qu'il est votre débiteur, engagé envers le trésor public, et que la délation est bien fondée. Au contraire, il dira tout ce qu'il est possible de dire, il apportera toute sorte d'arguments, pour faire croire qu'il y a une cabale montée contre lui, et que, s'il est réduit à se défendre en ce moment, c'est pour avoir intenté des accusations d'illégalité. C'est la dernière ressource qui reste aux coupables pris sur le fait, de trouver des arguments et des prétextes pour détourner votre attention de l'affaire dont vous êtes saisis, et pour l'attirer sur des discours étrangers au sujet de l'accusation. Pour moi, juges, si dans les lois dont on vous a donné lecture je voyais écrit ceci : « Telles sont les dispositions qui devront être appliquées aux sycophantes, à moins cependant que Théocrine, se voyant sous le coup d'une délation, ne veuille attaquer Thucydide (21) ou Démosthène, ou quelque autre des hommes qui nous gouvernent », alors je me tairais. Mais je ne vois pas qu'aucun de ces moyens soit admis par les lois, ni qu'il soit nouveau, et que vous frappant pour la première fois il mérite votre attention. Non, c'est un langage qui revient sans cesse dans la bouche de tous les accusés. D'autre part, — je tiens cela de nos anciens —

juges, en général il ne faut accorder aucune indulgence
en cas d'infraction aux lois; mais s'il faut en avoir, ce
n'est pas en faveur des fripons de profession, ni des gens
qui se font payer pour déserter les lois, — ceux-là ne
méritent rien, — c'est uniquement en faveur des hommes
qui, par mégarde ou sans intention, ont contrevenu à
quelque prescription de la loi écrite. Or, nul assurément
ne rangera Théocrine au nombre de ces derniers; au
contraire. Rien de ce que contiennent les lois n'échappe
à son expérience. Aussi, vous devez vous tenir en garde
contre lui, sans avoir égard ni aux discours que je tiens,
ni à ceux qui seront prononcés par lui. Le juge qui siége
pour venger les lois ne doit pas donner son attention aux
longs discours ni aux grands plaidoyers; il doit s'attacher
à ce qui peut être facilement suivi par chacun de vous,
aux moyens les plus propres à convaincre tous les habitants de cette ville que vous prononcez sur cette délation
comme le veulent les lois. Vous l'interpellerez d'une façon
précise : « Que dis-tu, Théocrine, toi et tous ceux qui ont
participé aux faits dont tu t'es rendu coupable? Voulez-
vous qu'après avoir juré de juger selon les lois, nous
allions voter contre elles à cause de vos discours? Mais
nous avons entendu le témoignage de Micon, que Théocrine s'est abstenu de poursuivre, après l'avoir dénoncé, et
qui vient déposer à ses risques et périls. » Mais le greffier
a reconnu qu'il avait reçu la dénonciation des mains de
Théocrine, et le témoignage qui vient de vous être lu tout
à l'heure le rend aussi responsable. Jusqu'aux inspecteurs
du port marchand qui viennent, non sans peine, mais
enfin qui viennent, et témoignent conformément aux autres. Il y a encore ceux qui ont vu la dénonciation affichée, et qui étaient présents à l'audience des archontes.
Vous avez entendu leur témoignage il n'y a qu'un instant.

Non, juges, après tout cela, vous ne devez pas prêter l'oreille aux discours de Théocrine.

Ce ne sont pas du moins les habitudes du prévenu ni ses antécédents qui rendront suspects à vos yeux les témoignages dont vous avez entendu la lecture. A ses habitudes mieux qu'à toutes mes paroles, on reconnaît que Théocrine est tel que je l'ai dépeint. Est-il un seul acte de fripon ou de sycophante qu'il n'ait pas commis? Il avait un frère thesmothète, qu'il gouvernait par ses conseils. La friponnerie bien connue de Théocrine fit à ce frère une telle réputation, qu'il fut destitué lors du vote sur les magistrats, et qu'il entraîna même tous ses collègues dans sa disgrâce (22). Heureusement ils prièrent et supplièrent, disant que Théocrine n'approcherait plus des magistrats: vous vous laissâtes persuader, et vous leur rendîtes les couronnes (23), sans quoi tous ses collègues eussent été frappés de la façon la plus honteuse. Et sur tout cela je n'ai nul besoin de vous produire des témoins. Vous savez tous que les thesmothètes désignés sous l'archontat de Lyciscos furent destitués par un vote du peuple, à cause de cet homme. Rappelez-vous cela, et tenez pour constant qu'il est aujourd'hui ce qu'il était alors. Peu de temps après ce vote, son frère périt de mort violente. Quelle fut alors la conduite de Théocrine? Après avoir recherché les meurtriers, après les avoir découverts, il reçut de l'argent et transigea (24). Son frère était mort remplissant les fonctions de sacrificateur; Théocrine continua ces mêmes fonctions, contrairement aux lois, sans avoir été ni désigné ni substitué par le sort (25). Il allait déplorant le sort du défunt, disant bien haut qu'il citerait Démocharès devant l'Aréopage, et puis il finit par transiger avec les prévenus. Mais, apparemment, il est honnête homme, sa parole est sûre, et l'argent n'a pas de prise

sur lui. Lui-même n'oserait pas répondre oui. Quand on
veut s'appliquer en tout bien, tout honneur, à l'adminis-
tration de la chose publique, on ne doit pas avoir tant de
besoins. Il faut, au contraire, être assez fort pour repousser toutes les tentations d'employer à son profit l'argent qu'on a reçu. Voilà donc ce qu'il a fait à l'égard de son
frère; voyons maintenant comment il s'est gouverné depuis qu'il est entré dans la carrière politique, — car il va
vous dire, qu'après les personnes de sa famille, c'est vous
qu'il aime le mieux. — Écoutez, cela en vaut la peine. Je
commencerai par sa conduite envers nous. Dans son plaidoyer contre mon père, juges, lorsqu'il poursuivit contre
lui l'accusation d'illégalité, il disait que le décret rendu
sur la proposition de mon père pour accorder à Charidème, fils d'Ischomaque, sa nourriture au Prytanée, était
un piége tendu à l'enfant en faveur duquel la décision
avait été prise. En effet, disait-il, si l'enfant retourne dans
la maison paternelle, il perdra toute la fortune que son
père adoptif Eschyle lui a donnée. Eh bien, c'était là un
mensonge. Jamais, juges, pareille chose n'est arrivée à
un enfant adopté (26). Celui qui avait tout fait, ajoutait-il,
c'était Polyeucte, mari de la mère de l'enfant, pour s'emparer des biens de l'enfant (27). Ces paroles firent im-
pression sur les juges. Ils pensèrent que le décret était
légal ainsi que la pension accordée, mais il leur parut
qu'en fin de compte, la fortune dont il s'agissait ne pourrait pas être recueillie par l'enfant. En conséquence, ils
infligèrent une amende de dix talents à mon père, comme
complice de Polyeucte, et furent convaincus que Théocrine avait réellement pris en main la cause de l'enfant.
Voilà comment les choses se passèrent au tribunal, ou à
peu près. Mais l'honnête Théocrine, sentant que les juges
étaient irrités, et qu'on ne l'avait pas considéré, lui,

comme absolument indigne, puisqu'on avait ajouté foi à ses paroles, appelle Polyeucte en justice, produit contre lui une accusation, adressée à l'archonte, pour torts faits à un mineur (28), et la donne à l'assesseur Mnésarchide (29), pour qu'elle soit mise au rôle. A ce moment, il reçoit de Polyeucte les trois cents drachmes, et ainsi, abandonnant, pour ce mince profit, les terribles griefs qu'il estimait à la somme de dix talents, à la charge de mon père, il transigea et supprima l'accusation, en trahissant l'orphelin. Appelle-moi les témoins de ces faits.

TÉMOINS.

Ainsi, juges, si mon père eût été riche, et en état de fournir mille drachmes, il se serait complétement libéré de l'accusation d'illégalité. C'est là, en effet, la somme que cet homme lui demandait. Appelle-moi Philippide de Pæania (30), à qui Théocrine a tenu ces propos, et les autres qui savent que ces propos ont été tenus.

TÉMOINS.

Vous le voyez, juges. Si quelqu'un eût donné mille drachmes à Théocrine, ce dernier supprimait l'accusation contre mon père. Vous en êtes tous convaincus, je le crois, et vous n'aviez même besoin d'aucun témoin. Mais il a cité et accusé beaucoup d'autres personnes, et puis il les a relâchées en transigeant pour de faibles sommes. J'appelle devant vous en témoignage ceux-là mêmes qui ont payé, je ne veux pas que vous ajoutiez foi à ses paroles lorsqu'il dit qu'il se tient à l'affût des propositions illégales, et que, si l'on supprimait les accusations d'illégalité, c'en serait fait de la démocratie. C'est en effet là le langage habituel des gens qui trafiquent de tout. Appelle-moi Aristomaque, fils de Clitodème, d'Alopèque (31). C'est lui

qui a payé, ou plutôt c'est dans sa maison qu'ont été
payées trois demi-mines, à cet homme incorruptible, au
sujet du décret proposé par Automédon en faveur des
Ténédiens.

TÉMOIGNAGE.

Lis encore les autres témoignages tout semblables qui
se trouvent à la suite, et celui d'Hypéride, et celui de
Démosthène; en vérité, cela passe toutes les bornes.
Voilà des hommes de qui personne n'a rien à recevoir (32);
eh bien! c'est d'eux que Théocrine reçoit le plus volontiers, en trafiquant de ses accusations.

TÉMOIGNAGES.

Je sais bien ce qu'il va dire. Il soutiendra que le but de
la délation portée contre lui est de l'empêcher de poursuivre l'accusation qu'il a intentée à Démosthène ainsi
qu'à Thucydide. Il est habile à trouver des défaites, et à
parler sans qu'il y ait rien au fond. Mais nous, juges,
nous avons encore examiné ce point, et nous vous montrerons que l'intérêt public n'est nullement compromis,
soit qu'il y ait confirmation du décret de Thucydide, soit
qu'il y ait annulation. En vérité, il n'est pas permis de
présenter de semblables moyens de défense à des hommes
qui ont prêté serment de juger selon les lois. On va vous
lire le texte même de l'accusation, et vous allez voir que
l'accusation n'est qu'une feinte pour parer la délation. Lis
ces accusations (33).

ACCUSATIONS.

Que ces décrets restent debout, juges, ou qu'ils soient
renversés, peu m'importe. Qu'est-ce que l'État peut
gagner ou y perdre? Rien, à mon avis. On dit que

Æniens (34) ne sont pas nos amis, et que cela est arrivé par le fait de Théocrine. Au temps où il y avait chez eux deux partis, l'un pour Philippe, l'autre pour Athènes, en butte aux persécutions de cet homme, ils apprirent que le décret des subsides présenté par Thucydide avait été l'objet d'une accusation d'illégalité intentée en premier lieu par Charinos, que l'affaire était ensuite restée là, que le peuple avait consenti à fixer le taux du subside dû par eux à la somme précédemment accordée par eux à Charès notre stratége, et qu'alors ce misérable Théocrine s'était chargé de recommencer ce qu'avait fait Charinos. A ce moment, les Æniens prirent la résolution qu'exigeait la nécessité. De deux maux ils choisirent le moindre. Mais voyez ce qu'ils ont dû souffrir de la part de ces hommes qui font ici métier d'accusateurs, pour qu'ils se soient dé- cidés à recevoir garnison, et à se livrer aux barbares, en se détachant de vous. En vérité, il n'y a que vous, vous seuls entre tous les Grecs, qui puissiez supporter des per- sonnages aussi malfaisants.

Ainsi donc, ni les accusations qu'on vient de lire, ni au- cun autre motif ne doivent vous faire oublier les lois sur les délations pour décharger Théocrine. Je crois en avoir assez dit pour que la chose soit évidente. Mais d'ailleurs, juges, vous n'ignorez pas, j'en suis sûr, les simulations qu'emploient ces hommes, leurs accusations concertées, leurs feintes inimitiés. Plus d'une fois vous les avez vus, soit devant les juges, soit à la tribune, se donner pour ennemis les uns des autres, tandis qu'en particulier ils s'entendent pour agir et partagent leurs profits, tantôt s'injuriant et se déchirant de la façon la plus affreuse, et puis un instant après se réunissant aux mêmes festins, prenant part aux mêmes sacrifices. Et après tout, qu'y a-t-il d'étonnant dans tout cela? Malfaisants par nature,

ils voient que vous vous laissez prendre à toutes ces appa-
rences. Dès lors, pourquoi ne s'en serviraient-ils pas pour
tâcher de vous tromper? Mais moi, juges, je vous demande autre chose. C'est de vous attacher au fond de l'affaire. Si je dis bien, et selon les lois, venez-moi en aide,
sans considérer si au lieu d'un Démosthène c'est un tout
jeune homme qui se porte accusateur. Ne croyez pas que
les lois soient plus fortes parce qu'on vous les aura pré-
sentées sous l'enveloppe d'un beau langage, au lieu de dire
tout simplement les choses. Non, ce sont toujours les mêmes
lois. Et plus on est jeune et sans expérience, plus on doit
trouver de faveur auprès de vous, car il y a d'autant moins
de chances pour qu'on vous trompe. Il faut, en effet,
prendre le contrepied de ce que dit Théocrine. Ce n'est
pas lui, c'est moi qu'on a ruiné par une brigue, c'est moi
qu'on a trahi, grâce à leurs menées, après m'avoir promis de me soutenir dans ce procès. Écoutez, je vais vous
en donner la preuve. Faites appeler Démosthène par ce
héraut. Il ne se présentera pas. Pourquoi? Est-ce parce
que j'aurais été suborné pour dénoncer Théocrine? Non,
c'est qu'il a fait un pacte avec ce dernier. Pour prouver
que le fait est vrai, je contraindrai à rendre témoignage,
et Clinomaque, qui a servi d'intermédiaire, et Eubulide,
qui s'est trouvé avec eux au Cynosarge (35). Autre
preuve, non moins forte, ou plutôt bien plus forte encore,
écoutez et vous direz tous : Oui, cela est vrai. Ce même
Théocrine, poursuivant pour illégalité cet infâme, comme
il va l'appeler tout à l'heure, cet homme qui lui fait en
ce moment tant de mal, l'a ouvertement déchargé de l'accusation, après en avoir lui-même porté l'évaluation à la
somme de dix talents. Comment cela? Le moyen n'est pas
neuf et plusieurs de ses pareils l'ont employé avant lui.
Au moment où l'accusation fut appelée, quelqu'un pré-

senta, sous la foi du serment, l'excuse de Démosthène,
soi-disant malade, alors qu'il courait la ville en criant
contre Eschine: Théocrine a laissé aller cet ennemi. Il aurait pu, à l'heure même, opposer une dénégation avec serment; plus tard, il aurait pu renouveler la citation (36).
Il n'a fait ni l'un ni l'autre. N'est-il pas manifeste que ces
gens-là vous trompent en vous faisant croire qu'ils sont
ennemis? Lis les témoignages.

TÉMOIGNAGES.

Après cela, juges, ceux qui viendront vous dire qu'ils
doivent parler pour Théocrine parce qu'ils sont ennemis
de Démosthène, vous ne les écouterez pas et vous ferez
bien. Vous leur direz que s'ils sont réellement ennemis de
Démosthène, ils l'accusent eux-mêmes et ne le laissent
pas proposer des décrets illégaux. Ils sont habiles eux
aussi, je le sais bien, et ils ont du crédit auprès de vous,
plus que d'autres; mais cette fois ils ne réussiront pas.
Pourquoi? parce qu'ils ont beau dire, la guerre qu'ils se
font entre eux n'est pas sérieuse.

Au surplus, pour ce qui est de leur inimitié, vous
m'en apprendriez au besoin plus long que je ne saurais
vous en dire. Je voudrais seulement adresser une question à Théocrine, en face de vous; si je pouvais attendre
de lui une réponse précise. Qu'aurait-il fait, lui qui prétend être là comme un soldat à son poste pour opposer une
barrière aux auteurs de décrets illégaux, si quelqu'un,
dans l'assemblée du peuple, après avoir discuté la question devant tous les citoyens, et obtenu un vote, avait
rédigé un décret ainsi conçu : « Il est permis aux personnes frappées d'atimie et aux débiteurs publics, d'accuser,
de dénoncer, de se porter délateurs, en un mot, de faire

tous les actes que la loi leur interdit aujourd'hui » ; aurait-il intenté l'accusation d'illégalité contre l'auteur de ce
décret, oui ou non? S'il dit non, quelle confiance peut-on
avoir en sa parole lorsqu'il prétend surveiller les auteurs
de décrets illégaux? Et s'il eût intenté l'accusation, quelle
inconséquence! Quand la proposition émane d'un autre,
il empêche que le décret n'aboutisse; pour prévenir les
effets d'un tel exemple, il dépose un acte d'accusation
dans lequel il écrit que les lois interdisent formellement
de faire ce dont il s'agit; et en même temps, sans avoir
obtenu un vote du peuple, sans même avoir mis l'affaire
en discussion publique, il accuse quand les lois le lui défendent! Il s'écriera tout à l'heure que c'est une indignité
de lui enlever l'exercice de ce droit, il fera l'énumération
des amendes légales qu'il encourt s'il succombe (37), et en
même temps il désobéit aux lois et prétend obtenir de vous
un privilége que personne n'a jamais osé vous demander.

Ainsi, en ce qui concerne la délation, ni Théocrine, ni
aucun de ceux qui parlent pour lui, n'aura rien de sérieux
à vous dire. Je crois que vous êtes suffisamment édifiés sur
ce point. Peut-être essayeront-ils de soutenir que l'on ne
peut pas procéder par voie de délation contre les personnes dont le nom n'est pas porté sur les listes de l'acropole, et qu'on ne doit pas considérer comme débiteurs
publics ceux dont les noms n'ont pas été remis aux agents
du recouvrement: Ils croient donc que vous ne connaîtrez
pas la loi aux termes de laquelle on est constitué débiteur
à partir du jour de l'amende encourue ou de la contra-
vention aux lois ou aux décrets. Ne savez-vous pas tous
qu'il y a plusieurs manières de devenir débiteur de l'État
et de payer lorsqu'on veut obéir aux lois? Cela résulte de
la loi elle-même. Prends-moi encore cette loi.

LOI.

Entends-tu, infâme que tu es, ce que veut la loi ? « Du jour de l'amende encourue et de l'infraction commise. »

Maintenant, ils vont encore, paraît-il, vous citer cette loi qui ordonne d'effacer les noms inscrits sur la liste, et cela au fur et à mesure des payements. Ils vous demanderont comment on peut effacer celui qui n'est même pas inscrit. Ignorent-ils donc que cette dernière loi est faite pour les inscrits, que l'autre au contraire est faite pour ceux qui sont débiteurs sans être inscrits, j'entends celle qui porte qu'on est débiteur à partir du jour de l'amende encourue ou de l'infraction commise soit à la loi, soit au décret. Mais alors, dira-t-il, pourquoi ne m'accuses-tu pas pour défaut d'inscription (38) si je suis débiteur sans être inscrit ? Parce que les accusations pour défaut d'inscription sont ouvertes par la loi non contre ceux qui doivent et ne sont pas inscrits, mais contre ceux qui ayant été inscrits ont ensuite été rayés sans avoir payé leur dette à l'État. Prends-moi la loi et lis.

LOI.

Vous entendez la loi, juges. Elle porte expressément que si un débiteur public vient à être rayé sans avoir payé sa dette envers l'État, il pourra être accusé, pour défaut d'inscription, devant les thesmothètes. Mais cette accusation ne se donne pas contre celui qui est débiteur et n'a pas été inscrit. Contre ce dernier, c'est par la voie de la délation et par d'autres encore que l'on procède. Mais qu'as-tu donc à m'enseigner tous les moyens de frapper mes ennemis, au lieu de répondre à l'attaque que j'ai dirigée contre toi ?

Maintenant, juges, Mœroclès, l'auteur du décret porté

contre ceux qui rançonnent les commerçants, l'instigateur
des mesures que vous avez prises, vous et vos alliés,
pour créer une sorte de police contre les malfaiteurs,
n'aura pas honte de parler tout à l'heure en faveur de
Théocrine, contrairement à ses propres décrets. Il osera
vous soutenir que vous devez renvoyer Théocrine et le
laisser impuni, lui, si manifestement convaincu de faire
de fausses dénonciations contre les commerçants. On dirait qu'en purgeant la mer par ses décrets, il n'a eu d'autre but que de permettre à ces hommes de rançonner
dans le port les navigateurs échappés aux périls de la
traversée. Qu'importe aux commerçants d'avoir terminé
sans encombre un long voyage, si c'est pour tomber dans
les mains de Théocrine? Mais, à mon sens, pour les for-
tunes de mer, ce n'est pas vous qui en répondez, ce sont
les stratéges et les commandants des navires de guerre.
Pour ce qui se passe au Pirée et devant les magistrats,
c'est bien vous, au contraire, car tout cela dépend absolument de vous. Aussi, n'est-ce pas la même chose d'en-
freindre la loi ici ou de désobéir à vos décrets au dehors;
vous devez veiller au premier cas de plus près qu'au second, si vous ne voulez passer ni pour complaisants, ni
pour complices. Qu'en dis-tu, Mœroclès? aux termes de
ton décret, nous ferons payer dix talents aux Méliens pour
avoir reçu les pirates, et nous acquitterions cet homme
qui a enfreint et ton décret et les lois sous la garantie desquelles nous habitons cette ville (39)! Ainsi, les gens des
îles seront mis par nous dans l'impuissance de mal faire;
au besoin, nous armerons des galères pour les contenir
dans le devoir, et vous autres, infâmes, traduits devant les
juges qui siégent en cette ville pour appliquer les peines
portées par les lois, vous seriez acquittés ! Non, pour peu
que nos juges soient sages. Lis la stèle.

Je ne vois rien de plus à dire sur les lois et sur le
fond de l'affaire. Vous en êtes, ce me semble, suffisamment instruits. Je veux seulement vous adresser une
prière légitime en mon nom et au nom de mon père, puis
je descends et je cesse de vous être importun. J'ai cru,
juges, qu'il me fallait venir en aide à mon père; j'ai
pensé que c'était un devoir pour moi. Voilà pourquoi j'ai
fait cette délation, comme je l'ai dit en commençant. Il y
aura, je le sais, des gens pour me blâmer, et ils trouve-
ront des paroles malveillantes au sujet de ma jeunesse; il
y en aura d'autres pour m'approuver et pour dire que je
fais bien, quand je cherche à tirer vengeance de l'ennemi
de mon père. Mais il en sera ce qu'il pourra dans l'esprit
de ceux qui m'entendent. Mon devoir, à moi, c'est d'obéir
aux ordres de mon père, alors surtout que ces ordres sont
légitimes. En effet, à quel moment dois-je lui venir en
aide ? N'est-ce pas quand la loi me fournit l'occasion de
me venger, quand je me trouve moi-même partager l'in-
fortune de mon père, quand mon père reste seul, abandonné de tous, comme il l'est aujourd'hui ? car à tous nos
malheurs, juges, il faut encore ajouter celui-là. De tous
côtés on nous excite, on déclare ressentir comme nous
nos injures, on dit que nous avons été traités indignement, que cet homme tombe sous le coup de la délation;
mais, parmi les gens capables de parler, pas un seul ne
veut me prêter son concours ni manifester son opinion,
au risque de se faire des ennemis. Bien des gens sont
ainsi faits, le bon droit de l'un les touche moins que le
franc parler de l'autre (40). Oui, juges, de tous les malheurs que nous avons éprouvés depuis longtemps par le
fait de Théocrine, celui que nous éprouvons aujourd'hui

n'est pas le moindre. Quand il s'agit du mal qu'a fait cet
homme, des infractions qu'il a commises, mon père, qui
en a souffert, et qui serait en état de vous faire tout connaître, est contraint de garder le silence, — ainsi le veulent les lois ; — et moi, qui ne suis de force à lutter contre
aucun de ces hommes, c'est à moi de parler. D'ordinaire,
à mon âge, c'est le père qui vient en aide au fils ; en ce
moment, c'est le contraire, et mon père n'a d'espoir
qu'en moi. Engagés dans une lutte périlleuse, nous vous
prions de venir à notre secours. Montrez à tous qu'enfant
ou vieillard, à tout âge, on peut avoir recours à vous et
aux lois et obtenir pleinement justice. En effet, juges, il
n'est pas dans l'ordre de mettre ni les lois ni vous-mêmes
dans la dépendance de ceux qui parlent. C'est eux au
contraire qui doivent dépendre de vous. Surtout, ne con-
fondez pas ceux qui parlent bien et se font clairement entendre avec ceux qui disent des choses justes ; c'est à distinguer les uns des autres que votre serment vous oblige.
On ne vous fera pas croire, d'ailleurs, que ces beaux par-
leurs soient sur le point de vous faire défaut, ni que ce
doive être là une grande perte pour Athènes. C'est plutôt
le contraire qui est vrai, si j'en crois nos anciens. Jamais,
disent-ils, la République n'a été plus heureuse que sous
le gouvernement des hommes modérés et sages. Et comment pourrait-on trouver en ces hommes-ci d'utiles conseillers ? Eux-mêmes ne parlent jamais devant le peuple,
mais ils accusent et rançonnent ceux qui parlent. Et c'est
là encore une chose admirable. Eux qui vivent du métier
de sycophantes, ils prétendent que la politique ne leur
rapporte rien. Avant de se présenter devant vous, ils
n'avaient rien ; devenus riches aujourd'hui, ils ne vous en
savent aucun gré. Ils vont disant que le peuple est incon-
stant, qu'il est fâcheux, qu'il est ingrat ; on dirait vrai-

ment que c'est eux qui font votre prospérité, quand c'est le peuple qui fait la leur. Après tout, cependant, ils ont raison de tenir ce langage, quand ils voient votre faiblesse. Bien loin qu'un seul d'entre eux ait reçu de vous le châtiment proportionné à ses méfaits, vous leur permettez de dire que les sauveurs du peuple sont les gens qui font métier d'accusateurs et de sycophantes, race funeste s'il en fut jamais. Car enfin quels services peuvent-ils rendre à l'État? Ils punissent, dira-t-on, ceux qui font mal, et grâce à eux le nombre de ces derniers est moins grand. Non, juges, ils n'en sont que plus nombreux. En effet, ceux qui veulent commettre quelque mauvaise action savent bien qu'il leur faudra donner à ces hommes une part de leur profit; en conséquence, ils se décident à prendre aux autres davantage, afin d'en avoir assez pour eux-mêmes d'abord, et ensuite pour ces hommes. Moins redoutables sont les malfaiteurs vulgaires, qui dérobent à l'occasion. On peut se préserver d'eux en mettant un gardien dans sa maison. On évite leurs attaques en restant chez soi la nuit. Il y a encore d'autres moyens de se défendre, de repousser l'agression des gens qui ont de mauvais desseins. Mais ces sycophantes, où faut-il aller pour n'avoir plus rien à craindre d'eux? Où l'on cherche d'ordinaire un refuge en cas d'attaque, lois, tribunaux, témoins, assemblées, ils trouvent, eux, à exercer leur industrie. C'est là qu'ils montrent leur caractère, amis de ceux qui leur donnent, ennemis des pacifiques et des riches.

Donc, juges, songez à la perversité de ces hommes, et en même temps à nos ancêtres. L'un de ces derniers, mon aïeul paternel, Épicharès, fit couronner Athènes aux jeux olympiques, ayant remporté le prix de la course des enfants, et reçut parmi vos pères, jusqu'à sa mort, les honneurs qui lui étaient dus. Et nous, grâce à cet homme

maudit, nous avons perdu les droits de citoyens d'Athènes. Pourtant, c'est pour cette ville qu'Aristocrate, fils
de Skellios, l'oncle de mon aïeul Épicharès, et dont mon
frère que voici porte le nom, après avoir fait beaucoup
de belles actions dans la guerre contre les Lacédémoniens,
détruisit Éétionée, où les Lacédémoniens allaient être
reçus par les partisans de Critias (41), abattit le retranchement, ramena le peuple, s'exposant à des dangers qui
ne peuvent être comparés au nôtre, car il est beau même
d'y succomber, et mit ainsi un terme aux conspirations formées contre vous. Fussions-nous semblables à ce Théocrine, le souvenir d'Aristocrate devrait nous protéger
auprès de vous; que sera-ce si nous valons mieux que
cet homme et si notre cause est juste? Nous ne vous fati-
guerons pas en répétant plusieurs fois les mêmes choses.
Comme je l'ai dit en commençant, cet homme nous a réduits à ce point que nous avons perdu jusqu'à l'espérance
de recouvrer cette liberté de parole que vous accordez
même aux étrangers. Nous voulons du moins avoir cette
consolation, à défaut d'autre, de voir Théocrine réduit
comme nous au silence. Venez donc à notre aide, prenez
en pitié ceux qui sont morts pour notre patrie, forcez cet
homme à se défendre sur le fait même qui fait l'objet de la
délation. Soyez pour lui comme juges ce qu'il a été pour
nous comme accusateur. Après avoir trompé les juges, il
refusa à mon père de réduire l'amende à un taux modéré.
J'eus beau le prier, le conjurer en embrassant ses genoux,
il traita mon père comme on traite un homme qui a trahi
son pays, et fixa l'amende à dix talents. Aussi nous vous
en prions, nous vous en supplions, faites justice.

J'appelle ici quelqu'un à mon aide. Qui que tu sois, si
tu as quelque chose à dire, viens le dire pour me secon-
der. Monte à ma place.

8.

NOTES

(1) Les condamnations prononcées au profit de l'État devaient être payées avant l'expiration de la neuvième prytanie (Démosth. *contre Néère*, § 7 ; voy. Bœckh, t. I, p. 420). Ce délai passé, elles étaient de plein droit portées au double. Une prytanie est une durée d'environ trente-six jours. C'était la dixième partie de l'année, temps pendant lequel fonctionnait chacune des dix sections du sénat.

(2) Nous traduisons ἔνδειξις par *délation*, φάσις par *dénonciation*, γραφή par *accusation*, ἀπαγωγή par *prise de corps*. Quant au mot d'εἰσαγγελία, que nous avons déjà expliqué, il n'a pas d'équivalent en français.

(3) L'atimie était héréditaire. Le jour où Épicharès aurait perdu son père, il serait devenu à son tour incapable de porter une accusation.

(4) Épicharès avait compté sur Démosthène et ses amis. Il est très-possible que Démosthène, qui était alors au pouvoir et engagé dans la politique, eût d'abord promis son concours et eût ensuite déclaré qu'il ne fallait pas compter sur lui. Théocrine était un personnage qu'on pouvait avoir intérêt à ménager dans une circonstance donnée.

(5) Quand le demandeur n'obtenait pas la cinquième partie des suffrages, au criminel comme au civil, son action était jugée téméraire. Au civil, il payait à son adversaire l'épobélie, c'est-à-dire le sixième de la demande. Au criminel, il encourait une amende de mille drachmes envers l'État et devenait incapable d'intenter à l'avenir aucune accusation du même genre. Voy. Hermann, t. I, § 144, note 2.

(6) Ceci est encore attesté par Démosthène, *contre Midias*, § 47.

(7) Chollidæ, dème de la tribu Ægéide ou Léontide.

(8) Les ἐπιμεληταὶ τοῦ ἐμπορίου étaient des magistrats de police, au nombre de dix, désignés par le sort. Cf. Dém. *contre Lacrite*, § 51. Il ne faut pas les confondre avec les ἀγορανόμοι. Les premiers

sont les inspecteurs du port de commerce. Les seconds surveillent les marchés de la ville. Voy. Büchsenchütz, p. 530.

(9) Ἀπαγωγή, prise de corps en cas de flagrant délit. Le plaignant met la main sur l'inculpé et le traîne devant le juge. C'est la *manus injectio* des Romains. Voy. Meier et Schœmann, p. 224.

(10) Chaque tribu athénienne portait le nom d'un personnage mythique ou héros éponyme. Les statues de ces dix personnages étaient placées à Athènes, dans l'agora. L'éponyme avait son culte, ses prêtres et ses biens.

(11) Δίκη κλοπῆς, l'action de vol. Voy. Meier et Schœmann, p. 485.

(12) Chez les Athéniens le nom se transmettait habituellement de l'aïeul au petit-fils.

(13) L'atimie était héréditaire et durait jusqu'à l'extinction du débet, soit par un payement, soit par une remise.

(14) Pour être apte à être archonte, il fallait prouver qu'on était Athénien par son père et par sa mère, à la troisième génération, ἑκατερῶθεν ἐκ τριγονίας.

(15) Κατετάξατο, c'est ce que les Romains appelaient *Pactum constitutæ pecuniæ*.

(16) L'ἀφαίρεσις εἰς ἐλευθερίαν est exactement la *Vindicatio in libertatem* du droit romain. Voy. Meier et Schœmann, p. 395.

(17) Le logographe était celui qui écrivait des plaidoyers pour les parties. Voy. Egger, *Mémoires de littérature ancienne* (1862), *Si les Athéniens ont connu la profession d'avocat*.

(18) Tous les débiteurs de l'État étaient inscrits sur des listes conservées dans le Parthénon. Voy. Bœckh, t. I, p. 509.

(19) Sur les πράκτορες, voy. Bœckh, t. I, p. 210. Il s'agissait de savoir quelle devait être l'influence de la transaction sur l'amende due à l'État. Cf. Eschine, *contre Timarque*, p. 85.

(20) L'estimation dont il s'agit ici, τίμημα, n'est pas l'estimation de l'esclave. Le prix ordinaire d'un esclave était de 200 drachmes et ne pouvait guère s'élever au-dessus de 500. Il faut entendre par τίμημα l'estimation du litige, c'est-à-dire le montant total de la condamnation prononcée, y compris l'amende encourue au profit de l'État. En d'autres termes, l'amende était égale au montant des restitutions. Voy. Bœckh, t. I, p. 99, et Meier et Schœmann, p. 398.

(21) Ce Thucydide était un des orateurs du parti de Démosthène. Nous ne le connaissons que par le présent plaidoyer.

(22) A la première assemblée de chaque prytanie, ἐκκλησία κύρια, c'est-à-dire dix fois par an, le peuple recevait les motions faites par tout citoyen pour la destitution d'un magistrat. La question était posée en ces termes : « un tel remplit-il bien ses fonctions ? » Εἰ δοκεῖ καλῶς ἄρχειν. Le vote avait lieu à main levée. Voy. Pollux, VIII, 87, et Hermann, t. I, § 154, note 1.

(23) Les archontes portaient des couronnes de myrte, symbole d'inviolabilité. Voy. Hermann, t. I, § 124, note 5.

(24) Le droit et l'obligation de poursuivre les auteurs d'un meurtre appartenaient aux plus proches parents du défunt, dans un certain ordre. Hors le cas de meurtre prémédité, la transaction était admise et même favorisée par la loi. Ce n'était autre chose que le prix du sang, qui se retrouve dans toutes les législations primitives. Mais au siècle de Démosthène, la vieille tradition commençait à n'être plus comprise, et d'autres idées se faisaient jour.

(25) Les fonctions de ἱεροποιός, ou sacrificateur, étaient conférées par le sort, κληρωτὸς ἀρχή. Les remplaçants devaient donc être désignés de la même manière.

(26) Le décret rendu sur la proposition du père d'Épicharès accordait au jeune Charidème la nourriture au Prytanée, aux frais de l'État, en récompense des services rendus par son père Ischomaque; mais Charidème avait été adopté par Eschyle, il avait donc cessé d'être le fils d'Ischomaque, et il ne pouvait profiter du décret qu'en reprenant cette qualité, c'est-à-dire en renonçant à l'adoption et en revenant dans la maison paternelle. En général, l'adopté ne pouvait renoncer à l'adoption qu'en laissant un fils, né de lui, dans la maison adoptive, mais la résolution de l'adoption pouvait se faire d'un commun accord. Seulement l'enfant qui rentrait dans sa famille d'origine perdait tout droit sur les biens de son père adoptif. Le droit était certain, et Épicharès lui-même ne le conteste pas, il prétend seulement qu'en fait, et d'après ce qui se passe généralement, l'enfant ne courait aucun risque. Mais les juges furent d'un autre avis, et avec raison. Voy. Caillemer, *droit de tester*, p. 30, Hermann, t. III, § 65.

(27) On peut se demander quel était dans cette affaire l'intérêt de Polyeucte, mari de la mère de Charidème. On peut supposer que celle-ci était la fille d'Eschyle, et qu'à défaut de son fils Charidème elle devait hériter de la fortune paternelle, que par là Polyeucte aurait été maître de cette fortune, à titre de mari, κύριος.

(28) La γραφὴ κακώσεως avait pour objet de réprimer les délits

commis par les enfants envers leurs parents, par les maris envers leurs femmes, par les tuteurs envers leurs pupilles, enfin par toutes personnes envers des filles héritières ou des mineurs. Elle s'appliquait à toute atteinte portée soit à la personne soit aux biens. La peine était laissée à l'estimation du juge, et se réduisait habituellement à l'amende et aux dommages-intérêts, avec l'atimie. Voy. Meier et Schœmann, p. 287. Dans l'espèce, Théocrine accusait Polyeucte pour torts faits au mineur Charidème.

(29) Les trois premiers archontes (éponyme, roi, polémarque) avaient chacun deux assesseurs. Ces assesseurs étaient choisis par les archontes, et en général habitués à la pratique des lois. Ils exerçaient par délégation une partie des pouvoirs des archontes. La γραφὴ κακώσεως se portait devant l'archonte éponyme. C'est donc à ce dernier qu'était attaché l'assesseur Mnésarchide.

(30) Pæania, dème de la tribu Pandionide.

(31) Alopèque, dème de la tribu Antiochide.

(32) C'est-à-dire qu'Hypéride et Démosthène n'ont pas besoin de se faire défendre par d'autres, ni par conséquent de payer des défenseurs.

(33) Il y avait en effet deux accusations, γραφαὶ παρανόμων, une contre Thucydide et une autre contre Démosthène.

(34) Il s'agit de la ville d'Ænos, sur la côte de Thrace. Il paraît que la contribution payée par cette ville à la confédération athénienne avait été réglée par Charès à un taux modéré, et que Thucydide avait fait passer un décret qui approuvait ce règlement. Mais ce décret fut attaqué comme illégal par Charinos d'abord, et ensuite par Théocrine. Les Æniens mécontents se donnèrent à Philippe. Du reste, nous ne connaissons ces faits que par le présent discours.

(35) Le Cynosarge était avec le Lycée et l'Académie un des trois gymnases d'Athènes, et en même temps un lieu de réunion. Voy. Barthélemy, *Anacharsis,* chap. 8.

(36) Ὑπωμοσία, ἀνθυπωμοσία, ἐπαγγελία, sont des termes techniques de la procédure athénienne. Voy. Meier et Schœmann, p. 695.

(37) L'accusateur qui n'obtenait pas la cinquième partie des voix était condamné à une amende de mille drachmes; en outre, il encourait l'atimie. Dans la *phasis* il encourait l'épobélie. Voy. Meier et Schœmann, p. 729.

(38) C'est la γραφὴ ἀγραφίου. Voy. Meier et Schœmann, p. 352, et Caillemer, dans le Dict. de Daremberg et Saglio.

(39) Nous ne connaissons d'ailleurs ni Mœroclès, ni son décret sur la police de la mer, ni sa poursuite contre les habitants de l'île de Mélos.

(40) Parce qu'on a peur du second.

(41) Éétionée était un des forts qui protégeaient le Pirée. Sur Aristocrate et son combat contre la faction des oligarques, voy. Thucydide, VIII, 88-92.

XXVI

PHORMION CONTRE APOLLODORE

ARGUMENT

Pasion, père d'Apollodore, avait été longtemps l'esclave de deux banquiers athéniens, Archestrate et Antisthène. D'abord employé par eux dans la banque, il avait fini par leur succéder après avoir reçu la liberté. En 394, il était devenu un des premiers banquiers d'Athènes, faisant de grandes affaires avec toutes les places de commerce, et notamment avec le Pont. C'est à cette époque qu'il soutint un procès contre le fils de Sopæos, ministre du roi de Pont Satyros. Ce jeune homme réclamait des sommes considérables qu'il prétendait avoir mises en dépôt à la Banque, et il se présentait avec un plaidoyer rédigé par Isocrate [1]. Pasion opposa une décharge émanée de son adversaire. Ce dernier prétendit que l'écrit avait été falsifié par Pasion, mais l'invraisemblance de cette allégation ne permet pas de croire qu'elle ait été accueillie, et le crédit de Pasion, que la perte d'un pareil procès aurait à jamais détruit, ne souffrit aucune atteinte. Quelques années après, il obtint le droit de cité pour lui et tous ses descendants. Il était alors propriétaire d'immeubles considérables et exploitait une fabrique de boucliers. Les dons qu'il avait faits au peuple étaient

---

[1] C'est le discours qui porte le nom de *Trapézitique,* dans les Œuvres d'Isocrate. Une partie des faits exposés dans cet argument est empruntée aux plaidoyers d'Apollodore, que nous plaçons après celui-ci.

considérables. Il avait offert un jour cinq galères équipées., et mille boucliers provenant de sa fabrique.

Devenu vieux et hors d'état de conduire ses affaires, Pasion, vers l'an 371, fit comme avaient fait ses prédécesseurs. Il avait pour employé un de ses affranchis, nommé Phormion, qui depuis longues années siégeait au comptoir. Il lui passa bail de la banque et de la fabrique, et le mit à la tête de ses affaires industrielles, puis il mourut en 370, après une longue maladie, laissant une veuve, Archippé, et deux fils, Apollodore, âgé de vingt-quatre ans, et Pasiclès, âgé de dix ans. Par son testament, il laissait sa fortune à ses deux fils, mais avec un préciput pour Apollodore, consistant en une exploitation rurale. Phormion devait être un des tuteurs de Pasiclès ; enfin, Archippé recevait une dot, et Pasion voulait qu'elle épousât Phormion. Cette dernière partie du testament ne s'exécuta qu'un peu plus tard, pendant l'absence d'Apollodore parti en triérarchie. A son retour, Apollodore considéra le fait comme un outrage et intenta contre l'affranchi de son père l'action publique d'injure γραφὴ ὕβρεως. L'affaire n'eut pas de suites.

Déjà, pendant la minorité de Pasiclès, un partage avait eu lieu entre les deux frères. On n'avait laissé dans l'indivision que la banque et la fabrique. En 362, Pasiclès devint majeur, le bail de Phormion expirait. Un partage complémentaire eut lieu, Pasiclès prit la banque et Apollodore la fabrique, Phormion reçut sa décharge pleine et entière, tant comme fermier que comme tuteur, et s'établit à son compte. Son succès fut rapide. Un an après (361) il recevait le droit de cité.

Archippé mourut bientôt (360). Elle laissait deux enfants de son second mariage avec Phormion. Des contestations s'élevèrent sur le partage de la succession. Phormion les éteignit en donnant à Apollodore la somme qu'il demandait, soit cinq mille drachmes. Mais cette concession n'apaisa pas le ressentiment d'Apollodore, qui contractait des dettes pendant que Phormion faisait fortune. Ce ressentiment éclata enfin en 352, et Apollodore soutint que la Banque avait, du temps de Pasion, un capital de 20 talents. Phormion n'avait pas rendu compte de cette somme. Il en était donc débiteur envers Apollodore, au moins pour la moitié revenant à celui-ci. Apollodore intente en conséquence une action que Libanius appelle action de restitution d'un capital de banque, δίκη ἀφορμῆς. Est-il vrai que les Athéniens eussent créé une action spéciale pour les affaires de ce genre? Aucun témoignage ne vient confirmer l'allégation, bien peu décisive, de Libanius. L'action allait sans doute plus loin, car elle tendait expressément à l'annulation du mariage d'Archippé, du testament de Pasion et de la location faite à Phormion.

Ce dernier, ou plutôt son défenseur, car lui-même était vieux et hors d'état de parler, eut recours à l'exception (παραγραφή). Il soutint que l'action n'était pas recevable parce qu'il y avait eu décharge, et que d'ailleurs il y avait prescription. Au fond, il combattit les présomptions invoquées par Apollodore. Enfin, il montra ce qu'étaient les deux adversaires en présence, et combien était odieuse la cause d'Apollodore. Les juges furent entraînés et permirent à peine à Apollodore de répondre. Il n'eut pas pour lui le cinquième des voix, et fut en conséquence condamné à l'épobélie, c'est-à-dire au sixième du montant total de sa demande, ce qui faisait dans l'espèce trois talents et vingt mines (20,000 francs).

Ce discours est très-certainement de Démosthène. On peut seulement se demander s'il a été prononcé par Démosthène lui-même ou par quelque autre ami de Phormion. Cette dernière hypothèse paraîtra peut-être plus vraisemblable. Les orateurs politiques devaient éprouver quelque répugnance à paraître personnellement, et à risquer de compromettre leur popularité dans des affaires purement civiles. (Voy. le plaidoyer contre Zénothémis, à la fin.)

PLAIDOYER

Athéniens, vous voyez tous par vous-mêmes que Phormion n'a pas l'habitude de la parole, et combien il est hors d'état de se défendre. C'est donc à nous, ses amis, de prendre la parole et de vous faire connaître ce que nous savons comme lui, pour le lui avoir souvent entendu raconter; après quoi, étant bien instruits et édifiés par nous sur la cause, vous voterez ce qu'exigeront la justice et votre serment. Nous avons opposé à l'action une exception, non pour nous dérober et gagner du temps, mais pour obtenir de vous, si Phormion prouve qu'il n'a fait aucun tort à son adversaire, une décharge définitive de toutes poursuites. Toutes les précautions dont l'effet est d'assurer à ceux qui se sont mis en règle le repos et la sécurité, en dehors d'un débat engagé devant vous, Phormion les a prises. Il a rendu de grands services à Apollodore. Tous les biens dont il avait été institué administrateur pour ce dernier, il les lui a fidèlement transmis et rendus; il a reçu ensuite sa décharge et sa libération définitive; et cependant, vous le voyez, ce même Apollodore, sentant que la patience de Phormion est à bout, intente contre lui une action en payement de vingt talents, et lui fait un méchant procès. J'essayerai donc de vous faire connaître, aussi brièvement que possible, toutes les relations de Phormion avec Pasion et Apollodore. Ce récit suffira, j'en suis convaincu, pour rendre évidente la mauvaise foi de ce dernier, et vous reconnaîtrez du même coup, en m'écoutant, que l'action n'est pas recevable. On va d'abord

vous lire la convention par laquelle Pasion a loué à Phormion la banque et la fabrique de boucliers. Prends-moi
la convention, la sommation, et les dépositions des témoins.

CONVENTION, SOMMATION, TÉMOIGNAGES.

Telles sont, Athéniens, les conventions par lesquelles
Pasion a loué à Phormion la banque et la fabrique de boucliers, alors que Phormion était déjà libre (1). Il faut
maintenant vous apprendre comment il se faisait que Pasion fût débiteur de onze talents envers la banque. S'il
était devenu débiteur de cette somme, ce n'était pas qu'il
fût gêné dans ses affaires, c'est qu'il n'aimait pas les capitaux improductifs. Voici comment : L'avoir de Pasion
en immeubles ne s'élevait pas à plus de vingt talents,
tandis qu'il était créancier de plus de cinquante talents
pour argent prêté à divers, en son nom. Or, dans ces cinquante talents se trouvait comprise une somme de onze
talents (2) provenant des dépôts faits à la banque, et placée à intérêts par Pasion. Au moment où Phormion prit à
ferme la maison de banque et se chargea des sommes déposées, il vit bien que n'ayant pas encore droit de cité
chez vous, il se trouverait hors d'état de recouvrer les
sommes prêtées par Pasion sur des terres et des exploi-
tations rurales. C'est pourquoi il préféra avoir Pasion pour
unique débiteur de ces sommes au lieu des autres débiteurs auxquels ces sommes avaient été remises par Pasion. C'est ainsi, et pour cette raison, que par une clause
de l'acte de location Pasion fut débité de onze talents,
comme vous l'ont dit les témoins (3).

De quelle manière cette location s'est faite, vous le savez par le témoignage du préposé lui-même. Depuis, Pasion étant tombé malade, voyez ce qui arriva. Prends la

copie du testament, et la sommation que voici, et les témoignages de ceux qui sont dépositaires du testament.

TESTAMENT, SOMMATION, TÉMOIGNAGES.

Pasion mourut après avoir fait le testament que vous
venez d'entendre, et en exécution de ce testament Phormion devint l'époux de la veuve et le tuteur de l'enfant.
Cependant Apollodore s'était saisi des biens communs, et
se mettait en devoir d'en vendre la plus grande partie,
pour subvenir à ses dépenses. Les tuteurs pensèrent alors
que s'ils le laissaient puiser pour ses dépenses dans le patrimoine commun, sauf à prélever ensuite eux-mêmes, sur
la masse, aux termes du testament, une valeur égale, il
ne resterait bientôt plus rien, et en conséquence ils se
décidèrent à partager immédiatement, au nom de l'enfant (4). Ils partagèrent tous les biens autres que ceux
dont Phormion s'était rendu fermier, et abandonnèrent à
Apollodore la moitié du revenu de ces derniers biens. Il
n'a donc aucun prix de location à réclamer pour le temps
antérieur à ce partage, et en effet, ce n'est pas aujourd'hui
seulement, c'est alors qu'il aurait fallu protester; mais il y
a plus, et il n'est même pas recevable à dire qu'il n'a pas
reçu les loyers échus depuis, car le jour où, Pasiclès étant
devenu majeur, la location a pris fin, si Phormion avait
été votre débiteur, vous ne lui auriez jamais donné pleine
et entière décharge (5); vous auriez exigé votre payement à l'instant même. Je dis donc qu'Apollodore a fait
un partage avec son frère encore mineur, et que Phormion
a reçu décharge tant du prix de location que de toutes
autres réclamations, et pour preuve de ce que j'avance,
prends-moi ce témoignage.

11   Maintenant, Athéniens, dès que Phormion fut déchargé de sa location, on partagea aussitôt la banque et la fabrique de boucliers, et Apollodore , ayant reçu le droit de choisir (6), prit la fabrique de préférence à la banque. Cependant s'il était déjà propriétaire d'une partie du capital de la banque, pourquoi ne prenait-il pas la banque plutôt que la fabrique? Le revenu de celle ci n'était pas plus élevé ; au contraire, car la fabrique rapportait un talent, et la banque cent mines. La convenance, d'ailleurs, n'était pas plus grande. Pourquoi donc ne prenait-il pas la banque s'il y avait déjà des fonds? Mais il n'en avait pas. Apollodore savait donc bien ce qu'il faisait quand il a pris la fabrique, et en effet c'est une propriété qui n'est sujette à aucun risque, tandis que les profits des opérations de banque sont exposés à toutes sortes de chances, par cette raison qu'on opère avec l'argent d'autrui.

12   Certes, les preuves ne manquent pas pour le convaincre d'imposture quand il réclame le capital de la banque (7). Mais, à mon sens, ce qui prouve le mieux que Phormion n'a reçu aucun capital de ce genre, c'est que dans l'acte de louage Pasion figure comme débiteur de la banque, et non comme ayant fourni un capital. C'est ensuite qu'au moment du partage Apollodore n'a élevé aucune réclamation. C'est enfin que ce dernier, relouant depuis à d'autres la même chose, pour le même prix, ne paraît pas, comme vous le verrez, avoir compris dans la location de la banque celle d'un capital fourni par lui. Et pourtant, s'il était vrai que son père eût fourni ce capital, et que Phormion ne l'eût pas rendu, il aurait fallu qu'Apollodore se procurât ailleurs une somme égale pour la remettre aux nouveaux fermiers. Je dis donc qu'il a loué depuis à Xénon, Euphrée, Euphron

et Callistrate, qu'il n'a remis non plus à ces derniers aucun capital à lui propre, que la location a porté exclusivement sur les sommes déposées par compte et sur le droit de les faire valoir. Pour preuve de ce que j'avance, prends-moi les dépositions des témoins. Elles établissent aussi qu'Apollodore a choisi la fabrique.

TÉMOIGNAGE.

Ainsi donc, Athéniens, les témoins vous déclarent que nos adversaires ont loué de nouveau la banque à ces quatre personnes, qu'ils ne leur ont remis aucun capital, qu'ils leur ont donné la liberté en récompense de grands services rendus, et qu'ils n'ont eu aucune discussion avec elles non plus qu'auparavant avec Phormion. Tant qu'Apollodore a eu sa mère, qui était parfaitement instruite de toutes ces choses, il n'a élevé contre Phormion aucune réclamation, mais, après la mort de cette femme, il réclama trois mille drachmes d'argent, outre deux mille qu'elle avait laissées aux enfants de Phormion (8). Il redemanda même un vêtement de dessous et une servante, et nous fit un méchant procès ; et cependant, à ce moment même, il n'a pas dit, vous le verrez, un seul mot des réclamations qu'il soulève aujourd'hui. Un compromis fut alors passé ; les arbitres furent le père de la femme d'Apollodore, le beau-frère de ce dernier, Lysinos et Andromène (9). Ils conseillèrent à Phormion d'abandonner gratuitement à Apollodore les trois mille drachmes et le reste, et de s'en faire ainsi un ami plutôt que de l'irriter à ce sujet. Apollodore reçut donc en tout cinq mille drachmes, il donna pour la seconde fois décharge définitive, dans le temple d'Athéné (10), et après cela il plaide encore, comme vous le voyez, ramassant en un seul faisceau tous les griefs, tous les chefs de réclamations qui se rapportent à la période de temps an-

térieure (c'est là en vérité ce qu'il y a de plus fort) et
qu'il n'a jamais soulevés. Pour preuve de ce que j'avance,
prends-moi la sentence rendue dans l'Acropole, et le témoignage des personnes qui étaient présentes lorsque
Apollodore donna décharge définitive de toutes réclamations, en recevant cet argent.

SENTENCE, TÉMOIGNAGE.

Vous entendez, juges, la sentence rendue par Dinias
dont il a épousé la fille, et par Nicias qui a épousé la sœur
de celle-ci. Eh bien, après avoir reçu cet argent, après
avoir donné décharge de toutes réclamations, il agit aujourd'hui comme si tous ces gens étaient morts et que la
vérité ne pût éclater, il demande la somme énorme que
vous savez, il ose intenter une action !

Vous connaissez maintenant, Athéniens, depuis le commencement, tout ce que Phormion a fait, tout ce qui lui
est arrivé dans ses relations avec Apollodore. Sans doute,
ce dernier, n'ayant rien de sérieux à dire à l'appui de sa
demande, répétera ce qu'il a osé avancer devant l'arbitre,
à savoir que sa mère, à l'instigation de Phormion, a fait
disparaître les livres, et qu'à raison de cette perte, il se
trouve hors d'état de justifier régulièrement ses prétentions. Mais dans ce propos et cette incrimination voyez
combien d'indices décèlent un mensonge. D'abord, Athéniens, a-t-on jamais partagé la succession paternelle, sans
s'être fait remettre les livres qui font connaître de quoi se
compose cette succession ? Jamais assurément. Eh bien, il
y a déjà vingt ans, à deux ans près, que tu as procédé à
ce partage, et tu ne saurais prouver que tu aies jamais
réclamé au sujet de ces livres. En second lieu, pourquoi
n'avoir pas profité du moment où Pasiclès devenu majeur
recevait son compte de tutelle ? Si Apollodore hésitait à

accuser lui-même sa mère d'avoir fait disparaître ces écrits,
pourquoi alors n'avoir pas révélé le fait à Pasiclès, pour
que la preuve en fût faite par ce dernier (11)? En troisième lieu, sur quels livres t'es-tu fondé pour intenter,
comme tu l'as fait, des actions en justice? En effet, Apollodore a intenté des actions à un grand nombre de citoyens,
et fait rentrer ainsi beaucoup d'argent; or voici en quels
termes étaient conçues ces diverses demandes : « Un
tel m'a fait tort en ne me rendant pas le montant de
la créance qui appartenait à mon père et que ce dernier
m'a laissée d'après ses livres ». Si les livres avaient dis-
paru, sur quels livres se fondait-il donc pour intenter ces
actions? Pour preuve de ce que j'avance vous avez entendu la lecture de l'acte de partage, et des dépositions
des témoins. On va vous lire maintenant les témoignages
relatifs à ces actions intentées. Prends-moi les témoignages.

TÉMOIGNAGES.

Il a donc expressément reconnu, alors, qu'il avait reçu
les livres de son père, à moins qu'il ne s'accuse lui-même
d'avoir plaidé de mauvaise foi, et d'avoir réclamé en justice ce qui ne lui était pas dû.

Voilà bien des preuves, Athéniens, et de bien fortes,
pour établir que Phormion n'est pas dans son tort, mais
la plus forte de toutes est celle-ci : Pasiclès, frère d'Apollodore, n'a intenté aucune action et ne demande rien de
ce que son frère demande. Comment donc? Pasiclès,
encore enfant à la mort de son père, Pasiclès dont les
biens étaient à la disposition de Phormion, son tuteur,
n'aurait pas à se plaindre de ce dernier, et, au contraire,
tu aurais de justes raisons de te plaindre, toi, qui à la
mort de ton père étais déjà un homme de vingt-quatre ans,

et qui n'aurais eu aucune peine à faire valoir sur-le-champ tes droits en justice, s'ils eussent reçu quelque atteinte? Non, cela n'est pas possible. Pour preuve de ce fait que Pasiclès ne demande rien, prends-moi son témoignage.

TÉMOIGNAGE.

Lors donc qu'il s'agit d'examiner le point de savoir si l'action est recevable, retenez bien ceci, Athéniens, c'est le résumé de tout ce que je viens de dire. Tous comptes ont été rendus; décharge a été donnée du loyer dû pour la banque et la fabrique de boucliers, puis un arbitrage a eu lieu, suivi lui-même d'une nouvelle décharge générale. Il est interdit par les lois d'intenter une action après décharge donnée. Cet homme n'en fait pas moins un méchant procès, et plaide contrairement aux lois. C'est pourquoi nous avons opposé l'exception que les lois nous ouvrent, et nous avons soutenu que l'action n'est pas recevable. Pour que vous sachiez bien sur quoi vous allez voter, on va vous lire cette loi, et, d'une même suite, les dépositions des témoins qui étaient présents lorsque Apollodore donna décharge à Phormion du loyer et de toutes autres réclamations. Prends-moi ces témoignages et la loi.

TÉMOIGNAGES, LOI.

Vous entendez, Athéniens, les termes de la loi. Elle dit dans quel cas l'action ne sera point accordée, et notamment lorsque le créancier aura donné quittance et décharge. C'est avec grande raison, car s'il est juste que l'action une fois exercée ne puisse plus être intentée de nouveau, il est plus juste encore qu'il n'y ait pas d'action pour demander ce dont on a donné décharge. Aussi bien celui qui a perdu son procès devant vous pourrait encore

dire que vous avez été trompés, mais celui qui s'est ouvertement condamné lui-même, qui a donné quittance et
décharge, que pourrait-il dire contre lui-même pour justifier l'exercice d'une nouvelle action tendant au même
objet? Rien assurément (12). C'est pourquoi le législateur
a placé au premier rang parmi les cas dans lesquels il n'y
a pas d'action, celui où il y a eu quittance et décharge. Ici
se trouvent l'une et l'autre. Apollodore a donné décharge,
il a libéré son débiteur. Les témoignages, Athéniens, prouvent que j'ai dit vrai. Prends encore la loi sur la prescription.

LOI.

Cette loi, Athéniens, a clairement défini, comme
vous le voyez, le temps nécessaire pour prescrire. Mais
Apollodore, après plus de vingt ans passés, vous demande
de préférer sa mauvaise cause à la loi que vous avez juré
d'appliquer. Et cependant, Athéniens, si toutes les lois
méritent votre respect, celle-là est à coup sûr une des
plus respectables. Solon, en la portant, n'a pas eu, à mon
sens, d'autre but que de vous délivrer des obsessions de
la mauvaise foi. Il a pensé qu'un délai de cinq ans suffisait pour obtenir la réparation d'un tort, et le temps
lui a paru la meilleure preuve à opposer aux imposteurs.
Il a songé aussi que les parties contractantes et les témoins
ne peuvent pas vivre toujours, et il a fait cette loi qu'il a
mise à leur place pour servir de témoin du droit, à ceux
qui n'en ont pas d'autres (13).

Je ne sais en vérité, juges, ce qu'Apollodore entrepren-
dra de vous dire pour me répondre. Car il ne peut pas
croire que dans le cas même où vous ne verriez aucun
dommage par lui souffert dans ses biens, vous vous montrerez hostiles à Phormion parce que Phormion a épousé

la mère d'Apollodore. Il sait très-bien et il n'a pas oublié,
non plus que beaucoup d'entre vous, que Socrate, ce banquier bien connu, après avoir reçu de ses maîtres la
liberté, comme le père d'Apollodore, donna sa femme à
Satyros qui avait été son esclave. Un autre banquier, So-
clès, donna sa femme à Timodème qui est encore vivant
aujourd'hui, et qui avait été son esclave. Et ce n'est pas
seulement en cette ville que cet usage est répandu parmi
ceux qui exercent cette profession, Athéniens. A Égine
Strymodore a donné sa femme à son esclave Hermée (14);
et après la mort de celle-ci, il donna encore à Hermée sa
fille. On pourrait encore en citer beaucoup d'autres, et
cela se comprend. En effet pour vous, Athéniens, qui êtes
citoyens par la naissance, il n'est pas beau de préférer à la
naissance la richesse, si grande qu'elle soit; mais pour
ceux qui ont reçu le droit de cité en don, de vous ou
d'autres, et qui doivent aux faveurs constantes de la fortune d'avoir été jugés dignes de cet honneur pour avoir
fait de grandes affaires et acquis plus de bien que les
autres, il est naturel qu'ils veillent à la conservation de
leurs richesses. C'est pourquoi Pasion, ton père, a donné
sa femme, votre mère, à Phormion. Et en agissant ainsi
il n'a été ni le premier ni le seul, et il n'a fait injure ni à
lui-même ni à vous ses enfants; mais il voyait que le seul
moyen de sauver ses affaires était de vous assurer par un
lien de famille le concours de Phormion. Si donc tu veux
considérer la chose au point de vue de ton intérêt, tu verras que ton père a fait sagement; si c'est à cause de ta
naissance que tu ne veux pas de Phormion pour beau-père,
prends garde de prêter à rire en tenant ce langage. En
effet si l'on te demandait ce qu'était ton père, à ton compte,
tu répondrais à coup sûr : « C'était un honnête homme. »
Eh bien, lequel des deux te paraît ressembler davantage à

Pasion, par ses habitudes et sa vie entière, toi ou Phormion? Je sais bien, moi, que c'est Phormion. Et celui qui
ressemble à ton père plus que toi, tu le repousses parce
qu'il a épousé ta mère? Mais en vérité cela ne s'est fait
que de par l'autorité et le commandement de ton père, et
vous pouvez vous en convaincre, Athéniens, non pas seulement par le testament, mais par ton propre témoignage
à toi, Apollodore. Lorsque tu as demandé à partager par
tête les biens maternels, en présence d'enfants nés à
Phormion de son union avec cette femme, tu reconnais-
sais alors qu'elle s'était mariée conformément aux lois, et
de par l'autorité de ton père. Si Phormion l'eût prise irré-
gulièrement sans qu'elle lui fût légitimement donnée, les
enfants n'auraient pas été héritiers, et n'étant pas héritiers, ils n'avaient aucun droit sur les biens (15). Il a donc
témoigné lui-même que je dis vrai, en prenant le quart
de la succession, et en renonçant à rien prétendre au
delà.

Maintenant, Athéniens, n'ayant sur aucun point rien de
sérieux à dire, il a osé tenir devant l'arbitre un langage
d'une impudence sans égale. J'aime mieux prendre les
devants et vous en parler le premier. Il a soutenu en premier lieu qu'il n'y avait pas du tout de testament, et que
cette histoire n'était qu'une invention et une imposture;
il a dit en second lieu que si jusqu'à ce jour il avait consenti à tout sans plaider, c'était parce que Phormion parlait de donner un loyer considérable et s'engageait à le
payer. Mais, dit-il, Phormion n'a pas tenu sa promesse,
et en conséquence je me décide à plaider. Eh bien, s'il
dit cela, il dira deux mensonges, et son langage sera en
contradiction avec sa conduite, ainsi que vous l'allez voir.
En effet, s'il refuse de reconnaître le testament, deman-
dez-lui pourquoi il a reçu, pourquoi il possède encore

l'exploitation rurale comme préciput d'aîné, aux termes
du testament, car il ne pourra pas dire que le testament
est bon en tant qu'il contient des avantages faits en sa
faveur, par son père, et qu'il ne vaut rien pour le reste.
Et s'il prétend avoir cédé aux promesses de Phormion,
rappelez-vous que nous avons produit des témoins qui,
depuis la transaction passée il y a longtemps, sont devenus les fermiers des deux frères pour la banque et la
fabrique de boucliers. C'est au moment où se faisait cette
location qu'Apollodore devait réclamer sans plus attendre,
s'il dit vrai dans ce qu'il plaide aujourd'hui contre Phormion après avoir transigé alors. Je dis donc qu'il a reçu
l'exploitation rurale à titre de préciput, aux termes du
testament, et que loin de faire aucun reproche à Phormion, il a au contraire approuvé sa conduite (16). Pour
preuve de ce que j'avance, prends le témoignage.

TÉMOIGNAGE.

Maintenant, Athéniens, il faut que vous sachiez quelle
somme il a retirée de ces locations et de ces créances, lui
qui se plaint d'être dépourvu de ressources et d'avoir tout
perdu. Écoutez-moi, je n'ai que peu de mots à vous dire.
Apollodore a recouvré sur le total des créances vingt talents, d'après les livres que son père a laissés (17), et plus
de la moitié de cette somme se trouve entre ses mains,
car sur plus d'une créance il s'est approprié la part de son
frère. Quant aux loyers, pour les huit ans pendant lesquels Phormion a eu la banque, Apollodore a touché quatre-vingts mines par an, soit la moitié du loyer total. Cela
fait dix talents et quarante mines (18). Pour les dix ans
qui ont suivi, et pendant lesquels la banque fut affermée à
Xénon, Euphrée, Euphron et Callistrate, un talent par
chaque année (19). En outre, pendant vingt ans environ,

les revenus des biens qui lui étaient échus en partage dès
le principe, et qu'il a fait valoir lui-même, soit plus de
trente mines (20). Si vous réunissez tout ce qui lui est
échu en partage, tout ce qu'il a recouvré de créances,
tout ce qu'il a touché à titre de loyers, vous trouverez
qu'il a reçu plus de quarante talents, sans parler des présents que Phormion lui a faits, ni des biens maternels, ni des
sommes qu'il a prises à la banque et qu'il ne rend pas,
soit cinq demi-talents et six cents drachmes (21). Tu me
diras que cet argent a profité à l'État et que tu as fait de
grands sacrifices dans les liturgies. Mais ce que tu as employé des fonds communs entre ton frère et toi, pour le
service des liturgies, c'est ton frère et toi qui en suppor-
tez la dépense; et ce que tu as dépensé depuis suppose
tout au plus un revenu je ne dis pas de deux talents, mais
de vingt mines. N'accuse donc point l'État; et la portion
de tes biens que tu as honteusement, indignement dissi-
pée, ne dis pas que l'État en a profité. Il faut que vous sachiez, Athéniens, le chiffre des sommes qu'il a reçues, les
liturgies dont il a été chargé. On va vous en lire le détail.
Prends-moi ce registre, cette sommation et ces témoignages.

REGISTRE, SOMMATION, TÉMOIGNAGES.

Apollodore a donc reçu la somme que vous venez d'entendre. Il a de plus entre les mains pour plusieurs talents
de créances (22), dont il fait le recouvrement tantôt à
l'amiable, tantôt par les voies judiciaires, créances qui
étaient dues à Pasion, qui ne se confondent pas avec le
loyer de la banque ni avec le reste du patrimoine, et
qu'Apollodore et Pasiclès ont recueillies dans la succession. Il a, d'autre part, dépensé en liturgies la somme que
vous savez, c'est-à-dire une portion insignifiante de son re-

venu, je ne dis pas de son capital; et après cela il ne s'en fera pas moins valoir, il vous parlera de triérarchies et de chorégies. S'il dit cela, il dira un mensonge, vous en avez la preuve; mais quand bien même il ne dirait pas la vérité, pourquoi ne supporterait-il pas sur ses biens les frais des liturgies? Trouveriez-vous plus beau et plus juste d'ôter à l'un pour donner à l'autre, en vue d'un mince profit pour vous-mêmes, de réduire Phormion à la dernière misère, et de voir à côté de lui Apollodore triomphant se livrer à ses prodigalités accoutumées?

Tu parleras de l'opulence de Phormion, tu diras que l'instrument de sa fortune a été la fortune de ton père, tu dois lui demander quelle en est la source; mais s'il y a un homme au monde qui n'ait pas le droit de tenir ce langage, c'est toi. En effet, si Pasion ton père est devenu riche, il ne le doit pas au hasard, ni à son père. Employé dans la banque de ses maîtres Antisthène et Archestrate, il donna des preuves de sa droiture et de sa probité, et il inspira confiance; or dans le monde qui vit à la Bourse et fait des affaires, la réputation d'homme laborieux jointe à celle d'honnête homme a une puissance merveilleuse. Eh bien, cette qualité, il ne la tenait pas de ses maîtres, mais de sa nature; ce n'est pas non plus ton père qui la lui a donnée. Ton père aurait fait de toi un honnête homme si cela eût été en son pouvoir, avant d'en faire un de Phormion. De tous les capitaux, celui qui produit le plus, dans les affaires, c'est la confiance qu'on inspire, et si tu ne sais pas cela, tu ne sais rien. Ce n'est pas tout: Phormion a rendu de grands services à ton père, à toi-même, il vous a aidés en toute occasion. Mais qui pourrait faire assez pour toi, prodigue et dissipateur comme tu l'es? Je ne comprends pas non plus comment tu ne fais pas cette réflexion en toi-même. Il y a ici un fils d'Archestrate, l'an-

cien maître de ton père, Antimaque, qui n'a pas réussi
comme il le méritait; et pourtant il ne te fait pas de procès, il ne trouve pas mauvais que tu portes un manteau
de pourpre (23), que tu aies racheté une courtisane, que
tu en aies doté une autre, et cela quand tu as une femme
légitime, que tu te fasses suivre en tout lieu par trois jeunes
esclaves, que tu étales tous tes vices aux yeux des passants, tandis que lui, au contraire, manque en partie du
nécessaire. Mais il n'est pas non plus sans voir Phormion.
Eh bien, si tu as un droit, à ce que tu prétends, sur les biens
de Phormion parce qu'autrefois il appartenait à ton père,
Antimaque a un droit plus fort que le tien, car ton père
appartenait lui-même aux deux maîtres que j'ai nommés
tout à l'heure, en sorte qu'à ce compte, Phormion et toi,
vous appartiendriez tous deux à Antimaque. Aveugle que
tu es, tu dois regarder comme tes ennemis ceux qui parlent
de ces choses, et c'est toi qui nous forces à en parler. Tu
fais injure à toi-même et à tes parents qui ne sont plus,
tu insultes la République. Au lieu de présenter sous des
couleurs favorables cette faveur que ton père, et après lui
Phormion, ont obtenue, grâce aux bontés de ce peuple qui
nous écoute; au lieu d'en faire un titre d'honneur et pour
ceux qui l'ont donnée et pour vous qui l'avez reçue, tu la
livres à tous les regards, tu l'exposes, tu la discutes, tu
fais presque repentir les Athéniens de t'avoir fait un des
leurs, en leur montrant qui tu es. Quelle est donc ta folie,
— de quel autre mot pourrais-je me servir? — si tu ne
comprends pas ceci : C'est nous qui aujourd'hui défendons
ta cause quand nous soutenons que Phormion, une fois
devenu libre (24), n'a plus de compte à rendre à personne
pour avoir autrefois appartenu à ton père; au contraire,
tu parles contre toi-même quand tu prétends que Phormion ne peut pas être ton égal. La même règle que tu

invoques contre lui sera retournée contre toi par ceux qui ont été, dans le principe, les maîtres de ton père. Je dis que ton père, lui aussi, a appartenu à tels et tels, et qu'il a reçu ensuite sa liberté, de la même manière que Phormion l'a reçue de vous. Prends-moi ces témoignages qui prouvent que Pasion a été l'esclave d'Archestrate.

TÉMOIGNAGES.

Eh bien, cet homme, à qui depuis le premier moment vous devez la conservation de votre fortune, qui a rendu tant de services au père d'Apollodore, qui a été si généreux pour Apollodore lui-même, comme vous l'avez entendu, c'est à lui qu'Apollodore intente un procès si formidable, c'est lui qu'il veut ruiner, contre tout droit. C'est bien là en effet tout ce que tu peux espérer. Car si tu fais le relevé exact de tout ce que nous possédons, tu verras à qui ces biens appartiennent, dans le cas où, ce qu'aux dieux ne plaise, tu réussirais à tromper nos juges (25). Ne vois-tu pas Aristoloque, fils de Charidème ? Jadis il avait une terre ; depuis, elle a passé en plusieurs mains. C'est qu'il l'avait achetée alors qu'il devait de tous côtés. Vois encore Sosinome, et Timodème, et les autres banquiers. Lorsqu'il a fallu payer ce qu'ils devaient, ils ont dû abandonner tous leurs biens (26). Mais tu ne tiens aucun compte de tout cela, ni des mesures que ton père, meilleur et plus sensé que toi, a prises afin de pourvoir à tout. Considère, au nom des dieux, combien il croyait Phormion plus capable que toi, plus utile et à toi et à lui-même, et à toutes vos affaires. Quoique tu fusses majeur, c'est à lui et non pas à toi qu'il a remis le gouvernement des biens par lui affermés ; il lui a donné sa femme, et pendant sa vie il l'a tenu en grand honneur. Il avait raison, Athéniens, car les autres banquiers, qui n'avaient pas de loyer à payer et travaillaient pour eux-mêmes, sont tous tombés; et lui, qui payait deux talents et quarante mines de loyer, a sauvé la banque, à votre profit. Ton père fut reconnaissant de ce service, mais toi tu n'en tiens aucun compte. Contrairement au testament, aux imprécations écrites dans cet acte de la main de ton père (27), tu nous presses, tu nous poursuis, tu nous traînes en justice. Mon pauvre Apollodore, s'il m'est permis de te parler ainsi, ne t'arrêteras-tu pas? ne peux-tu comprendre que s'il est bon d'être riche, il est encore plus avantageux de se bien conduire? Vois plutôt : si tu dis vrai, toi qui avais reçu une si grande fortune, tu l'as perdue tout entière; tu l'aurais encore si tu avais réglé ta vie.

Non, j'en atteste Jupiter et les dieux, j'ai beau porter mes regards de tous côtés, je ne vois rien que tu puisses faire valoir pour déterminer les juges à condamner Phormion. Que pourrais-tu dire en effet? Que les torts dont tu te plains ne sont pas récents? Mais il est tard pour agir, quand tu as laissé passer tant d'années (28). Diras-tu que pendant tout ce temps tu n'as agi contre personne? Mais qui ne sait combien tu as entrepris d'affaires sans t'arrêter un instant? Tu n'as pas seulement fait juger des procès civils, non moins importants que celui-ci, tu as méchamment intenté mainte poursuite criminelle et emporté mainte condamnation. N'as-tu pas accusé Timomaque, Callippe, qui est maintenant en Sicile, puis encore Ménon, Auto-clès, Timothée et beaucoup d'autres (29)? Et pourtant est-il bien dans l'ordre que toi, Apollodore, étant ce que tu es, tu te portes vengeur des torts faits à la chose publique, dont tu ne souffres que pour ta part, avant de demander le redressement de tes injures privées, comme tu le fais aujourd'hui, surtout si elles sont aussi grandes

que tu le prétends? Pourquoi, lorsque tu accusais les autres, as-tu laissé Phormion en repos? C'est donc que tu
n'as souffert aucun tort et que tu plaides aujourd'hui de
mauvaise foi. Aussi, Athéniens, rien n'est plus à propos, ce
me semble, que de vous faire entendre les témoins de tous
ces faits. S'il n'a jamais été qu'un sycophante, comment
serait-il autre chose en ce moment, je vous le demande?
Mais ce n'est pas tout, Athéniens : toutes les circonstances propres à vous faire connaître le caractère de Phormion, sa justice, sa bienfaisance, il est, ce me semble,
à propos que je vous en parle. En effet, celui qui aurait
des torts envers tout le monde, pourrait bien en avoir, le
cas échéant, à l'égard d'Apollodore; mais celui qui n'a
de torts envers personne, qui a spontanément rendu service à beaucoup de gens, comment peut-on imaginer que
seul entre tous Apollodore ait à se plaindre de lui? Écoutez
donc ces témoignages et vous connaîtrez le caractère de
l'un et de l'autre.

TÉMOIGNAGES.

Prends maintenant les témoignages rendus contre Apollodore, et prouvant sa méchanceté.

TÉMOIGNAGES.

Est-ce que Phormion lui ressemble? Voyez. Lis.

TÉMOIGNAGES.

Lis maintenant les services que Phormion a rendus à
l'État.

TÉMOIGNAGES.

Athéniens, l'homme qui a rendu de tels services à
l'État et à beaucoup d'entre vous, qui n'a jamais fait de

mal à personne, ni dans les relations privées, ni dans la
vie publique, qui n'a fait aucun tort à Apollodore, Phormion vous prie, vous conjure de ne pas le perdre. Il
vous le demande au nom de la justice, et nous nous joi-
gnons à lui, nous qui sommes ses amis, pour vous adresser la même prière. Écoutez encore ceci. On vous a lu
des comptes, Athéniens, d'où il résulte que Phormion
posséderait une fortune immense. Mais ni lui ni personne
au monde n'en ont jamais eu autant. Ce qui est vrai, c'est
que Phormion a du crédit chez ceux qui le connaissent,
pour autant et même pour beaucoup plus, ce qui lui
permet de servir en même temps ses intérêts et les vôtres.
Voilà ce qu'est notre fortune. Ne la livrez pas, Athéniens, ne la laissez pas renverser par ce misérable, ne
donnez pas un honteux exemple propre à faire croire aux
dissipateurs et aux sycophantes qu'ils peuvent obtenir de
vous les biens de ceux qui travaillent et qui ont la sagesse
de régler leur vie. Ces biens vous profiteront beaucoup
plus s'ils restent entre les mains de Phormion. Vous voyez
vous-mêmes, et les témoins vous ont dit, ce qu'il est
pour ceux qui lui demandent secours; et en cela ce n'est
pas son intérêt, ni le gain, qu'il a en vue; il le fait par
générosité, par bonté de caractère. Il n'est donc pas
juste, Athéniens, de livrer un tel homme en proie à Apollodore, ni d'attendre, pour avoir pitié de lui, que votre
pitié lui soit inutile. Laissez-vous toucher aujourd'hui,
quand son salut est entre vos mains, car je ne vois pas
de circonstance où Phormion ait plus besoin qu'on lui
vienne en aide. Quant à ce que vous dira Apollodore, n'y
voyez que vains discours et calomnies, exigez de lui qu'il
vous prouve, ou que son père n'a pas disposé par testament, comme il l'a fait, ou qu'il y a quelque autre loyer
stipulé en dehors de celui que nous vous déclarons, ou

que lui-même n'a pas donné décharge à Phormion, en comptant avec lui, de toutes les réclamations soumises par lui à l'arbitrage de son beau-frère, qu'il n'a pas donné son consentement exprès, ou que les lois permettent, soit de plaider après une transaction de ce genre, soit de prouver des faits ainsi couverts. Enfin, si en désespoir de cause il se livre contre nous aux attaques, aux diffamations, aux emportements de langage, ne l'écoutez pas. Ne vous laissez pas tromper par ses cris et son impudence. Soyez en garde, et rappelez-vous ce que vous avez entendu de nous. En faisant cela, vous tiendrez votre serment, vous serez justes, et vous sauverez Phormion. Il en est digne, j'en jure par Jupiter et tous les dieux. Lis maintenant la loi et les témoignages que voici.

LOI, TÉMOIGNAGES.

Je ne vois rien de plus à dire, et il n'y a rien, ce me semble, qui puisse vous paraître incomplet dans ma défense. Laisse couler l'eau (30).

NOTES

(1) Phormion avait été affranchi par Pasion, peu de temps avant la mort de ce dernier.

(2) G. Schæfer et Bœckh (t. I, p. 628) croient que ces onze talents sont en dehors des cinquante. Ils expliquent ἐν τούτοις comme s'il y avait πρὸς τούτοις. Mais le texte est clair. Pasion a prêté en tout cinquante talents, à savoir trente-neuf de ses fonds personnels, et onze des fonds provenant des dépôts faits à la banque. Les dépôts faits en banque étaient des dépôts irréguliers, remboursables en valeur, ou destinés à entrer en virement ou en compte courant. Tous ces fonds sont indistinctement prêtés au nom de Pasion (ἴδιον), qui est seul créancier des emprunteurs, tout en restant débiteur des déposants. C'est ce qu'a bien vu A. Schæfer, *Beilagen*, p. 132, note 4.

(3) Ces onze talents provenant de dépôts constituaient une dette exigible de la part des déposants, et par suite un danger pour la banque du moment que la contre-valeur n'était pas facilement et promptement réalisable. C'est pourquoi Pasion donne à Phormion sa garantie pour ces onze talents. Il reste créancier de ses emprunteurs, mais il devient débiteur, envers la Banque, d'une somme égale au montant de sa créance sur ces derniers.

(4) Aux termes du testament, la fortune devait rester indivise, et Apollodore pouvait y puiser, sauf aux tuteurs de Pasiclès à prélever une somme égale pour leur pupille.

(5) Le mot *vous* s'adresse sans doute à Apollodore et Pasiclès.

(6) Le droit de choisir appartenait à celui des héritiers qui était désigné par le sort.

(7) Ἀφορμή est le capital de la banque. Apollodore soutient que la banque n'a pu fonctionner sans un capital à elle. Phormion affirme au contraire que la banque n'a jamais eu de capital, et qu'elle s'est bornée à placer et à faire valoir les fonds provenant des dépôts. Cette situation, en soi, eût été extrêmement périlleuse, mais Pasion possédait, en dehors de sa banque, une grande fortune personnelle : vingt talents en immeubles, trente-neuf en créances hypothécaires (environ 350,000 fr.), et nous avons vu qu'en se retirant il avait donné sa garantie à Phormion.

(8) Archippé avait eu de Phormion deux enfants. Elle laissait donc quatre enfants. Par son testament, elle donna deux mille drachmes à chacun des deux enfants qu'elle avait eus de Phormion. Mais la dot qu'elle avait reçue de Pasion s'élevait à vingt mille drachmes, sans compter le trousseau et les servantes. Apollodore soutint que chacun des quatre enfants avait droit à une part égale, et que cette part devait être de cinq mille drachmes. Il réclama donc cette somme, plus une servante et quelques hardes. Suivant G. Schæfer, le legs aurait été fait par Archippé aux enfants d'Apollodore. Mais il y aurait τοῖς αὐτοῦ παιδίοις et non τοῖς τούτου παιδίοις. Τούτου ne peut être que Phormion. Voy. d'ailleurs plus bas, § 32.

(9) Dinias avait donné l'une de ses filles à Apollodore et l'autre à Nicias. Apollodore désigna pour ses arbitres Dinias et Nicias; Lysinos et Andromène furent désignés par Phormion. La demande d'Apollodore était bien fondée en droit, mais il pouvait bien avoir reçu de sa mère des dons manuels en avancement d'hoirie, et c'est probablement sur ce point, dont la preuve est toujours difficile à faire, que portait le débat. (Voy. le discours contre Polyclès, § 60.)

(10) Les arbitres siégeaient dans l'Acropole, et les transactions se faisaient dans un temple, à la face des dieux, ici dans le Parthénon.

(11) Pasiclès était aussi le fils d'Archippé, mais personne ne pouvait s'étonner qu'il demandât des explications au moment où il recevait son compte de tutelle.

(12) Le même sujet se trouve traité, à peu près dans les mêmes termes, dans le plaidoyer contre Panténète.

(13) Il s'agit ici de la prescription extinctive qui était fixée par la loi à une durée uniforme de cinq ans pour toutes les actions. Il y avait toutefois des prescriptions plus courtes; ainsi l'action du créancier contre la caution était prescrite par un an. Voy. Caillemer, *la Prescription à Athènes.*

(14) Il ne s'agissait plus ici d'un testament. Strymodore avait sans doute divorcé avec sa femme, ou bien celle-ci n'était pas une femme légitime.

(15) Les enfants illégitimes, νόθοι, ne pouvaient prétendre à aucune part dans la succession de leur père ni de leur mère. Ils n'étaient pas héritiers.

(16) Il y avait donc un préciput d'aîné (τὰ πρεσβεῖα). Il est probable que ce préciput était passé dans les mœurs et qu'il se

prélevait même dans les successions *ab intestat*. Pasion par son testament n'avait fait que se conformer à l'usage, et déterminer les valeurs préciputaires.

(17) Ce compte des sommes encaissées par Apollodore a été singulièrement défiguré par plusieurs interprètes. Il est pourtant bien clair. Nous avons vu que Pasion avait laissé des créances hypothécaires pour trente-neuf talents. Apollodore a reçu le remboursement de vingt talents. Les dix-neuf autres ne sont pas encore venus à échéance. Sur ces vingt talents, la part d'Apollodore est de dix.

(18) Le second élément du compte consiste dans le loyer payé par Phormion. Ce loyer était de deux talents et quarante mines par an. Apollodore avait droit à la moitié de cette somme, soit quatre-vingts mines par an, et pendant huit ans, dix talents et quarante mines.

(19) Le loyer payé par Xénon et ses coassociés forme le troisième élément du compte. Ce loyer était le même que celui qu'avait payé Phormion. Démosthène l'a dit expressément au commencement de ce discours : Τοῦ ἴσου ἀργυρίου. Mais le partage s'en faisait inégalement entre Apollodore et Pasiclès. Ce dernier prélevait une part pour rétablir l'égalité, car on a vu qu'Apollodore avait puisé dans les fonds de la succession pour ses besoins personnels, et il en faisait le rapport en moins prenant. C'est ce qu'a bien compris G. Schæfer. Apollodore a donc reçu de ce chef un talent par an pendant dix ans, soit dix talents.

(20) Pasion avait laissé des immeubles valant plus de vingt talents. Apollodore en avait recueilli la moitié pour sa part, sans parler de son préciput d'aîné, dont nous ne connaissons pas l'importance. Le revenu annuel de cette part était de trente mines, ce qui fait, pour vingt ans, dix talents. C'est le quatrième élément du compte. Nous arrivons ainsi au total de plus de quarante talents, tel qu'il est indiqué par Démosthène. On voit par ce dernier article que les immeubles rapportaient à peu près 5 p. 100.

(21) En chiffres ronds 15,600 francs.

(22) Il s'agit ici des dix-neuf talents de créances hypothécaires qu'Apollodore n'a pas encore recouvrées, mais dont il poursuit tous les jours le recouvrement.

(23) La χλανίς était un vêtement fin, en laine de Milet. C'était une étoffe de luxe. Voy. Ammonius, p. 145, et Hermann, t. III, § 21, n° 19. Il ne faut pas la confondre avec la χλαῖνα, qui était un surtout de grosse laine.

(24) L'esclave athénien pouvait acheter son affranchissement.

C'est ainsi que les choses se passaient le plus souvent, et le mot même d'ἀπαλλαγείς indique qu'il y avait eu un arrangement, un contrat entre le maître et l'esclave.

(25) Phormion fait la banque sans capital, avec son crédit personnel et les dépôts qui lui sont confiés. S'il est obligé de liquider, Apollodore n'y gagnera rien, car tout l'actif de la banque sera attribué aux créanciers. Ce sont ces derniers qui sont les véritables propriétaires.

(26) Il s'agit ici d'une cession de biens, ou plutôt d'un abandon d'actif, volontaire ou forcé. C'est ce que les Athéniens appelaient ἐκστῆναι τῶν ὄντων.

(27) L'imprécation, si fréquente dans les actes du moyen âge, remonte, comme on le voit, à une haute antiquité.

(28) Je suis ici la leçon de Vœmel qui ajoute une négation, mais je conserve la ponctuation de Dindorf.

(29) Timomaque, Ménon, Antoclès sont les généraux athéniens qui commandèrent successivement en Thrace, de 361 à 359. Apollodore avait servi sous eux comme triérarque, et en parle longuement dans le discours contre Polyclès. Il est probable que l'accusation contre Timomaque eut pour objet les relations entretenues par ce dernier avec le banni Callistrate. Callippe était sans doute ce triérarque complaisant, qui, sur le refus d'Apollodore, alla chercher Callistrate et le conduisit à Thasos. (Voy. le même discours contre Polyclès.) Callippe prévint sa condamnation par l'exil. En 357 il prit part à l'expédition de Dion en Sicile, et quatre ans après, en 353, il tua Dion et s'empara du pouvoir; mais il fut renversé à son tour par Hipparinus, et périt à Messine, en 350, assassiné par deux de ses lieutenants. Quant au procès contre Timothée, il eut lieu sans doute en 360, après l'échec éprouvé par Timothée contre Amphipolis. Il ne faut pas confondre ce procès criminel avec le procès civil qui eut lieu plus tard.

(30) L'orateur n'avait pas épuisé tout le temps qui lui était accordé. Il restait encore de l'eau dans la clepsydre.

XXVII

APOLLODORE CONTRE CALLIPPE

ARGUMENT

Lycon, négociant d'Héraclée, avait des fonds déposés à la banque de Pasion, à Athènes. Il donne ordre de les tenir à la disposition de son associé Céphisiade, qui habite Scyros, et de les remettre à Céphisiade quand celui-ci se présentera. Il prend ensuite la mer et meurt en voyage. Callippe, proxène des Héracléotes, se présente à la banque et prétend que Lycon lui a fait donation, à cause de mort, des fonds déposés. Mais il arrive trop tard. Pasion a déjà remis les fonds à Céphisiade.

Ce payement est-il régulier et libératoire? Callippe avait-il formé opposition en temps utile? Telle est la question du procès.

Callippe soutient que Pasion a mal payé, et, en conséquence, il lui intente une action en dommages-intérêts (δίκη βλάβης). L'instance ainsi engagée, les deux parties font un compromis et Lysithide est constitué arbitre, mais Pasion meurt sur ces entrefaites. Il paraît que l'action en dommages-intérêts se trouvait éteinte par le décès du défendeur, auteur personnel du fait dommageable. Par suite, le compromis se trouvait n'avoir plus d'objet. Callippe se voit obligé de recourir à une nouvelle procédure et intente une action pour dette d'argent (δίκη ἀργυρίου) contre les héritiers de Pasion, qui sont les deux fils de ce dernier, Apollodore et Pasiclès. Lysithide est de nouveau constitué arbitre, et, au bout d'un an, il rend sa sentence par laquelle il donne gain de cause à Callippe. Apollodore, tant en son nom qu'au nom de son frère mineur, exerce un recours devant le tribunal des héliastes, et soutient au fond que Pasion a bien payé, en la forme, que la sentence arbitrale est nulle parce que Lysithide n'a pas prêté serment après avoir été mis en demeure de le faire.

La discussion est facile à comprendre et n'a besoin d'aucune autre explication. Elle nous fournit de précieux renseignements tant sur les fonctions des proxènes que sur le mécanisme des banques athéniennes. On y voit comment se faisaient les payements, comment se réglaient les comptes de dépôt, comment se pratiquaient les oppositions.

Quant à la question de droit, le moyen de nullité proposé par Apollodore paraît bien fondé. A la différence des arbitres publics, les arbitres privés, choisis librement par les parties en vertu d'un compromis, devaient prêter serment avant de rendre leur sentence. Celle-ci ne pouvait être frappée d'appel, mais à condition qu'elle fût régulière en la forme. Dans le cas contraire, un recours était ouvert devant le tribunal des héliastes, qui annulait la sentence rendue et jugeait le fond[1].

Callippe, à ce qu'il semble, ne soutenait pas bien sérieusement la validité de la sentence arbitrale, car il plaidait surtout la question du fond, et se prévalait de ce que, suivant lui, Pasion aurait refusé de prêter devant l'arbitre le serment décisoire. Mais, si le fait eût été vrai, répond avec raison Apollodore, comment expliquer que l'arbitre n'eût pas immédiatement condamné Pasion ?

Ce plaidoyer est le premier des discours prononcés par Apollodore dans les affaires relatives à la succession de son père le banquier Pasion. Tout porte à penser que ces discours ont été composés par Apollodore lui-même, et que s'ils ont été insérés dans la collection des œuvres de Démosthène, c'est précisément parce que Démosthène a été l'adversaire d'Apollodore, et a défendu contre lui ce même Phormion, dont Apollo-

---

[1] Voyez le 3e discours contre Aphobos, § 58-59.

dore invoque le témoignage contre Callippe. Nous reviendrons sur cette question au sujet des autres plaidoyers.

La date de celui-ci peut être fixée d'une manière assez précise. Le banquier Pasion est mort en 371-370. Callippe paraît avoir repris immédiatement l'instance contre Apollodore. La procédure ayant duré un an, la plaidoirie aurait eu lieu en 369 ou 368, cinq ans avant le procès de Démosthène contre ses tuteurs. Cette date suffit pour prouver que le plaidoyer contre Callippe n'est pas de Démosthène, car Apollodore n'aurait pas demandé sa défense à un jeune homme de quinze ans.

PLAIDOYER

Ce n'est pas chose commode, juges, de plaider contre un homme qui, avec du crédit et l'habitude de la parole, ne craint pas de mentir et n'est pas en peine de trouver des témoins. C'est alors une nécessité pour la défense de ne plus se borner à parler de l'affaire, mais de s'en prendre à la personne du plaideur et de montrer qu'il ne faut pas le croire sur sa réputation. Aussi bien, si vous introduisez l'usage de prêter l'oreille aux gens qui ont du crédit et l'habitude de la parole, de préférence à leurs adversaires moins bien pourvus, vous vous trouverez avoir donné des armes contre vous-mêmes. J'ai donc une prière à vous adresser. Si jamais vous avez examiné une affaire en elle-même, sans parti pris ni pour la demande ni pour la défense, sans considérer autre chose que le droit, jugez encore aujourd'hui de la même façon. Je prends le récit des faits au commencement.

Ce Lycon d'Héraclée (1), dont parle mon adversaire, juges, se servait, comme tous les autres commerçants, de la banque de mon père. Il avait pour hôtes Aristonoüs de Décélie et Archébiade de Lamptra (2). C'était un homme d'un caractère prudent. Sur le point de s'embarquer pour la Libye, il régla ses affaires avec mon père, en présence d'Archébiade et de Phrasios, et donna l'ordre de payer à Céphisiade les fonds qu'il laissait chez nous (seize mines et quarante drachmes, comme je vous le montrerai très-exactement). Ce Céphisiade, disait-il, était son associé, demeurant à Scyros, mais en ce moment absent pour

10.

d'autres affaires (3). Il chargea en même temps Archébiade et Phrasios de présenter à mon père Céphisiade et
de certifier l'identité de ce dernier lorsqu'il serait de retour. C'est en effet l'usage chez les banquiers. Lorsqu'un
particulier qui a déposé des fonds donne ordre de les remettre à une certaine personne, on inscrit d'abord le nom
du déposant, puis la somme déposée, et on écrit en marge :
« Payer à un tel ». Si la personne à laquelle le payement
doit être fait est connue du banquier, on se contente d'indiquer qu'il faut payer à un tel ; mais, si elle n'est pas
connue, on ajoute en marge le nom de celui qui doit
la présenter et certifier son identité avant qu'elle puisse
toucher. Le voyage de Lycon ne fut pas heureux. A peine
sorti du port et dans le golfe d'Argos, il fut attaqué par
des corsaires, et la prise fut amenée à Argos. Lui-même
fut atteint d'une flèche et mourut. Aussitôt Callippe que
voici se rend à la banque et demande si l'on connaît Lycon
d'Héraclée, et, sur la réponse affirmative de Phormion (4),
il ajoute : Ne faisait-il pas des affaires avec vous ? — Mais,
dit Phormion, pourquoi cette question ? — Pourquoi ? reprend Callippe, le voici : Lycon est mort, et moi je suis
le proxène des Héracléotes. Je demande à voir vos registres pour m'assurer s'il a laissé de l'argent ici. Ma charge
m'oblige de veiller aux intérêts de tous les Héracléotes (5).
— Phormion, juges, ainsi mis en demeure, fit immédiatement et sans difficulté ce qu'on lui demandait. Il montra
son registre. Callippe le parcourut, lui seul et nul autre ;
il y lut un article ainsi conçu : « Lycon d'Héraclée, seize
cent quarante drachmes. Payer à Céphisiade. Céphisiade
sera présenté par Archébiade de Lamptra » ; puis il se retira sans rien dire, et pendant plus de cinq mois il a gardé
le même silence. Sur ces entrefaites, Céphisiade arrive à
Athènes, vient à la banque et réclame les fonds, et alors,

juges, en présence d'Archébiade et de Phrasios, que Lycon avait présentés à mon père et qu'il avait chargés de lui certifier l'identité de Céphisiade après le retour de ce dernier, en présence d'autres témoins encore, Phormion lui compta seize mines et quarante drachmes et lui en effectua le payement. En preuve de tout ce que j'avance, on va vous lire les dépositions des témoins.

TÉMOIGNAGES.

Les témoignages que vous venez d'entendre, juges, vous ont prouvé que je dis vrai. Peu de temps après, Callippe rencontre mon père en ville, et lui demande si Céphisiade, inscrit sur les livres comme devant recevoir les fonds déposés par Lycon d'Héraclée, est enfin de retour. Mon père répond qu'il le croit, qu'au surplus, si Callippe veut descendre au Pirée, il saura exactement ce qui en est. Alors Callippe : « Sais-tu, Pasion, ce que je te demande ? (Par Jupiter, Apollon et Déméter, je ne vous mentirai pas, juges, je vous rapporterai fidèlement tout ce que j'ai entendu dire à mon père.) Tu peux, dit-il, me rendre service sans te compromettre en rien. Je suis le proxène des Héracléotes. A coup sûr, tu aimerais mieux voir cet argent passer dans mes mains qu'en celles d'un métèque, habitant de Scyros, homme de peu. Or, voici ce qui arrive : Lycon se trouve, à ce que j'apprends, n'avoir laissé ni enfants ni héritiers dans son pays. De plus, à Argos, où il avait été conduit mourant, il a donné à l'Argien Strammène, proxène des Héracléotes, tout ce qu'il avait sur lui (6). C'est donc à moi de recueillir les biens qu'il a laissés ici. Je me crois du moins fondé à le prétendre. Pour toi, voici ce que tu as à faire : Si Céphisiade n'a pas encore reçu le payement, dis-lui, quand il se présentera, que j'y forme opposition; s'il l'a reçu, dis-

lui que je suis venu avec des témoins et que je t'ai sommé
de me représenter ou les fonds déposés ou la personne
qui les a reçus (7), et que si l'on veut me dépouiller de ce
qui m'appartient, c'est à un proxène qu'on aura affaire. »
— A ces mots, « Callippe, lui dit mon père, je suis tout
disposé à te faire plaisir (bien insensé si je ne l'étais pas),
pourvu que je n'aie ni reproches à craindre, ni responsabilité à encourir. Parler ainsi à Archébiade et Aristonoüs, et même à Céphisiade, ne m'embarrasse point.
Mais s'ils ne veulent pas faire ce que je leur dirai, tu pourras leur parler toi-même. » — « Sois tranquille, Pasion,
dit Callippe ; si tu veux, tu les forceras à faire tout ce qu'il
te plaira. »

Ces paroles dites à mon père par Callippe, répétées par
mon père à Archébiade et à Céphisiade, sur la demande
de Callippe et pour lui faire plaisir, sont le germe d'où
est sorti tout ce procès. J'ai voulu affirmer par le plus sacré des serments que je répète ce que m'a dit mon père.
Callippe, qui prétend aujourd'hui ne dire que la vérité
et qui veut qu'on le croie, est resté trois ans sans agir,
après que mon père eût parlé pour la première fois à Archébiade et aux autres amis de Céphisiade, et que ceux-ci
eurent expressément refusé d'avoir aucun égard aux dires
de Callippe. Mais il s'aperçut que mon père devenait infirme, qu'il avait peine à monter en ville, et que ses yeux
l'abandonnaient. Aussitôt il lui intente une action, non pas
en payement d'une dette d'argent, mais en réparation de
dommages (8). Il dit qu'on lui a fait tort en payant à Céphisiade l'argent déposé à la banque par Lycon d'Héraclée, alors qu'on s'était engagé à ne pas se dessaisir des
fonds sans l'avoir prévenu. Puis, après avoir intenté l'action, il retire les pièces de chez l'arbitre public, et engage
mon père à constituer un arbitre privé (9), Lysithide, ami

intime de Callippe lui-même, d'Isocrate et d'Apharée (10),
et connu de mon père. Mon père accepta le compromis,
et tant qu'il vécut, Lysithide, quoique lié avec nos adversaires, n'osa rien faire contre nous. Et cependant Callippe a des amis assez impudents pour oser témoigner
qu'il a déféré le serment à mon père et que mon père n'a pas
voulu prêter ce serment devant Lysithide, comme s'il était
croyable que Lysithide, ami de Callippe, et siégeant comme
arbitre, se fût abstenu de prononcer contre mon père si
mon père avait refusé de prêter le serment décisoire (11).
Ce qui prouve que je dis vrai et que mes adversaires men-
tent, c'est d'abord cette observation qu'alors Lysithide
aurait certainement condamné mon père, et qu'aujourd'hui
l'action intentée contre moi serait l'action en exécution
de chose jugée, et non l'action en payement d'une dette
d'argent (12). Mais, en outre, je vais vous produire les
témoins en présence desquels ont eu lieu toutes les ren-
contres entre mon père et Callippe, devant Lysithide :

TÉMOINS.

Il n'a donc pas provoqué mon père au serment, il a
attendu que mon père fût mort pour imaginer ce mensonge, et aujourd'hui il a beau jeu pour invoquer les témoignages complaisants de ses amis. Les preuves que je
viens de vous donner, les témoins que vous venez d'entendre suffisent pour vous convaincre sur ce point. C'est
moi, au contraire, qui au nom et comme héritier de mon
père ai demandé à prêter serment, comme le prescrit la
loi, au cas où l'héritier est poursuivi en justice pour un
fait imputé au défunt. J'ai offert de jurer qu'il n'est pas à
ma connaissance que mon père se soit engagé à payer à
Callippe l'argent déposé par Lycon, ni que Callippe ait
été présenté à mon père par Lycon (13). Phormion a offert

de jurer qu'il a parlé lui-même à Lycon, en présence d'Archébiade, qu'il a reçu l'ordre de payer à Céphisiade, que ce dernier lui a été présenté par Archébiade, que le jour où Callippe est venu pour la première fois à la banque, annonçant la mort de Lycon et demandant à voir les livres pour s'assurer si son compatriote n'avait pas de l'argent en dépôt, les livres lui ont été immédiatement communiqués, et que Callippe, après avoir lu l'ordre de payer à Céphisiade, s'est retiré sans rien dire, sans former aucune opposition (14), sans signifier aucune défense au sujet de cet argent. Lis-moi les témoignages qui prouvent l'un et l'autre fait; lis aussi le texte de la loi :

TÉMOIGNAGES, LOI.

Je vais plus loin, juges, et je vais vous montrer que Lycon n'avait même pas recours aux services de Callippe. Cela ne sera pas inutile, je pense, pour confondre l'assurance de cet homme, qui affirme que cet argent lui a été donné par Lycon, en pur don. Lycon avait prêté à la grosse à Mégaclide d'Éleusis (15) et à Thrasylle son frère une somme de quarante mines pour un voyage en Thrace; puis Mégaclide ayant changé d'avis et ne voulant plus faire ce voyage ni courir de risque, Lycon redemanda ses fonds; mais il ne put s'entendre avec Mégaclide sur le compte des intérêts. De là résulta une contestation, puis un procès. La somme était considérable. L'instruction de l'affaire fut longue, néanmoins Lycon n'appela jamais Callippe à son aide. Il n'eut recours qu'à Archébiade et aux amis d'Archébiade. Ce fut Archébiade qui les mit d'accord, et en preuve de ce fait j'invoque le témoignage de Mégaclide lui-même.

ce
e,
le
n-
es
le
nt
le
r-
se
l-

e
l.
—
a
à
1
1
—
·
·
!
·

TÉMOIGNAGE.

Vous voyez, juges, ce qu'il faut penser de cette prétendue amitié entre Lycon et Callippe. Non-seulement Lycon n'avait pas recours à lui pour ses affaires, mais jamais il n'est descendu chez lui, et les amis de Callippe, qui attestent tant de choses, n'ont pourtant pas osé déclarer que Lycon descendait chez Callippe, sachant bien que s'ils faisaient un pareil mensonge, on le découvrirait sur-le-champ en donnant la question aux esclaves (16). Mais je veux vous donner encore une raison assez forte, si je ne me trompe, pour vous montrer jusqu'à l'évidence que toutes les histoires de Callippe sont un mensonge. Si Lycon aimait Callippe et le traitait en ami, comme Callippe l'affirme, et s'il voulait lui donner l'argent dont il s'agit, pour le cas où il viendrait à mourir (17), n'aurait-il pas mieux fait de déposer cet argent chez Callippe, devant témoins ? De la sorte, s'il revenait sain et sauf, il reprenait son argent sans difficulté, des mains d'un ami, du proxène de sa nation; s'il venait à mourir, il se trouvait avoir donné, en présence de témoins; ses intentions étaient remplies. Cela n'était-il pas plus convenable que de laisser les fonds à la banque? Pour moi, je crois que le premier parti était le plus régulier et en même temps le plus noble. Eh bien, il n'a rien fait de tout cela, et vous verrez là sans doute une présomption très-forte. Au lieu de cela, il a fait inscrire Céphisiade sur les livres et a donné ordre de lui faire le payement. Réfléchissez encore à ceci, juges : Callippe était citoyen d'Athènes, très en état de nous faire du bien ou du mal; Céphisiade, au contraire, n'était qu'un métèque, un homme de rien. On ne peut donc supposer que mon père ait voulu servir Céphisiade, contre tout droit, plutôt que

de respecter le droit de Callippe. Mais, dira-t-on peut-
être, mon père tirait profit de cet argent, et c'est pourquoi il était porté à préférer Céphisiade (18). Ainsi, il
n'aurait pas craint de faire tort à un homme qui pouvait
lui faire perdre le double de la somme reçue (19), et il se
serait montré avare en cette circonstance, lui qui ne
l'était pas quand il s'agissait de contributions, de liturgies
et de dons à l'État ! Lui qui ne faisait pas tort à un métèque, il aurait fait tort à Callippe ! Callippe lui-même, si
ce qu'il dit est vrai, aurait déféré le serment à mon père
comme à un homme honnête et incapable de mentir, et
aujourd'hui il parle de lui comme d'un homme sans probité, voulant gagner sur un dépôt ! et mon père n'ayant
voulu ni jurer, comme l'affirme Callippe, ni payer, aurait
échappé à une condamnation ! A qui, juges, peut-on
faire croire ces choses ? A personne, assurément. Et Archébiade serait d'assez mauvaise foi pour témoigner contre
Callippe, qui est du même dème, qui se mêle des affaires
publiques et n'est pas le premier venu ! Il affirmerait à
tort que nous disons vrai et que Callippe a menti, et cela
sachant bien que si Callippe veut arguer de faux son témoignage, et se borne à exiger de lui un serment, il sera
obligé de prêter serment dans les termes que Callippe
aura dictés (20) ! Ce n'est pas tout. Pouvez-vous croire
que pour faire toucher cet argent à Céphisiade, un métèque, ou à Phormion, que Callippe prétend avoir fait
son profit sur le dépôt, Archébiade prêterait un faux serment ? Non, juges, cela n'est pas vraisemblable. Il n'y a rien
à reprendre dans la conduite d'Archébiade, pas plus que
dans celle de mon père. Vous le connaissez, c'est un
homme qui tient à sa réputation, incapable de faire rien
de mal ni de s'exposer à aucun reproche, et ses relations
avec Callippe ne permettent pas de penser qu'il se soit

décidé facilement à lui faire tort, comme à un homme à qui l'on ne doit pas d'égards. Callippe, en effet, ne me paraît pas un adversaire à mépriser. L'année dernière, lorsqu'il eut intenté contre moi l'action qui vous est soumise et qu'il m'eut mis en demeure d'accepter l'arbitrage de Lysithide, j'ai bien senti sa force, et quoique ses procédés fussent injurieux pour moi, j'ai obtempéré à la sommation. J'ai consenti au compromis et je l'ai fait confirmer par l'archonte. Eh bien, cet arbitre nommé par autorité de justice, il l'a déterminé à prononcer sans avoir prêté serment, malgré mon insistance pour que le serment fût prêté avant la sentence, conformément à la loi (21). Il voulait pouvoir vous dire que l'affaire avait été déjà jugée par Lysithide, un citoyen honorable. Aussi bien, juges, tant que vivait mon père, Lysithide, avec ou sans serment, n'aurait probablement pas voulu lui faire tort, car il avait des égards pour lui. Mais sans serment je n'avais pas, moi, d'égards à attendre de lui. Son serment seul pouvait me rassurer, à cause de son caractère. C'est pour cela qu'il a rendu sa sentence sans avoir rempli cette formalité. Pour prouver ce que j'avance, je vais encore vous faire entendre ceux qui ont été témoins du fait.

TÉMOINS.

Ainsi donc, juges, Callippe est capable d'agir contrairement aux lois et au droit. Vous avez entendu les témoins qui l'affirment. Et maintenant, juges, je vous en conjure, en mon nom et au nom de mon père, souvenez-vous qu'à l'appui de tout ce que j'ai dit, j'ai fourni des preuves : témoins, indices, lois, serments ; j'ai montré qu'au lieu d'attaquer Céphisiade, qui reconnaît avoir reçu et posséder l'argent, au lieu, dis-je, de l'attaquer comme il pourrait le faire s'il avait en effet des droits sur cet argent, et cela sans préjudice des serments qu'il peut exiger de nous, il aime mieux s'en prendre à nous, sachant bien que l'argent n'est plus dans nos mains. Je vous en prie, renvoyez-moi des fins de la demande. En faisant cela, vous voterez suivant la justice et suivant les lois, et de plus vous ferez une chose digne de vous, digne de mon père. Sachez-le bien, je serais disposé à vous abandonner tout ce que je possède plutôt que de céder à une demande injuste et de payer ce que je ne dois pas.

NOTES

(1) Héraclée, colonie mégarienne et béotienne sur la côte de Bithynie, dans la mer Noire. Voy. l'histoire de cette ville dans Grote, t. XII, p. 622. De 380 à 370 Héraclée avait été en proie à la guerre civile. Lycon était peut-être un exilé.

(2) Décélie, dème de la tribu Hippothoontide; Lamptra, dème de la tribu Érechthéide.

(3) Le payement est libératoire lorsqu'il est fait à la personne désignée par le créancier. « Solutam pecuniam intelligimus utique naturaliter si numerata sit creditori. Sed et si jussu ejus alii solvitur, vel creditori ejus, vel futuro debitori, vel etiam ei cui donaturus erat, absolvi debet. » Marcianus, l. 49, D. *De solutionibus et liberationibus* (XLVI, 3). — « Quod jussu alterius solvitur pro eo est quasi ipsi solutum esset. » Paul, l. 180, D. *De regulis juris* (L, 17). Ce qu'il y a de particulier chez les banquiers, ce sont les précautions prises pour prévenir les fraudes. Celles-ci paraissent avoir été fréquentes et il en est souvent question dans les comédies. Voy. par exemple Plaute (*Curculio,* v. 349). Le passage est évidemment traduit de quelque auteur grec tel que Diphile ou Ménandre :

> . . . . .ibi me interrogat
> ecquem in Epidauro Lyconem trapezitam gnoverim?
> Dico me gnovisse. Quid lenonem Cappadocem? annuo
> Visitasse. Sed quid eum vis? quia de illo emi virginem...
> Dedisti tu argentum? inquam. Imo apud trapezitam situm est
> illum quem dixi Lyconem; atque ei mandavi, qui anulo meo
> tabulas obsignatas adtulisset, ut daret operam
> ut mulierem a lenone cum auro et veste abduceret.

Quoique associé de Lycon, Céphisiade ne pouvait recevoir le payement qu'en vertu d'un mandat de ce dernier. La société commerciale en nom collectif, avec solidarité active et passive, n'était pas inconnue des anciens; mais nous n'en trouvons d'exemples qu'entre banquiers et entre publicains. *Auctor ad Herennium* II, 13, et Paul, l. 27 pr. D. *De pactis* (II, 14); l. 9, § 4, D. *De publicanis* (XXXIX, 4).

(4) Phormion était l'affranchi et le teneur de livres du banquier Pasion. C'est lui qui, plus tard, fut client de Démosthène et adversaire d'Apollodore, comme on l'a vu dans le Discours précédent.

(5) Sur les fonctions des *proxènes*, analogues à celles de nos *agents consulaires*, voy. l'excellent travail de M. Ch. Tissot : *Des proxénies grecques et de leur analogie avec les institutions consulaires modernes;* in-8°, Dijon, 1863.

(6) Lycon donne à Strammène, d'Argos, proxène des Héracléotes, tout ce qu'il a sur lui; c'est le seul moyen qui lui reste de soustraire ces biens aux corsaires d'Argos, qui s'en sont emparés.

(7) Il s'agit ici de l'action εἰς ἐμφανῶν κατάστασιν, analogue à l'*actio ad exhibendum* du droit romain, et préliminaire de la revendication.

(8) L'action en réparation de dommage (βλάβης) était une action pénale (δίκη κατά τινος). Elle donnait au juge le pouvoir d'évaluer discrétionnairement les dommages-intérêts, à moins qu'ils ne fussent déterminés à l'avance soit par une clause pénale, soit par une disposition de loi. C'est ce que les Athéniens appelaient τιμητὸς ἀγών.

L'action en payement d'une somme d'argent (ἀργυρίου) était une action ordinaire, tendant à une restitution (δίκη πρός τινα). Elle se donnait pour toute dette d'argent, quelle que fût d'ailleurs la cause de la dette. Le montant de la réclamation et par suite celui de la condamnation ne comportait aucune évaluation, puisqu'il était forcément déterminé d'avance ἀγὼν ἀτίμητὸς.

Pourquoi, après avoir intenté contre Pasion la première de ces deux actions, Lycon intente-t-il la seconde contre Apollodore? C'est que sans doute, à Athènes comme à Rome, l'action pénale ne pouvait être poursuivie que contre l'auteur du dommage et non contre ses héritiers. « Est enim certissima juris regula, dit Gaïus, *Inst.*, IV, 112, ex maleficiis pœnales actiones in heredem nec compctere nec dari solere, velut furti, vi bonorum raptorum, injuriarum, *damni injuriæ.* »

(9) Le procès s'engageait devant l'archonte, qui le renvoyait à un arbitre public, tiré au sort sur une liste composée de quarante-quatre citoyens par chacune des dix tribus. (Schol. Demosth. *Mid.*, p. 542 ; Pollux, VIII, 126.) L'arbitre public était toujours pris dans la tribu du défendeur. (Lysias, *Pancl.*, § 2 ; Demosth., *Everg.*, § 12.) Il ne prêtait pas serment, mais aussi sa sentence n'était en réalité qu'un avis, et pouvait toujours être déférée par appel au tribunal des héliastes.

Les arbitres privés étaient désignés par les parties elles-mêmes dans les termes du compromis, qui leur conférait souvent le pouvoir d'amiables compositeurs. Ils ne pouvaient juger qu'après avoir prêté serment, mais leur décision était sans appel, sauf les cas de nullité.

(10) Il s'agit ici du célèbre rhéteur Isocrate, qui nomme en effet Apharée parmi ses plus anciens disciples. (*De permutatione*, § 93.)

(11) Sur le serment, en général, comme moyen de preuve, voy. Meier et Schœmann, p. 686.

(12) L'action en exécution de chose jugée (δίκη ἐξούλης) était l'équivalent de l'action *judicati* du droit romain. Le créancier obtenait par ce moyen l'envoi en possession des biens du débiteur, qui de plus était condamné envers l'État à une amende égale au montant de la condamnation. Or le non-payement de l'amende entraînait pour le débiteur l'ἀτιμία, la contrainte par corps, et les mesures d'exécution les plus rigoureuses.

Le raisonnement d'Apollodore rappelle la règle romaine. Paul, *Sent.*, II, 4, § 5 : « Si quis debitum quocumque modo confessus docetur, ex ea re actio creditori non datur, sed ad solutionem compellitur. »

(13) C'est le *juramentum ignorantiæ*. Paul, *ibid.*, § 4 : « Heredi ejus cum quo contractum est jusjurandum deferri non potest, quoniam contractum ignorare potest. »

(14) On a discuté la question de savoir si l'opposition à payement, ou la saisie-arrêt était connue en droit romain. Nous en trouvons ici un exemple en droit attique.

(15) Éleusis était un dème de la tribu Hippothoontide.

(16) La question donnée aux esclaves de l'une des parties était considérée par les Athéniens comme le plus puissant de tous les moyens de preuve, même en matière purement civile. Les Romains ne l'admettaient qu'en matière criminelle et seulement pour compléter la preuve. « Ad tormenta servorum, dit un rescrit d'Hadrien, ita demum veniri oportet, quum suspectus est reus, et aliis argumentis ita probationi admovetur ut sola confessio servorum deesse videatur. (L. 1, § 1, D. *De quæstionibus,* XLVIII, 18.)

(17) Δωρεὰν δοῦναι αὐτῷ εἴ τι πάθοι. C'est la donation à cause de mort. « Mortis causa donatio est, dit Justinien (*Instit.*, II, 7, § 1) quæ propter mortis fit suspicionem : quum quis ita donat ut, si quid humanitus ei contigisset, haberet is qui accipit; sin autem supervixisset is qui donavit, reciperet, vel si eum donationis pœnituisset, aut prior decesserit is cui donatum sit. »

(18) Le dépôt fait en banque, à un trapézite, ou chez les Romains à un *argentarius*, était ce qu'on appelle un dépôt irrégulier. Le banquier pouvait s'en servir et s'en servait effective-

ment pour ses affaires. Par contre, le dépôt produisait des intérêts qui n'avaient même pas besoin d'être stipulés, parce qu'ils étaient considérés comme l'équivalent de l'usage de la somme déposée. « Si ex permissu meo deposita pecunia, dit Paul (l. 29, § 1, D. *Depositi*, XVI, 3), is penes quem deposita est utatur, ut in ceteris bonæ fidei judiciis, usuras ejus nomine præstare mihi cogitur. » Toutefois, les Romains qui accordaient au déposant un privilége, en cas de faillite du banquier, sur toute la masse mobilière, lui enlevaient ce privilége s'il avait touché des intérêts. Dans ce cas, il n'était plus considéré que comme un prêteur. (L. 7, § 2 et 3, et l. 8, D. *Depositi*, XVI, 3.)

(19) Ainsi, l'action βλάβης, comme chez les Romains l'action *damni injuriæ ex lege Aquilia,* se donnait au double, en cas de contestation de la part du défendeur. Mais à Rome, la peine du double frappait la contestation mal fondée. « Hæc actio, dit Ulpien, adversus confitentem competit in simplum, adversus negantem in duplum » (l. 23, § 10, D. *Ad legem Aquiliam,* IX, 2). A Athènes, la loi distinguait suivant que le fait était volontaire ou involontaire. (Démosth., XXI, 43.)

(20) C'était au demandeur à dicter la formule du serment. « Jurari autem oportet, dit Ulpien (l. 3, § 4, et l. 5, D. *De jurejurando,* XII, 2), ut delatum est jusjurandum..... Omne enim omnino licitum jusjurandum per quod voluit quis sibi jurari, idoneum est, et si ex eo fuerit juratum, prætor id tuebitur. »

(21) Il en était de même à Rome. Le *judex* désigné par le préteur promettait avec serment de juger *ex animi sententia.* Il prêtait ce serment *aram tenens,* au moment d'ouvrir les débats. Cic. *Acad. quæst.,* II, 47 ; *Pro Flacco,* 36 ; *De officiis,* III, 10.

XXVIII

APOLLODORE CONTRE NICOSTRATE

ARGUMENT

Lorsqu'un Athénien, débiteur de l'État ou détenteur de biens appartenant à l'État, cherchait à dissimuler son avoir pour le mettre à l'abri des poursuites, tout Athénien pouvait se porter révélateur contre lui et fournir à l'autorité publique un inventaire des biens détournés ou dissimulés (ἀπογραφή) [1]. Pour prix de ses services, le révélateur avait droit aux trois quarts des biens révélés. Si des oppositions étaient formées, si des tiers demandaient la distraction d'objets indûment compris dans la saisie, ou si le titre en vertu duquel la saisie avait eu lieu venait à être contesté, par exemple si une confiscation était arguée de nullité, un procès s'ensuivait, dans lequel le réclamant jouait le rôle de demandeur ou de défendeur, suivant qu'il se trouvait ou non en possession. Cette procédure s'appelait elle-même, et par extension, ἀπογραφή. C'était un incident de la révélation.

Quand l'opposant était demandeur, il devait déposer le cinquième de la valeur de l'objet réclamé. Ce dépôt s'appelait παρακαταβολή. Nous avons déjà vu qu'il était également exigé dans les actions relatives aux successions. Si l'auteur de la

---

[1] Meier et Schœmann, p. 253, et Caillemer, au mot Apographè, dans le Dictionnaire de Daremberg et Saglio. Il y a trois plaidoyers de Lysias dans des affaires de ce genre.

révélation succombait sans obtenir le cinquième des voix, il payait une amende de mille drachmes [1], et remboursait les prytanies à son adversaire. De plus, il encourait l'atimie et n'était plus reçu à faire aucune révélation.

Apollodore a fait condamner Aréthousios à une amende d'un talent, et poursuit lui-même l'exécution de la sentence en révélant les biens d'Aréthousios. Un débat s'engage au sujet de deux esclaves, Manès et Kerdon, qui sont revendiqués par Nicostrate et Dinon, frères d'Aréthousios. Apollodore s'efforce d'établir que ces esclaves sont bien réellement la propriété d'Aréthousios, et que dès lors ils doivent être confisqués comme le reste. C'est une pure question de fait, et ce n'est pas d'ailleurs sur ce point qu'Apollodore parle le plus longuement. Avant tout, il s'efforce de prouver que s'il poursuit à outrance Aréthousios, c'est parce qu'il a une juste vengeance à poursuivre. Aréthousios et ses frères se sont entendus avec ses ennemis ; ils l'ont persécuté et lui ont fait tout le tort qu'ils ont pu, enfin Aréthousios a voulu le tuer. Cette partie du plaidoyer contient un grand nombre de détails curieux et intéressants.

Nous croyons, avec A. Schæfer, qu'Apollodore est le véritable auteur de ce plaidoyer, comme de tous ceux qui portent son nom. Quant à la date, elle doit être placée vers l'an 368, deux ans après la mort de Pasion. A. Schæfer fait remarquer qu'en 369 les Athéniens entrèrent en relations avec Denys, tyran de Syracuse, au sujet d'un secours envoyé par lui aux Spartiates contre les Thébains. C'est sans doute à cette occasion qu'Apollodore aurait fait le voyage de Sicile, dont il est parlé dans ce discours.

[1] Suivant G. Schæfer, l'amende serait du quadruple de l'objet litigieux. Nous croyons plutôt, avec Bœckh, Meier et Schœmann, qu'il s'agit d'une amende fixe.

PLAIDOYER

Si je me suis porté révélateur des biens d'Aréthousios, ce n'est pas par méchanceté, mais ces gens-là se sont mal conduits envers moi, ils m'ont traité indignement, et je crois qu'il est nécessaire de les punir. C'est ce dont vous ne pouvez pas douter, juges, si vous considérez les conséquences qu'entraîne cette démarche, et si vous songez que je l'ai faite en mon nom. Certes, si je faisais métier et marchandise des procès, je n'irais pas révéler des esclaves qui peuvent bien valoir deux mines et demi, d'après l'évaluation de celui-là même qui se prétend propriétaire, pour m'exposer par contre à payer mille drachmes, et à ne plus pouvoir intenter jamais, contre qui que ce soit, une accusation criminelle en mon propre nom. Je n'étais pas non plus assez dépourvu de ressources ou d'amis pour ne pas pouvoir trouver quelqu'un qui fît pour moi cette révélation, mais je me suis dit que ce qu'il y a de plus dur pour un homme, c'est de souffrir personnellement une injustice et d'en poursuivre la réparation sous le nom d'un autre. Je me suis dit encore que le jour où je viendrais vous parler de ma querelle, vous trouveriez mes paroles démenties par ma conduite. Ce serait en effet chose étrange qu'un autre que moi se portât révélateur, si j'avais réellement à venger une injure personnelle. Voilà pourquoi j'ai fait cette révélation, et maintenant qu'elle est faite, si je prouve que ces esclaves sont la propriété d'Aréthousios, comme je l'avais déclaré, les trois quarts que la loi accorde au particulier dénonciateur je les

11.

abandonne à l'État. C'est assez pour moi de m'être vengé.
Si j'avais assez de temps pour vous raconter, en détail et
depuis le commencement, tout le bien que j'ai fait à ces
hommes, et comment ils se sont conduits envers moi,
vous me pardonneriez davantage encore, j'en suis sûr, le
ressentiment que j'éprouve contre eux, et vous les tien-
driez pour des misérables. Mais, avec deux fois plus de
temps, je n'en aurais pas encore assez. Je me bornerai
donc à vous dire non pas tous les méfaits qu'ils ont commis, mais les plus graves et les plus certains, et comment
j'ai été amené à me porter ainsi révélateur. Je laisserai le
reste.

Nicostrate que voici, juges, est mon voisin de campagne et du même âge que moi. Nous nous connaissions
depuis longtemps lorsqu'après la mort de mon père
j'allai m'établir à la campagne, où je demeure encore
aujourd'hui. De ce moment, nous nous liâmes plus étroi-
tement ensemble, comme il arrive entre voisins du même
âge. Avec le temps nous devînmes amis intimes et, pour
vous montrer jusqu'où allait notre intimité, je ne lui ai
jamais rien refusé de ce qu'il m'a demandé. Lui, de son
côté, ne m'était pas inutile pour la surveillance et la gestion de mes affaires, et quand je m'absentais, soit pour
un service public comme triérarque, soit pour quelque
intérêt particulier, je le laissais maître de tout ce qui se
trouvait dans ma propriété. Un jour il m'arrive une triérarchie. Je reçois l'ordre de faire le tour du Péloponnèse
et de me rendre de là en Sicile pour y conduire les députés nommés par le peuple. Il fallait prendre la mer en
toute hâte. Je lui écris aussitôt que je suis parti et qu'il
ne m'est pas possible de retourner chez moi, de peur de
retarder le départ des députés; en même temps, je le
chargeais de surveiller et de gérer mes affaires domesti-

ques, comme par le passé (1). Pendant mon absence,
trois esclaves qu'il avait sous sa garde s'échappèrent de
la culture et prirent la fuite. Deux d'entre eux étaient de
ceux que je lui avais confiés, le troisième lui appartenait
en propre. Nicostrate se mit à leur poursuite, mais il fut
pris par une galère, et conduit à Égine où il fut vendu (2).
Au retour de ma triérarchie, Dinon, frère de Nicostrate,
vint me trouver. Il me raconta l'aventure de son frère,
et comment lui-même n'avait pu l'aller rejoindre, faute
d'argent pour le voyage, quoiqu'il reçût lettre sur lettre.
Il ajoutait que Nicostrate était, disait-on, dans un état
affreux. A ce récit je me sentis, moi aussi, tout ému du
sort de ce malheureux, et je fis partir aussitôt Dinon
pour aller rejoindre son frère, après lui avoir remis trois
cents drachmes pour les frais du voyage. Aussitôt arrivé,
Nicostrate vint me voir, se jeta dans mes bras, me re-
mercia d'avoir remis de l'argent à son frère pour les frais
de voyage, déplora son aventure, et, tout en se plaignant
de sa famille, il me pria de lui venir en aide et de me
montrer son bon ami comme je l'avais fait par le passé.
Il se mit alors à pleurer, me raconta que sa rançon avait
coûté vingt-six mines et me demanda d'y contribuer. Je
ne pus l'entendre sans compassion. D'ailleurs, je le
voyais dans un état pitoyable, et il me montrait ses jambes
entamées au vif par les liens — la cicatrice y est encore,
mais, dussiez-vous l'en prier, il n'est pas empressé de la
faire voir. — Je lui répondis donc que par le passé j'avais
été son bon ami, et que présentement je lui viendrais en
aide dans son malheur. Je lui fis remise des trois cents
drachmes que j'avais données à son frère pour les frais
de voyage lorsqu'il partait pour l'aller rejoindre, et je
m'engageai à contribuer pour mille drachmes au payement de la rançon (3). Ce ne fut pas là, de ma part, une

de ces promesses qu'on fait en paroles et qu'on ne tient jamais. Comme j'étais à court d'argent, à cause de ma querelle avec Phormion, qui m'avait dépouillé de la succession laissée par mon père, je portai chez Théoclès, qui faisait alors la banque, des vases à boire et une couronne d'or qui me venaient de mon père, et je lui dis de donner mille drachmes à Nicostrate (4). Je remis cet argent en pur don, et je reconnais que ce fut une libéralité de ma part. Quelques jours après, il vint encore me trouver en pleurant, et me dit que les étrangers qui lui avaient prêté le reste de la somme nécessaire pour sa rançon, lui réclamaient cette créance, que le contrat l'obligeait à payer dans les trente jours sous peine de devoir le double (5), et qu'il ne trouvait personne qui voulût, soit acheter, soit accepter en hypothèque la terre voisine de la mienne. C'était, disait-il, son frère Aréthousios, le propriétaire de ces esclaves que j'ai révélés, qui ne permettait à personne ni d'acheter ni de prendre hypothèque, parce qu'il lui serait dû à lui-même de l'argent sur cette terre (6). « Procure-moi donc, me dit-il, ce qui me manque sur la somme totale, et avant l'expiration des trente jours. Autrement, ajouta-t-il, je perds les mille drachmes que j'ai déjà payées et je deviens contraignable par corps (7). Quand j'aurai réuni les contributions de mes amis, je désintéresserai d'abord mes hôtes, et après cela je te rendrai ce que tu m'auras prêté. Tu sais bien, poursuivait-il, qu'aux termes des lois le captif délivré des mains de l'ennemi appartient à son libérateur s'il ne rembourse pas la rançon payée (8). » J'avais écouté son récit sans le soupçonner de mensonge. Je lui répondis comme on le fait quand on est jeune et bon camarade, bien éloigné de penser que je m'en repentirais quelque jour : « Nicostrate, j'ai été jusqu'à ce jour un bon ami pour toi, et je viens encore de t'aider de tout mon pouvoir dans ton malheur. Aujourd'hui tu ne peux, dis-tu, te procurer toute la somme nécessaire. Je n'ai pas d'argent à ma disposition, et je n'en possède pas plus que toi, mais j'ai des biens, je te permets d'en user comme tu voudras, tu les donneras en hypothèque pour le surplus de la somme qu'il te faut, tu jouiras de cet argent pendant un an sans intérêts, et tu pourras payer les créanciers étrangers. Tu me rembourseras plus tard, quand tu auras recueilli les contributions de tes amis. » A ces mots, Nicostrate me comble de remerciements et insiste pour que la chose se fasse le plus tôt possible, avant l'expiration des trente jours dans lesquels devait être déposé le montant de la rançon. Je donnai donc une hypothèque sur mon domaine, pour une somme de seize mines, à Arkésas de Pambotades (9), qui me fut présenté par Nicostrate lui-même, et qui me prêta son argent à huit oboles par mine pour chaque mois (10). Mais lui, dès qu'il eut reçu cet argent, au lieu de me savoir quelque gré du service rendu, n'eut rien de plus pressé que de comploter contre moi, pour ne pas me rendre l'argent, et me mettre en guerre ouverte avec lui. Il pensait qu'à mon âge je ne saurais pas me tirer d'un mauvais pas, que d'ailleurs je n'avais aucune expérience. Il voulait éviter que je ne lui réclamasse la somme pour laquelle j'avais donné hypothèque sur mes biens, il espérait que je lui ferais remise de la dette. Il commença donc par s'entendre contre moi avec mes adversaires, et s'engagea même envers eux sous la foi du serment (11). Ensuite, quand les instances se trouvèrent liées entre eux et moi, il relève mes comptes qu'il a vus et m'inscrit comme débiteur du trésor public pour une somme de six cent dix drachmes, à titre d'amende encourue dans une affaire où j'avais été condamné sans avoir

même été assigné (12). Il s'agissait d'une action en exhibition (13), et Nicostrate avait obtenu cette condamnation
grâce à la complaisance de Lycidas le meunier (14). En
même temps il désigne comme ayant servi de recors,
dans la procédure suivie contre moi, son frère Aréthousios
que voici, le propriétaire de ces esclaves et un autre.
Toutes leurs mesures étaient prises. Si je faisais instruire
les actions intentées par moi contre mes parents qui me
font tort, ils devaient me dénoncer et me jeter en prison (15). Ce n'est pas tout. Aréthousios obtient, de son
côté, contre moi, sans que j'aie été assigné, une condamnation au payement de six cent dix drachmes, à titre
de somme due à l'État (16); puis, après avoir désigné
ceux qui ont servi de recors, pénètre de force dans ma
maison, et enlève tous les meubles, d'une valeur de plus
vingt mines, sans laisser quoi que ce soit (17). Je ne pouvais pas supporter cela sans en tirer vengeance. Je payai
donc à l'État ce que je lui devais, et bien instruit du
complot formé contre moi, je poursuivis pour faux record,
aux termes de la loi, cet Aréthousios qui avait prêté son
ministère lors de l'assignation, et qui convenait du fait (18).
A ce moment, ce dernier entra de nuit sur mon domaine,
coupa tout ce qui s'y trouvait de belles greffes d'arbres à
fruit, ainsi que les vignes suspendues aux arbres, brisa
les plants d'oliviers en haie, et commit de tels dégâts
qu'une invasion d'ennemis n'aurait pas fait plus de mal.
En outre, pendant le jour ils envoyèrent un enfant de la
ville — nous étions voisins, et nos champs se touchaient
— avec ordre d'arracher les rosiers en fleur. Si je l'eusse
surpris et que je l'eusse lié ou frappé, le prenant pour
un esclave, ils intentaient contre moi une accusation
d'outrage (19). Mais leur piége ne réussit pas. Quand ils
virent que je prenais des témoins pour constater le dom-

mage, et que moi-même je ne m'étais donné aucun tort à
leur égard, ils se décidèrent enfin à diriger contre moi
leur plus terrible attaque. J'avais déjà fait instruire sur
l'accusation de faux record que j'avais portée contre Aréthousios (20), et j'allais porter l'affaire devant le tribunal.
A ce moment, il m'attendit à mon retour du Pirée, le
soir, auprès des carrières, m'assaillit à coups de poing,
me saisit à bras le corps, et m'aurait précipité dans les
carrières, si quelques passants attirés par mes cris ne
fussent survenus et ne m'eussent porté secours. Quelques
jours après, je me présentai devant le tribunal, un jour
où chaque affaire avait son heure (21); je prouvai qu'il
avait fait un faux record et commis tous les autres délits
que je viens de vous faire connaître, et j'obtins la condamnation. Lorsqu'il s'agit de l'application de la peine,
les juges voulaient prononcer la peine de mort. Ce fut
moi qui priai les juges de n'en rien faire, dans une cause
où j'étais partie, et de réduire la condamnation à un talent d'amende, c'est-à-dire à ce que demandaient mes
adversaires eux-mêmes. Non que je voulusse sauver Aréthousios — car les actes qu'il a commis à mon égard méritent bien la mort — mais, fils de Pasion, citoyen par
décret, je ne voulais pas être la cause de la mort d'un
Athénien. Pour prouver que j'ai dit vrai, je vais vous
produire des témoins de tous ces faits.

TÉMOINS.

Je vous ai montré, juges, les torts que ces gens-là ont
eus envers moi, et comment j'ai été conduit à faire la révélation dont il s'agit. Je vais maintenant vous prouver
que ces esclaves appartiennent à Aréthousios, et que si je
les ai compris dans ma révélation, c'est qu'ils font partie
de ses biens. D'abord Kerdon a été élevé chez lui depuis

sa plus tendre enfance. Pour prouver qu'il appartient à
Aréthousios, je vais vous produire des témoins qui savent
le fait.

TÉMOINS.

Voulez-vous savoir maintenant chez qui Kerdon a tra-
vaillé, comment Aréthousios recevait les salaires gagnés
par cet homme, comment il réclamait ou payait des in-
demnités, en qualité de maître, lorsque cet homme recevait ou faisait quelque dommage (22)? Je vais vous produire les témoins qui connaissent les faits.

TÉMOINS.

Je passe à Manès. Aréthousios avait prêté de l'argent à
Archépolis du Pirée (23). Archépolis, ne pouvant lui payer
ni les intérêts ni le capital entier, lui donna cet esclave en
payement (24). Pour preuve de ce que j'avance je vais
vous produire les témoins.

TÉMOINS.

Voici encore, juges, des faits qui prouvent que ces
hommes sont bien la propriété d'Aréthousios. Lorsqu'ils
achetaient des fruits à cueillir ou qu'ils se louaient pour
la moisson, ou qu'ils prenaient à faire certains travaux de
culture (25), c'est Aréthousios qui était considéré comme
acheteur, et qui recevait les salaires. Pour preuve de ce
que j'avance, je vais encore vous produire les témoins de
ces faits.

TÉMOINS.

Vous avez entendu tous les témoignages que j'avais
à produire pour prouver que ces esclaves sont la pro-

priété d'Aréthousios. Je veux maintenant vous parler de
la sommation qu'ils m'ont faite et de celle que je leur ai
faite à mon tour. Ils m'ont adressé en effet une sommation dès le début de l'instruction, disant qu'ils étaient
prêts à me livrer les esclaves dont il s'agit pour que je les
misse moi-même à la question. Ils voulaient se ménager
ainsi une sorte de témoignage à produire. Je leur répondis
en présence de témoins que j'étais prêt à me rendre avec
eux devant le Conseil et à prendre livraison des esclaves,
avec le concours du Conseil (26) ou, tout au moins, des
Onze (27). J'ajoutai que si j'eusse intenté contre eux une
action purement privée, et qu'ils m'eussent livré les
esclaves, j'aurais accepté l'offre, mais que ces esclaves
appartenaient à l'État, que l'État était intéressé dans l'action, qu'il fallait donc que la question fût donnée au nom
de l'autorité publique. Il ne me paraissait pas convenable,
à moi, simple particulier, de donner la question à des
esclaves publics. En effet, je n'étais pas le maître de l'interrogatoire, et d'ailleurs je ne pouvais pas me faire juge
des déclarations de ces hommes. Il fallait, ce me semble,
que le procès-verbal fût signé par l'archonte ou par les
commissaires du Conseil, et que l'interrogatoire contenant
les réponses de ces hommes fût dûment scellé et ensuite
présenté au tribunal. Vous l'auriez fait lire devant vous,
et vous y auriez trouvé des raisons pour décider ce qui
vous aurait convenu. Je suppose en effet que j'eusse donné
moi-même la question à ces hommes, mes adversaires
contestaient tout. Au contraire, si la question eût été donnée par une autorité publique, nous eussions, nous, gardé
le silence. Ce sont les archontes ou les commissaires du
Conseil qui eussent décidé jusqu'à quel point la question
devait être prolongée. Voilà ce que je demandais. Mais ils
refusèrent de faire la livraison à l'archonte, et ne vou-

lurent pas me suivre devant le Conseil. Pour preuve de ce que j'avance, appelle-moi les témoins de ces faits.

TÉMOINS.

J'ai bien des raisons, vous le voyez, pour trouver qu'il y a quelque impudence de la part de ces gens, à se prétendre propriétaires de biens qui vous appartiennent. Mais j'en trouve encore une dans vos lois, et ce n'est pas la moins forte. Les juges voulaient porter une sentence de mort contre Aréthousios. Ces gens (28) demandèrent que la peine fût purement pécuniaire; ils me prièrent d'y consentir, et s'obligèrent conjointement (29) au payement de la dette. Mais bien loin d'acquitter la somme pour laquelle ils se sont portés cautions, ils se prétendent propriétaires de biens qui vous appartiennent. Pourtant les lois prononcent la confiscation des biens contre celui qui se porte caution envers l'État et ne paye pas la somme qu'il a cautionnée. Ainsi, dans le cas même où ces esclaves appartiendraient à mes adversaires, ils devraient être confisqués si l'on veut exécuter les lois. Avant de devenir débiteur de l'État, Aréthousios passait pour le plus riche des trois frères. Aujourd'hui qu'aux termes des lois ses biens sont les vôtres, Aréthousios se fait passer pour pauvre. Certains de ses biens sont revendiqués par sa mère (30), d'autres par ses frères. Mais s'ils voulaient faire régulièrement valoir leurs droits contre vous, comment devaient-ils procéder? Ils devaient énumérer tous les objets qui composent le patrimoine d'Aréthousios, et revendiquer ensuite les objets qui, étant leur propriété, peuvent avoir été indûment compris dans l'inventaire. Songez maintenant qu'il ne manquera jamais de tiers pour venir revendiquer ce qui vous appartient. Tantôt ce sont des orphelins ou des filles héritières qu'on mettra en

scène et pour lesquels on fera appel à votre compassion,
tantôt ce sera la vieillesse qu'on prendra pour prétexte,
ou la misère,' ou une mère à nourrir. On vous fera entendre les gémissements les plus propres à vous tromper,
et on s'efforcera ainsi d'obtenir que l'État ne reçoive pas
ce qui lui est dû. Ne vous laissez pas prendre à tous ces
piéges, condamnez, et vous aurez ainsi fait bonne justice.

NOTES

(1) Nous trouvons ici un cas de mandat. Il s'agit d'un mandataire pour gérer et administrer, ἐπιμελητὴς καὶ διοικητής. Les Athéniens ne paraissent pas avoir ramené les différents cas du mandat à une seule idée, générale et abstraite. Le mot latin de *mandatum* n'a pas d'équivalent en grec, et il n'y a pas d'action *mandati*.

(2) C'était là un danger auquel les anciens étaient constamment exposés. Tout se réduisait, en somme, à payer une rançon.

(3) Pour les 300 drachmes, il y a remise de dette, *pactum de non petendo*. Pour les 1,000 drachmes, c'est le montant de la souscription d'Apollodore pour contribuer à la libération de Nicostrate. Lorsqu'une personne éprouvait un malheur, elle s'adressait à ses amis et ceux-ci se réunissaient pour lui venir en aide, en contribuant chacun selon ses moyens. L'*éranos*, dit très-exactement M. Foucart (*Des associations religieuses chez les Grecs*, Paris, 1873, p. 143), n'était ni un don, ni un secours, mais un prêt qu'il fallait rembourser. Seulement, ce prêt était fait sans échéance fixe, et probablement sans intérêt. Du reste, il pouvait être garanti par un cautionnement ou par une hypothèque, et le prêteur avait une action spéciale pour réclamer son payement. Voy. aussi van Holst, *De eranis veterum Græcorum*, Leyde, 1832, et Caillemer, *le Contrat de société à Athènes*, 1872.

(4) Encore un prêt sur gages fait par la banque à Apollodore.

(5) Nous voyons ici quelles étaient les conditions d'un prêt fait sans garantie hypothécaire. Celui qui a prêté les 26 mines pour payer la rançon de Nicostrate a stipulé son remboursement dans les trente jours, et après ce terme le doublement de la dette, à titre de clause pénale. Ces *dupli stipulationes* n'étaient pas moins fréquentes en droit attique qu'en droit romain. Voy. par ex. un acte de location publié par la *Revue archéologique*, 1866, n° 11 : ἐὰν δὲ μὴ ἀποδιδῷ τὴν μίσθωσιν κατὰ τὰ γεγραμμένα ἢ μὴ ἐπισκευάζῃ, ὀφείλειν αὐτὸν τὸ διπλάσιον. C'est ce qu'on appelait τὰ ἐπιτίμια τὰ ἐκ τῆς συγγραφῆς. Voy. les plaidoyers contre Phormion, § 26, et contre Dionysodore, § 20. A Rome la *stipulatio dupla* était surtout employée dans les ventes, comme garantie de l'éviction. Voy. au Digeste le titre *De evictionibus et dupla stipulatione* (XXI, 2).

(6) Un créancier hypothécaire avait le droit de s'opposer à ce que le bien fût affecté à une seconde hypothèque. C'est qu'à vrai dire, l'hypothèque en droit attique est toujours restée une sorte d'antichrèse ou de réméré.

(7) Voilà deux nouvelles garanties d'un prêt sans hypothèque : perte des à-compte en cas de non-payement, contrainte par corps. Celle-ci était admise en matière commerciale, c'est-à-dire au profit des créanciers commerçants. Voy. le plaidoyer contre Apatourios, § 1er.

(8) Ce n'est pas là une disposition spéciale, c'est l'application d'une règle générale qui accorde un droit de gage et de rétention à quiconque a fait des frais pour la conservation d'une chose. Nous en trouvons un autre exemple dans le plaidoyer contre Timothée, pour le fret des bois apportés de Macédoine par Philondas.

(9) Pambotades, dème de la tribu Érechthéide.

(10) C'est le taux de 18 pour 100 par an. Nous avons déjà expliqué, au sujet du plaidoyer contre Callippe, ce que c'était que la présentation d'un débiteur ou d'un créancier. Celui qui présentait était une sorte de *mandator pecuniæ credendæ,* et il y avait une action contre lui.

(11) C'est-à-dire avec Phormion et Pasiclès, avec lesquels Apollodore était déjà en difficultés, quoique l'instance ne fût pas encore engagée.

(12) L'assignation se donnait verbalement, à la personne, en présence de deux recors (κλητῆρες). Elle se prouvait en justice par le témoignage de ces deux recors. Le défendeur non comparant, quoique régulièrement assigné, était condamné par défaut et ne pouvait former opposition qu'en justifiant d'une excuse légitime. Mais il pouvait attaquer le témoignage des recors et intenter contre tous deux ou contre l'un d'eux l'accusation de faux record, γραφὴ ψευδοκλητείας. C'est pour rendre ce recours possible que la loi exigeait la désignation des recors par celui qui avait obtenu le jugement, avant toute exécution.

(13) L'action ἐις ἐμφανῶν κατάστασιν, *actio ad exhibendum,* était à Athènes comme à Rome le préliminaire de poursuites ultérieures. (Voy. Meier et Schœmann, p. 374.) Cette procédure avait une grande importance à Athènes, où on cherchait à dissimuler sa fortune, pour échapper aux charges publiques, qui pesaient surtout sur les riches. Nous avons déjà parlé de la distinction des biens en *apparents* et *non apparents* (οὐσία φανερά, ἀφανής). Dans l'espèce, Apollodore avait une partie de sa fortune engagée dans la

banque de Pasion, et indivise avec son frère Pasiclès. Nicostrate avait intérêt à le mettre en demeure de s'expliquer sur sa situation. Le refus non justifié d'obéir à une semblable mise en demeure était puni d'une amende égale au montant de la somme ou à la valeur de l'objet dont l'exhibition était réclamée.

(14) Lycidas le meunier est l'arbitre public, διαιτητής, qui a fait l'instruction de l'affaire, et qui avait pouvoir de prononcer l'amende.

(15) Les débiteurs de l'État étaient soumis à la contrainte par corps.

(16) Cette action en payement d'une somme due à l'État est différente de l'action en exhibition, quoique l'une et l'autre se rattachent à une même affaire. Nicostrate et Aréthousios se sont partagé les rôles.

(17) L'exécution des jugements était abandonnée aux parties, sans intervention d'officiers publics. On se contentait de prendre des témoins. Le créancier porteur d'un jugement forçait la maison de son débiteur, saisissait les meubles, les enlevait et se payait par ses mains.

(18) La γραφὴ ψευδοκλητείας était une action publique avec peine arbitraire. Elle ne pouvait être intentée que contre les recors. Quant à la partie elle-même, la poursuite intentée contre elle était probablement la γραφὴ συκοφαντίας. Voy. Meier et Schœmann, p. 336.

(19) La γραφὴ ὕβρεως était aussi une action publique avec peine arbitraire qui pouvait aller jusqu'à la mort. Lorsque la victime était esclave, il n'y avait pas lieu à la γραφὴ ὕβρεως, mais le maître pouvait avoir une action civile en dommages-intérêts, δίκη βλάβης. Voy. Meier et Schœmann, p. 319.

(20) L'action est intentée contre Aréthousios, comme ayant servi de recor à Nicostrate, lors de l'action intentée par ce dernier, et non à raison de la seconde action suivie par Aréthousios en son nom propre. Au surplus, tous les délits commis par Aréthousios ont été réunis en une seule poursuite.

(21) C'est-à-dire un jour où les affaires inscrites au rôle étaient nombreuses et où, par suite, le temps était plus limité qu'à l'ordinaire. Voy. Harpocration, au mot διαμεμετρημένη ἡμέρα.

(22) Le maître louait le travail de ses esclaves et en recevait le prix. Si l'esclave était maltraité par un tiers, l'action en indemnité appartenait au maître. Elle se donnait contre lui si l'esclave causait quelque dommage.

(23) Le Pirée formait un dème de la tribu Hippothoontide.

(24) La dation en payement avait-elle eu lieu à charge de réméré? On serait tenté de le croire, à cause du mot ἐναπετίμησεν. Au surplus, peu importe. L'esclave Manès n'en était pas moins la propriété d'Aréthousios.

(25) On voit que les esclaves grecs se faisaient entrepreneurs de certains travaux de culture, moyennant un prix à forfait, qui sans doute leur était en partie abandonné par leur maître, mais que ce dernier seul pouvait réclamer en justice.

(26) C'est le Conseil des Cinq cents, ἡ βουλή.

(27) Les Onze, οἱ ἕνδεκα, sont les fonctionnaires chargés des exécutions criminelles. La torture des esclaves rentrait dans leurs attributions.

(28) C'est-à-dire les deux frères d'Aréthousios, Nicostrate et Dinon.

(29) Le mot de συνεκτίνειν me paraît impliquer l'idée de solidarité. Les deux frères se portaient *correi debendi*.

(30) La mère de celui dont les biens sont confisqués a le droit de réclamer sa dot, ou du moins les aliments qui lui sont dus sur sa dot, par son fils.

XXIX

APOLLODORE CONTRE TIMOTHÉE

ARGUMENT

Timothée, contre lequel va plaider Apollodore, était un des premiers citoyens d'Athènes. Son père Conon, avec une flotte prêtée par un satrape d'Asie, avait détruit la flotte lacédémonienne à Cnide et assuré par cette victoire l'indépendance de sa patrie (en 395). C'est lui qui avait relevé les remparts d'Athènes et du Pirée, abattus par Lysandre. Comblé de richesses par le satrape Pharnabaze, il avait donné au peuple la somme énorme de cinquante talents (291,000 francs). Timothée, héritier de cette immense fortune, avait reçu l'éducation la plus parfaite que l'on pût recevoir alors. Élève d'Isocrate, ami de Platon, orateur éloquent, politique habile, général prudent et heureux, il commanda presque constamment les forces maritimes d'Athènes et de ses alliés pendant près de vingt ans, depuis la rupture de la paix d'Antalcidas jusqu'à la guerre sociale (377-358). Il finit comme finissaient la plupart des généraux Athéniens. Chabrias venait de se faire tuer à Samos. Timothée fut mis à la tête de la flotte avec Iphicrate et Charès. Bientôt après, un combat naval malheureux fut livré dans les eaux de Byzance. Charès se plaignit de l'inaction de ses collègues; Iphicrate et Timothée furent mis en accusation. Le premier échappa, mais le second fut condamné à cent talents d'amende (582,000 francs), et s'exila à Chalcis en Eubée où il mourut trois ans après (en 354), sans avoir payé l'amende. Son fils Conon obtint de rentrer à Athènes et en fut quitte pour dix talents (58,200 francs).

Un général athénien, à cette époque, n'était pas seulement un homme de guerre, c'était un entrepreneur. Il était chargé, à forfait ou autrement, de lever, d'entretenir et de nourrir soldats et équipages; et, quand les hostilités cessaient entre Grecs, il allait, soit par goût, soit par nécessité et pour ne pas dissoudre ses bandes, louer ses services au roi de Perse ou à ses satrapes, qui les récompensaient largement. Cette demi indépendance leur permettait aussi de se rendre utiles à certaines puissances étrangères et d'entretenir des relations personnelles avec des princes. C'est ainsi que Jason de Phères, qui régnait sur la Thessalie, et Alcétas, roi des Molosses, se rendent à Athènes pour assister Timothée dans un de ses procès, et Timothée les reçoit chez lui dans sa maison du Pirée. Un autre jour, le roi de Macédoine Amyntas donne à Timothée tout un chargement des précieux bois de construction que la Grèce ne produisait déjà plus. Mais, dans une ville comme Athènes, les revers de fortune étaient plus à redouter que partout ailleurs, pour les généraux surtout, que leurs opérations politiques et financières pouvaient aisément compromettre, autant que l'exercice de leurs commandements. Ce n'était pas seulement du peuple que venait le danger. Bien loin de se soutenir les uns les autres, les chefs ne cherchaient qu'à s'élever par la ruine de leurs rivaux. Iphicrate avait accusé Timothée, il fut mis à son tour en accusation par lui. Les deux généraux finirent alors par où ils auraient dû commencer. Le fils d'Iphicrate, Ménesthée, épousa la fille de Timothée, et désormais les deux rivaux vécurent en bonne intelligence jusqu'au jour où ils furent traduits ensemble devant le peuple, par la jalousie de Charès.

Toutes les opérations dont nous venons de parler entraînaient un mouvement de fonds considérable, qui ne pouvait s'effectuer que par l'intermédiaire des banques. Le banquier de Timothée était Pasion, père d'Apollodore. Après la mort de Pasion, Apollodore trouva dans les livres de son père l'indication précise d'avances faites en diverses circonstances à Timothée. Il en réclama le payement, par l'action ordinaire de dommage, δίκη βλάβης, sans intérêts, car il n'y avait pas eu d'intérêts stipulés, ni d'échéance fixée. Pasion avait mis à la disposition de Timothée les fonds qu'il avait en caisse, et Timothée s'était engagé à les rendre à la première réquisition. C'était de la part de Pasion un service gratuit; mais Pasion espérait bien y trouver son compte, car un client comme Timothée pouvait à son tour le servir utilement en bien des circonstances, et il était bon de l'avoir pour obligé.

Timothée répond que s'il doit il payera, mais qu'il ne croit pas devoir. L'argent qu'on lui réclame a été versé, non pas entre ses mains, mais entre les mains de son payeur Antimaque, ou de tiers qui se sont prétendus ses créanciers, et qui se sont présentés à la Banque comme ayant mandat de lui pour recevoir. Ceux qui ont touché étaient-ils effectivement ses mandataires? Ont-ils reçu en son nom et pour son compte? Telle est la question [1].

Il s'agit au surplus de sommes peu importantes. Pasion a payé à Antimaque 1,352 drachmes et 2 oboles; à Philippe, chef de l'escadre béotienne, 1,000 drachmes; à Philondas, pour le fret des bois apportés de Macédoine, 1,750 drachmes; enfin, à Æschrion, domestique de Timothée, une mine d'argent et deux aiguières valant 237 drachmes. Toutes ces créances réunies n'allaient pas à 4,500 drachmes, ce qui était une petite somme pour Timothée comme pour Pasion.

Pasion avait prêté sans témoins, il s'était contenté de la parole de Timothée. En cas de contestation, il n'aurait pu établir la dette que par ses livres, par des présomptions et enfin par le serment. Mais ce n'étaient pas là des preuves sur le succès desquelles on pût compter [2], et, à vrai dire, Pasion était à la

---

[1] L. 180, D. *De regulis juris* (L, 17). Paul. « Quod jussu alterius solvitur pro eo est quasi ipsi solutum sit. » C'est par application de ce principe que le droit romain donnait à la caution l'action *mandati* contre le débiteur principal. Gaïus, III, 127 : « Si qui pro reo solverit, ejus reciperandi causa habet cum eo mandati judicium. »

[2] A. Schæfer dit que les livres des banquiers faisaient pleine

discrétion de Timothée. Si Timothée avait succombé dans son procès et que ses biens eussent été confisqués, Pasion n'aurait pu faire valoir sa créance, car on n'admettait en liquidation que des créances régulièrement justifiées, et l'aveu du débiteur était en pareil cas suspect de collusion.

Mais si Pasion n'avait pas de témoins, son fils Apollodore en avait. En effet, Phormion, l'esclave de Pasion, qui était à la fois son commis et son caissier, et qui avait versé les espèces entre les mains des représentants de Timothée, avait été affranchi par son maître et était devenu banquier à son tour. Devenu libre, il pouvait rendre un témoignage valable, et Apollodore n'a garde de s'en priver. Un autre employé de la Banque, Euphræos, qui probablement aussi avait été affranchi par Pasion, est aussi appelé en témoignage par Apollodore.

En présence de ces témoignages, qui sont d'accord avec les livres, Timothée ne conteste pas les payements faits par Pasion. Il soutient seulement que ceux qui ont reçu n'étaient pas ses mandataires. Apollodore s'efforce de prouver le contraire par toutes sortes de présomptions. Il soutient que Timothée avait donné un double mandat, à Antimaque et aux autres pour recevoir, et à Pasion pour payer. L'opération se faisait au moyen d'une présentation effective. Le mandant présentait au banquier la personne qui devait recevoir le payement. Cela s'appelait συνιστάναι.

Cette question de mandat restait donc douteuse et obscure. C'est pourquoi l'une et l'autre partie offrent de l'éclaircir par un serment.

Plutarque (*Vie de Démosthène*, ch. xv) nous apprend qu'Apollodore gagna son procès, et que Timothée fut condamné à payer.

La date du procès peut être fixée, avec une certitude presque entière, à l'an 362. On ne peut pas le placer plus tôt, car Pasiclès, dont Apollodore invoque le témoignage, n'est devenu

foi de leurs énonciations; mais Apollodore dit positivement le contraire.

majeur que cette année même. On ne peut guère le placer plus tard, car, au mois de septembre 362, Apollodore a été appelé au service, et a fait comme triérarque une campagne qui a duré dix-sept mois, au retour de laquelle il s'est brouillé avec Phormion. D'autre part, Callistrate, qu'Apollodore nomme avec honneur comme ayant été l'ami de son père, a été poursuivi et condamné à mort en 361, et après cet événement Apollodore n'aurait pas parlé de lui dans les mêmes termes. Si Timothée n'oppose pas la prescription de cinq ans, c'est que les prêts avaient été faits sans échéance et que par conséquent la prescription n'avait pu courir.

Quant à l'auteur du plaidoyer, nous pensons que c'est Apollodore lui-même, et nous avons déjà donné les motifs de notre opinion. Le plus décisif est qu'en 362 Démosthène avait à peine vingt et un ans.

PLAIDOYER

Ne commencez pas par me refuser toute croyance, juges, si je dis que Timothée devait de l'argent à mon père et si j'intente aujourd'hui cette action contre lui. Lorsque je vous aurai rappelé à quelle occasion la créance est née, combien la situation de Timothée était fâcheuse en ce temps-là, et combien grands ses embarras, vous trouverez alors que mon père fut très-généreux à l'égard de Timothée, et que ce dernier a fait preuve non-seulement d'ingratitude, mais encore d'une improbité sans exemple. Après avoir obtenu de mon père tout ce qu'il lui avait demandé, après s'être fait remettre de l'argent à la banque alors qu'il était à bout de ressources et fort en danger, sous le coup d'une accusation capitale, non-seulement il n'a jamais témoigné sa reconnaissance, mais il veut encore me faire perdre ce qu'il a reçu. Et pourtant l'affaire était aventureuse. Si Timothée eût succombé mon père perdait sa créance, car il avait remis l'argent sans prendre de gages et sans appeler de témoins; et si Timothée était sauvé, on se trouvait à sa discrétion, puisqu'il était libre de nous payer à son heure et à sa convenance (1). Malgré cela, juges, mon père n'a pas jugé à propos de garder en caisse des fonds dont il n'avait pas l'emploi. Il a préféré rendre un service à Timothée, qui le lui demandait et se trouvait dans l'embarras. Voici, juges, quelle était sa pensée : Timothée, s'il échappait au danger et quittait un jour le service du Roi pour revenir ici, devait se trouver plus à son aise que pour le moment.

12.

Alors mon père espérait non-seulement rentrer dans ses
fonds, mais encore en trouver chez Timothée à prendre
en cas de besoin. Ces espérances ne se sont point réali-
sées. Timothée qui avait été heureux de prendre de l'argent à la banque, et qui avait sollicité cette faveur de mon
père, résiste et plaide, aujourd'hui que mon père est mort.
Il veut bien payer si on lui prouve qu'il doit, mais s'il
peut vous persuader qu'il ne doit pas, et vous tromper
par sa plaidoirie, il se propose de nous faire perdre notre
argent. Dans ces circonstances, je crois nécessaire de vous
raconter tout ce qui s'est passé depuis le commencement,
les sommes dues, l'emploi qui a été fait de chacune, et
les dates des différentes obligations. Ne soyez pas surpris
de nous voir exactement renseignés. Les banquiers sont
dans l'usage de tenir note par écrit des sommes qu'ils
remettent, des termes de remboursement, et des place-
ments qui sont faits chez eux, de façon à pouvoir toujours
connaître les sommes dont ils sont créanciers ou débiteurs par compte (2).

C'était sous l'archontat de Socratide, au mois de Munychion (3). Timothée allait s'embarquer pour sa seconde
campagne, et se trouvait déjà au Pirée, attendant son départ (4). A court d'argent, il s'adressa à mon père sur le
port (5), et manifesta son intention de lui emprunter mille
trois cent cinquante et une drachmes et deux oboles.
C'était la somme dont il disait avoir besoin. Il donna ordre
de remettre cette somme à son payeur Antimaque, qui en
ce moment faisait pour lui toutes ses affaires. Ainsi l'emprunteur de la somme d'argent remise par mon père fut
Timothée, qui donna ordre de la remettre à Antimaque,
son payeur, et la personne entre les mains de laquelle
l'argent fut versé, à la banque, par les mains de Phormion, fut Autonomos, commis depuis longtemps employé

aux écritures d'Antimaque (6). Après avoir remis cet argent, mon père inscrivit comme débiteur Timothée, qui a donné l'ordre de prêter. Il joignit à cette mention une note indiquant le nom d'Antimaque, entre les mains duquel les fonds avaient dû être versés, aux termes de l'ordre, et celui d'Autonomos qu'Antimaque avait envoyé toucher l'argent à la banque, soit mille trois cent cinquante et une drachmes et deux oboles. Tel est le montant de la première dette contractée par Timothée pour argent reçu au moment de son départ lorsqu'il fut stratége pour la seconde fois.

Vous savez qu'ensuite il fut destitué par vous de son commandement pour n'avoir pas fait le tour du Péloponnèse, qu'il fut renvoyé devant le peuple pour y être jugé, sur les charges les plus graves, que ses adversaires étaient Callistrate et Iphicrate, tous deux puissants par l'action comme par la parole, que l'accusation dirigée par eux, soutenue par leurs amis, entraîna votre conviction à ce point qu'Antimaque, le payeur et l'homme de confiance de Timothée, condamné par le vote populaire, fut mis à mort et ses biens confisqués. Timothée lui-même, grâce à l'intercession de tous ses parents et amis, et en outre d'Alcétas et de Jason, vos alliés, obtint à grand'peine un acquittement, mais se vit privé de son commandement (7). Dans le péril qu'il courait il se trouva extrêmement à court d'argent. Tous ses biens étaient engagés, grevés d'inscriptions hypothécaires et possédés par d'autres. Le terrain qui lui appartient dans la plaine a été affecté à l'hypothèque du fils d'Eumélide (8), et les autres propriétés à celle de soixante triérarques ayant fait l'expédition avec lui, à raison de sept mines pour chacun. Timothée exerçant son commandement avait exigé d'eux qu'ils donnassent cette somme aux équipages pour leurs vivres.

Après sa destitution, il porta dans son compte cette même somme en dépense sur les fonds de l'expédition, comme ayant fourni lui-même, à ce moment, les sept mines par chaque navire. Depuis, il eut peur que les triérarques ne vinssent rendre témoignage contre lui et qu'il ne fût convaincu d'avoir altéré la vérité. En conséquence, il emprunta de chacun des triérarques séparément les sept mines dont il s'agit, en leur conférant hypothèque sur ses biens. Aujourd'hui il ne leur a pas encore rendu leur argent, et cependant il a fait disparaître les inscriptions. A ce moment donc, Timothée ne savait plus de quel côté se tourner, luttant pour défendre sa tête dans les circonstances les plus graves, car les affaires de l'État allaient mal. Les troupes se débandaient à Calaurie, faute de solde, et nos alliés du Péloponnèse étaient assiégés par les Lacédémoniens. Iphicrate et Callistrate l'accusaient d'avoir été la cause de ces revers. En même temps, tous ceux qui revenaient de l'armée racontaient au peuple à quel point elle était dépourvue et manquant de tout, et des lettres particulières adressées à chacun par ses parents et amis révélaient ce qui se passait. Rappelez-vous, car vous n'ignorez pas ce qui se disait, quels étaient les sentiments de chacun de vous à l'égard de Timothée lorsque vous appreniez ces nouvelles à l'assemblée du peuple. Eh bien, lorsqu'il se disposait à revenir pour passer en jugement, étant encore à Calaurie, il emprunta mille drachmes à Antiphane de Lamptra (9), qui accompagnait à bord comme payeur le capitaine Philippe (10), afin de payer les triérarques béotiens, et de les faire rester jusqu'après son jugement. Aussi bien, si les galères béotiennes s'étaient retirées auparavant et les soldats débandés, votre irritation contre lui eût été bien plus grande encore. En effet, les Athéniens supportaient toutes les privations et restaient à leur poste, mais les Béotiens avaient déclaré qu'ils se retireraient si on ne leur fournissait pas leurs vivres. Timothée fut donc alors contraint d'emprunter mille drachmes à Antiphane, qui accompagnait comme payeur le capitaine Philippe, et il remit cette somme au commandant des navires béotiens. Quand il fut de retour ici, Philippe et Antiphane lui réclamèrent les mille drachmes qu'il leur avait empruntées à Calaurie, et se plaignirent de n'être pas immédiatement remboursés. Timothée eut peur que ses ennemis ne vinssent à savoir que les mille drachmes portées dans son compte comme remises aux équipages béotiens sur les fonds de l'expédition avaient été prêtées par Philippe et n'étaient pas encore remboursées, il eut peur aussi que Philippe ne rendît témoignage contre lui dans son procès. Il alla donc trouver mon père et le pria de régler cette affaire en lui prêtant mille drachmes pour les rendre à Philippe. Mon père comprit combien les suites de ce procès pouvaient être graves pour Timothée, et combien la nécessité était pressante. Il fut touché, conduisit Timothée à la banque, et ordonna à Phormion, son préposé, de compter mille drachmes à Philippe, en inscrivant Timothée comme débiteur. Pour vous prouver que je dis vrai, je vous produirai comme témoin ce Phormion, qui a donné l'argent, mais auparavant je veux vous parler de l'autre somme qui m'est due. De la sorte, le même témoignage servira pour toute ma créance, et vous fera voir ma sincérité. J'appelle encore devant vous Antiphane, celui qui a prêté à Timothée les mille drachmes, à Calaurie, et qui était présent lorsque Philippe a reçu de mon père, ici même, l'argent qui lui était dû. Si, devant l'arbitre, je n'ai pas fait joindre au procès le témoignage d'Antiphane, c'est qu'il m'a joué. Il disait toujours qu'il m'apporterait son témoignage lors de la clôture de l'instruction. Au jour de l'arbitrage, il fallut le citer à la porte de sa maison, car il se tenait caché, et cédant à l'influence de Timothée, il déserta le témoignage. Je déposai une drachme (11), et je requis défaut contre témoin, aux termes de la loi, mais l'arbitre ne prononça pas de condamnation, et après avoir attendu jusqu'au soir se retira en lui accordant décharge. Aujourd'hui j'ai intenté contre Antiphane une action particulière en dommages-intérêts (12) pour n'avoir ni donné son témoignage, ni présenté d'excuse avec serment, conformément à la loi. Je demande qu'il se présente ici devant vous et qu'il vienne dire, sous la foi du serment, d'abord s'il a prêté mille drachmes à Timothée, étant à Calaurie, en second lieu si Philippe a reçu cet argent ici même, de mon père. Il y a plus. Timothée lui-même a reconnu devant l'arbitre que mon père a payé les mille drachmes à Philippe. Il ajoute, à la vérité, que le prêt a été fait, non à lui, Timothée, mais au commandant de l'escadre béotienne, et que ce dernier donna du cuivre comme gage de l'argent reçu. Mais il ne dit pas la vérité. C'est lui qui a emprunté et qui ne veut pas rendre, et je vous le prouverai quand je vous aurai fait connaître l'une après l'autre toutes les obligations qu'il a contractées envers moi.

Au mois de Mémactérion, sous l'archontat d'Astéios (13), Alcétas et Jason arrivèrent auprès de Timothée à l'occasion de son procès, pour l'assister, et descendirent dans sa maison qui est au Pirée dans le quartier d'Hippodamie. C'était le soir, et Timothée, embarrassé pour les recevoir, envoya chez mon père son domestique Æschrion pour demander des tapis, des couvertures et deux aiguières d'argent, et pour emprunter une mine. Mon père ayant su par Æschrion quels personnages étaient arrivés et pourquoi, et à quel usage étaient destinés ces objets, con-

sentit à les confier et prêta la mine demandée (14). Après
son acquittement, Timothée se trouva dans un grand embarras d'argent, tant pour ses dettes particulières que pour
les contributions publiques. Mon père, voyant cela, n'osa
pas lui réclamer l'argent sur-le-champ. Il pensait que Timothée ne refuserait pas de payer lorsque il aurait rétabli
ses affaires, et n'en avait pas le moyen dans l'embarras où
il se trouvait. Après le départ d'Alcétas et de Jason, son
domestique Æschrion rapporta les tapis et les couvertures, mais il ne rapporta pas les deux aiguières qu'il avait
demandées le jour où il avait emprunté les tapis et la
mine, lors de l'arrivée d'Alcétas et de Jason chez Timothée.

Quelque temps après, Timothée allait partir pour se
rendre auprès du roi de Perse. Chargé de conduire pour
le Roi la guerre contre l'Égypte, il s'apprêtait à prendre
la mer pour ne pas rester ici et n'avoir pas à rendre
compte de son commandement. Il fit alors venir mon père
au paralion (15), lui exprima sa reconnaissance pour les
services antérieurement rendus et lui présenta Philondas,
Mégarien d'origine, domicilié à Athènes, homme dévoué
à ses intérêts, et alors employé dans ses affaires. Il fit à
mon père la proposition que voici : Lorsque Philondas,
qu'il lui présentait, serait de retour de Macédoine, rap-
portant les bois donnés à Timothée par Amyntas, mon
père payerait le fret des bois, et consentirait à ce qu'ils
fussent portés dans la maison de Timothée qui est au Pirée. Ces bois étaient, en effet, la propriété de Timothée. A
cette prière il ajouta quelques paroles qui s'accordent mal
avec ses actes d'aujourd'hui. Dans le cas même, disait-il,
où il n'obtiendrait pas cela de mon père, il ne lui saurait
pas mauvais gré de ce refus, comme il arrive souvent; il
n'oublierait pas les services que mon père lui avait rendus

sur sa demande, et il s'en montrerait reconnaissant si jamais les circonstances le lui permettaient. Mon père écouta ces paroles avec plaisir, loua Timothée de garder le souvenir des services rendus, et promit de faire tout ce qu'il voulait. Après cela Timothée partit pour aller rejoindre l'armée du Roi, et Philondas à qui il avait présenté mon père comme devant payer le fret à l'arrivée des bois, fit son voyage en Macédoine. On était alors au mois de Thargélion, sous l'archontat d'Astéios (16). L'année suivante, Philondas revint de Macédoine apportant les bois, pendant l'absence de Timothée au service du Roi; il vint trouver mon père et réclama le fret des bois pour payer le capitaine, selon la demande adressée à mon père par Timothée au moment de son départ, lorsqu'il lui avait présenté Philondas. Mon père le conduisit à la banque et donna ordre à Phormion de payer le fret des bois, mille sept cent cinquante drachmes. Phormion compta l'argent et inscrivit Timothée comme débiteur, — car c'était Timothée qui avait prié mon père de payer le fret des bois, et ces bois étaient sa propriété; — en même temps il ajouta une note indiquant la destination de l'argent et le nom de celui qui avait touché. Cela se passait sous l'archontat d'Alkisthène, un an après le départ de Timothée pour se rendre au service du Roi (17). Vers la même époque, Timosthène d'Ægilia (18) arriva d'un voyage fait à l'étranger pour son commerce. Ce Timosthène était l'ami et l'associé de Phormion. Au moment de prendre la mer, il avait remis en dépôt à Phormion, entre autres objets précieux, deux aiguières ciselées. Le hasard voulut que l'esclave de la banque, ne sachant pas que ces aiguières fussent à autrui, les donna à Æschrion, domestique de Timothée, lorsque Æschrion, envoyé par son maître chez mon père, demanda les tapis, les couvertures et les aiguières et em-

prunta une mine, le jour où Alcétas et Jason étaient arrivés chez Timothée. A son retour, Timosthène redemanda les aiguières à Phormion. Timothée était toujours
absent au service du Roi. Mon père obtint de Timosthène
qu'il consentît à recevoir le prix des aiguières, d'après le
poids, soit deux cent trente-sept drachmes. Il lui donna
donc le prix des aiguières et porta à son crédit, et au
débit de Timothée, outre les autres sommes dues par ce
dernier, la somme ainsi payée à Timosthène pour les aiguières (19). Et pour preuve de ce que j'avance, on va vous
lire les témoignages, d'abord de ceux qui ont remis l'argent, d'après les ordres de Timothée, sur les fonds de la
banque, à laquelle ils étaient alors préposés, ensuite de
celui qui a reçu les aiguières.

TÉMOIGNAGES.

Ainsi vous avez vu, par la lecture de ces témoignages,
qu'en ceci je n'ai rien dit qui ne fût vrai. J'ajoute ceci :
Timothée lui-même a reconnu que les bois apportés par
Philondas avaient été portés dans sa propre maison, au
Pirée. On va vous lire le témoignage sur ce point.

TÉMOIGNAGE.

Ainsi, les bois apportés par Philondas étaient la propriété de Timothée; c'est lui-même qui l'atteste. En effet,
il est convenu, devant l'arbitre, que ces bois avaient été
apportés dans sa maison du Pirée; ainsi vous l'ont déclaré
ceux qui ont entendu cet aveu. Voici maintenant des présomptions qui me serviront encore à prouver que je dis
vrai. En effet, juges, si Timothée n'avait pas été propriétaire des bois et s'il n'avait pas prié mon père de payer
le fret, lorsqu'il partait pour rejoindre l'armée du Roi,
croyez-vous que mon père, à qui ces bois servaient de

garantie pour le montant du fret, eût permis à Philondas
de les enlever du port (20)? N'aurait-il pas établi un de
ses esclaves comme gardien et n'aurait-il pas encaissé le
prix de vente de ces bois jusqu'à concurrence de ses
avances, si les bois eussent réellement appartenu à Philondas et n'eussent été apportés ici que pour une spéculation de commerce? Ce n'est pas tout. Si Timothée n'avait
pas donné l'ordre de payer le fret des bois qui lui avaient
été donnés par Amyntas, pouvez-vous trouver vraisemblable que mon père eût suivi la foi de Philondas et lui
eût permis d'enlever les bois hors du port pour les porter
dans la maison de Timothée? Et comment se peut-il faire
que Philondas ait apporté ces bois pour une spéculation
de commerce, comme le prétend Timothée, et qu'en
même temps Timothée à son retour ici se soit servi de
ces bois pour construire sa propre maison? Considérez
encore ceci : Plusieurs citoyens honorables, amis de Timothée, prenaient soin de ses affaires pendant qu'il était
absent au service du Roi (21). Pas un seul d'entre eux
n'a osé déclarer en faveur de Timothée, soit que Philondas n'a pas reçu de la banque le fret des bois, soit que
l'ayant reçu il l'a rendu, soit que l'un d'eux a payé le fret
des bois apportés par Philondas, et donnés par Amyntas
à Timothée. Ils aiment mieux garder leur réputation de
gens honorables que de plaire à Timothée en attestant
des faits faux. Mais ils ont déclaré en même temps qu'ils
ne serviraient pas de témoins contre Timothée, parce qu'il
était leur ami. Eh bien, si aucun des hommes qui sont les
amis de Timothée, et qui prenaient soin de ses affaires
pendant qu'il était absent au service du Roi, n'a osé attester pour lui, soit que Philondas n'a pas reçu de la banque le fret des bois, soit que ce fret a été payé par l'un
d'eux, ne devez-vous pas tirer de là cette conséquence

que j'ai dit la vérité? Il n'osera même pas dire que le fret
des bois apportés par Philondas a été payé par un autre
que mon père. Si cependant il se permet cela dans son
plaidoyer, exigez de lui qu'il vous produise le témoignage
de celui qui a payé le fret des bois. Lui-même, de son
propre aveu, était absent au service du Roi. Philondas,
qu'il avait envoyé chercher les bois et qu'il avait présenté
à mon père, Philondas n'est plus. Il était déjà mort lorsque tu es revenu du service du Roi. Il faut donc absolument qu'un de tes parents et amis que tu laissas ici au
moment de ton départ, pour prendre soin, en commun,
de tes affaires, sache où Philondas a trouvé de quoi payer
au capitaine le fret des bois; s'il est vrai, comme tu le
dis, que tu ne lui as pas présenté mon père, et que Philondas n'a pas reçu de mon père le montant du fret des
bois. Eh bien, tu n'as pas un seul de tes parents dont tu
puisses produire le témoignage pour prouver qu'en ton
absence ce n'est pas la banque qui a fourni de quoi payer
le fret des bois. Dès lors, de deux choses l'une : ou bien
tu écartes tes parents et tu n'as de confiance en aucun
d'entre eux, ou bien tu sais à n'en pas douter que le fret
des bois a été payé à Philondas par mon père, à qui tu
l'avais présenté au moment de ton départ, et tu trouves
bon de t'enrichir à nos dépens, si tu peux. Quant à moi,
juges, au témoignage que je vous ai produit, émané de
ceux qui ont remis l'argent aux personnes désignées par
Timothée et qui se trouvaient alors préposées à la banque,
j'ai voulu joindre une affirmation solennelle dont on va
vous donner lecture.

SERMENT.

Mon père, juges, ne s'est pas borné à me laisser par
écrit l'indication de ses créances, il m'a dit lui-même

pendant sa maladie toutes les sommes qui lui étaient dues, chez qui étaient ces sommes, et pourquoi on les avait prises. Il a dit la même chose à mon frère (22). Et pour prouver que je dis vrai, lis-moi le témoignage de mon frère (23).

TÉMOIGNAGE.

Ainsi, Timothée nous devait de l'argent, j'ai trouvé cette créance, objet de mon procès contre lui, dans la succession de mon père, et elle m'est échue par le partage (24). Cela vous a été déclaré par mon frère et par Phormion qui a compté l'argent. A ces témoignages j'ai voulu joindre ma propre affirmation sous la foi du serment. Enfin, Timothée m'ayant fait sommation devant l'arbitre, demandant que les livres fussent apportés de la banque, et réclamant des copies, envoya à la banque Phrasiéridès. Je fis apporter ces livres et je les remis à Phrasiéridès pour les compulser et y copier toutes les sommes portées au débit de Timothée. Il a reconnu lui-même avoir pris ces copies. Lis-moi le témoignage.

TÉMOIGNAGE.

J'apportai donc les livres devant l'arbitre ; en présence de Phormion et d'Euphræos qui avaient compté l'argent aux personnes désignées par Timothée, je lui prouvai à quelle époque il avait emprunté chaque somme, pour quoi il avait pris l'argent, et à quoi il l'avait employé. Quant au premier emprunt, de mille trois cent cinquante et une mines et deux oboles, fait par lui au mois de Munychion, lorsqu'il allait prendre la mer, sous l'archontat de Socratide, avec ordre de remettre les fonds à son payeur Antimaque, il prétend que mon père a prêté directement à Antimaque, et que ce n'est pas lui Timothée qui a reçu les fonds. A l'appui de cette prétention il n'a produit aucun témoin. Il se jette dans de longs raisonnements pour prouver qu'il ne refuse pas de payer ce qu'il doit, mais qu'Antimaque est l'emprunteur. En réponse à cela, juges, je vous fournirai une très-forte présomption pour établir que mon père a prêté cet argent non pas à Antimaque, mais à Timothée lui-même, au moment de son départ. Si mon père avait réellement prêté à Antimaque, n'avait-il pas, dites-le-moi, tout avantage à se porter créancier après la confiscation des biens d'Antimaque et à réclamer l'argent comme étant une charge de ces mêmes biens (25)? Valait-il mieux attendre que Timothée eût rétabli ses affaires et redevînt solvable? Lui-même, à ce moment-là, n'avait pas grand espoir de se tirer de ce mauvais pas. Certes, si mon père s'était porté créancier il n'aurait pas été embarrassé pour fournir la consignation (26), et vous n'auriez pas fait de difficulté pour le croire. Vous connaissiez tous mon père, nullement désireux de s'enrichir injustement aux dépens du public, et même volontiers prodigue du sien pour vous servir. D'ailleurs Callistrate, qui avait fait confisquer les biens d'Antimaque, était lié avec mon père et n'aurait pas contredit à sa prétention (27). Pourquoi donc mon père a-t-il voulu nous laisser, inscrite dans ses livres, une créance sur Timothée, si Timothée ne devait pas cet argent? Pourquoi ne l'avoir pas plutôt recouvrée en se portant créancier sur les biens confisqués d'Antimaque?

Quant aux mille drachmes que Timothée a empruntées d'Antiphane à Calaurie, pour les distribuer aux triérarques béotiens, au moment où il revenait pour passer en jugement, et qu'il a remises au capitaine Philippe après les avoir reçues de mon père ici même, il dit que c'est le commandant béotien qui a contracté l'emprunt et que

l'emprunteur a donné du cuivre en gage à mon père,
pour sûreté de cet argent. Mais ce qu'il a dit là est bien
invraisemblable. D'abord, à Calaurie, c'est lui qui a figuré
comme emprunteur des mille drachmes, et non le commandant béotien. Ensuite, c'est à lui et non au commandant béotien que Philippe a réclamé les mille drachmes.
Ici, le payement a été fait par lui et non par le commandant béotien. Aussi bien, le commandant béotien n'avait
autre chose à faire qu'à recevoir de Timothée les vivres
pour les équipages des navires. En effet, la solde des
troupes devait être payée au moyen des contributions
communes ; or, tu avais perçu tout ce qui devait être
fourni par les alliés, et tu étais obligé d'en rendre
compte (28). En outre, quand même les navires béotiens
se fussent dispersés et les troupes débandées, le commandant béotien n'avait rien à craindre de la part des Athéniens, et ne se trouvait menacé d'aucunes poursuites.
Toi, au contraire, tu te voyais vivement poursuivi, et
dans ta frayeur tu pensais que ta défense serait bien plus
forte si les galères béotiennes demeuraient jusque après
la conclusion de ton procès. Et puis, quel motif d'amitié
pouvait porter mon père à prêter ces mille drachmes au
commandant béotien qu'il ne connaissait pas ? Il ajoute,
je le sais, que celui-ci a donné du cuivre en gage. En
quelle quantité et qualité, et d'où venait ce cuivre au
commandant béotien ? Était-ce du cuivre apporté pour une
spéculation commerciale ou enlevé à des prisonniers (29)?
Et puis, qui sont ceux qui ont porté ce cuivre chez mon
père ? Sont-ce des portefaix salariés, ou des esclaves?
Quel est celui de mes esclaves qui a pris livraison ? Si le
transport a été fait par des esclaves, Timothée devait me
les livrer pour que je les misse à la question. S'il a été
fait par des salariés, Timothée devait se faire livrer celui

de mes esclaves qui a reçu et pesé le cuivre. En effet, ni le prêteur n'aurait consenti à recevoir le cuivre en gage, ni l'emprunteur ne l'aurait voulu donner, sans le peser dans une balance ; et, d'autre part, ce n'est pas mon père qui aurait lui-même porté ou pesé le cuivre. Il avait des esclaves chargés de recevoir les gages sur lesquels il prêtait. Je me demande enfin pourquoi le commandant béotien, débiteur de mille drachmes envers Philippe, aurait donné ce cuivre en gage à mon père. Dira-t-on que Philippe n'aimait pas à prêter à intérêts quand il trouvait un placement sûr et garanti par de bons gages ? Ou bien dira-t-on que Philippe n'avait pas d'argent ? Alors, pourquoi le commandant béotien aurait-il prié mon père de prêter mille drachmes et de les verser entre les mains de Philippe, plutôt que de remettre directement à Philippe le cuivre en gage ? Mais non, juges, il n'est pas vrai que ce cuivre ait été donné en gage, ni que le commandant béotien ait emprunté les mille drachmes à mon père. C'est Timothée qui a fait l'emprunt, dans le grand embarras où il se trouvait. A quel usage a-t-il employé cet argent ? Je vous l'ai dit. Au lieu de montrer de la reconnaissance pour le crédit et les avances que mon père lui a donnés, il juge à propos de faire tout au monde pour ne pas même rendre le capital (30).

Je viens maintenant aux aiguières et à la mine d'argent qu'il a empruntée à mon père, le soir où il envoya chez mon père son domestique Æschrion. Je lui ai demandé devant l'arbitre si Æschrion était encore esclave, et j'ai conclu à ce que la preuve des faits fût tirée de cet homme à coups de verges. Timothée me répondit qu'Æschrion était libre. Je renonçai alors à demander qu'il me fût livré et je sommai Timothée de joindre à la procédure le témoignage d'Æschrion, puisque ce dernier était libre. Mais

Timothée n'a voulu ni produire en témoignage Æschrion comme libre, ni le livrer comme esclave pour qu'il fût mis à la question. Il a craint que s'il le produisait en témoignage comme libre je n'intentasse contre cet homme l'action en faux témoignage, et qu'après avoir convaincu Æschrion d'être un faux témoin je ne l'atteignisse lui-même par l'action de dol, conformément à la loi (31). Et, d'autre part, il a craint que s'il livrait Æschrion pour être mis à la question, celui-ci ne révélât toute la vérité. Pourtant, s'il n'avait pas de témoins à produire au sujet des autres sommes reçues, il lui restait une chose à faire; c'était de faire interroger Æschrion pour prouver tout au moins qu'il n'avait reçu ni les aiguières ni la mine d'argent, et qu'Æschrion n'avait pas été envoyé par lui chez mon père. De là il aurait pu tirer devant vous une présomption pour établir que je mens sur les autres chefs de ma demande comme sur celui-là, du moment où ce même esclave qui, selon moi, aurait reçu les aiguières et la mine d'argent, appliqué à la question, se trouverait n'avoir rien reçu du tout. Eh bien, si c'eût été là pour lui une présomption puissante à faire valoir devant vous, que le fait même de livrer Æschrion, qui selon moi a été envoyé par lui, a reçu les aiguières des mains de mon père, et a emprunté la mine d'argent, je puis bien dire à mon tour qu'il n'ose pas livrer Æschrion, et conclure de là qu'il sait lui-même que mes demandes sont fondées.

Maintenant, il se défendra en disant que dans les livres de la banque il figure comme ayant reçu sous l'archontat d'Alkisthène le fret des bois et le prix des aiguières payés pour son compte à Timosthène par mon père. Or, à cette époque, il n'était pas à Athènes, dira-t-il, et se trouvait au service du Roi. Sur ce point, je tiens à vous montrer ce qui en est, pour que vous sachiez bien comment se comportent les livres de la banque. C'est au mois de Thargélion, sous l'archontat d'Astéios, que Timothée, au moment de se rendre au service du Roi, présenta Philondas à mon père. C'est l'année suivante, sous l'archontat d'Alkisthène, que Philondas revint ici, apportant les bois de Macédoine, et qu'il reçut de mon père le fret de ces bois, pendant que Timothée était absent au service du Roi. En conséquence, Timothée fut inscrit comme débiteur par les employés de la banque au moment où ils remirent l'argent, et non au moment ou Timothée étant à Athènes présenta Philondas à mon père. Lorsqu'il fit cette présentation, les bois n'étaient pas encore arrivés. Philondas se disposait précisément à partir pour les aller chercher. Lorsque Philondas revint avec les bois, Timothée était absent, Philondas reçut le fret, d'après les ordres donnés par Timothée, et les bois furent apportés dans la maison de ce dernier, au Pirée. Or, il était mal dans ses affaires quand il quitta cette ville. Vous le savez comme moi, du moins tous ceux d'entre vous qui aviez pris inscription sur ses biens, et qui jusqu'à ce jour n'avez pu rentrer dans vos fonds. Mais vous saurez aussi qu'il devait encore à quelques-uns de nos concitoyens et cela sans gage, n'ayant pu fournir de garantie suffisante. Lis-moi le témoignage.

TÉMOIGNAGE.

Parlons maintenant des aiguières que son domestique Æschrion est venu demander au mois de Mémactérion, sous l'archontat d'Astéios, alors que lui Timothée était encore ici et recevait Alcétas et Jason, et dont la valeur n'a été portée à son débit que sous l'archontat d'Alkisthène. Jusque là, mon père croyait que Timothée rapporterait les aiguières empruntées. Mais, quand Timothée fut parti

13.

sans avoir rapporté les aiguières, ces aiguières déposées par Timosthène ne se trouvèrent plus chez Phormion, et le propriétaire, de retour à Athènes, réclamait le dépôt. C'est alors que mon père paya à Timosthène la valeur des aiguières et porta la somme au débit de Timothée, en l'ajoutant à l'ancien compte. Si donc, il vient dire pour sa défense qu'il n'était pas en cette ville lorsque la valeur des aiguières a été portée à son débit, répondez-lui ceci : « Tu y étais lorsque tu les as reçues. Quand on a vu que tu ne les rapportais pas, que tu étais toujours à l'étranger, et que les aiguières réclamées par le déposant ne se retrouvaient pas, on a porté leur valeur à ton débit au moment où on a payé la valeur des aiguières. » Il objectera peut-être que mon père aurait au moins dû lui réclamer les aiguières (32). Mais il voyait quel était ton embarras. Et puis, il te faisait crédit pour le surplus de sa créance, il pensait que tu le payerais à ton retour quand tes affaires iraient mieux, et après cela il aurait dû te refuser tout crédit pour les aiguières ! Il s'est engagé, à ta prière, à payer le fret des bois, lorsque tu es parti pour le service du Roi ; et quand il s'agissait de deux aiguières, pas davantage, il devait te refuser tout crédit ! Il ne te réclamait pas le reste de sa créance, te voyant embarrassé, et il aurait dû te réclamer les aiguières !

Je veux maintenant vous parler de la délation de serment que je lui ai adressée et qu'il m'a adressée à son tour. Voyant que j'avais joint à la procédure mon affirmation avec serment, il a conclu à être renvoyé des fins de la demande après avoir lui-même prêté serment. Si je n'avais su qu'il avait déjà ouvertement commis de nombreux et grands parjures, envers des États et des particuliers, j'aurais consenti à lui donner le serment. Mais quand j'ai des témoins déclarant que les personnes indi-

quées par lui pour recevoir ont effectivement reçu l'argent
à la banque, quand j'ai des présomptions évidentes, il
serait fâcheux, à mon sens, de déférer le serment à un
homme qui ne s'appliquera pas à prêter un serment honnête, et qui, dans son avidité, n'a pas même respecté les
choses sacrées. Le détail serait long, des parjures qu'il a
commis sans scrupule. Je vous rappellerai seulement les
serments que vous lui avez tous vu manifestement violer.
Vous savez que dans l'assemblée du peuple il s'est lié
par serment avec imprécation sur sa propre tête s'il n'in-
tentait pas contre Iphicrate une accusation pour le faire
déclarer étranger, et qu'il a consacré aux dieux tous ses
biens. Après avoir juré et promis cela devant le peuple,
peu de temps après, son intérêt l'emporta et il donna sa
fille au fils d'Iphicrate. Eh bien, s'il n'a pas eu honte de
manquer à la parole qu'il vous avait donnée, quand il y
a des lois permettant de dénoncer quiconque manque à
sa parole envers le peuple (33), s'il n'a pas craint les
dieux qu'il a nommés dans ses serments et ses imprécations, et envers lesquels il s'est parjuré, n'ai-je pas raison
de ne pas vouloir lui déférer le serment? Ce n'est pas
tout. Il n'y a pas longtemps de cela, il a affirmé avec
serment, devant le peuple, qu'il n'avait pas de ressources
suffisantes pour sa vieillesse, lui qui possède une si grande
fortune (34). Voilà bien de ces hommes qui n'ont jamais
assez, et pour qui tous les moyens sont bons quand il
s'agit de s'enrichir. Je voudrais à ce sujet vous adresser
une question. Êtes-vous indignés contre les banquiers qui
font faillite? Si vous êtes justement indignés contre eux
parce qu'ils vous font tort, n'est-il pas juste que vous
veniez en aide à ceux qui ne vous font aucun tort? Aussi
bien, lorsque les banques font faillite, la faute en est à
ces hommes; ils empruntent quand ils sont embarrassés,

et trouvent bon qu'on leur fasse crédit à cause de leur réputation; et puis, quand ils ont rétabli leurs affaires, ils ne veulent pas rendre, et s'enrichissent à nos dépens.

Maintenant, juges, tous les faits sur lesquels j'ai pu produire des témoins vous ont été attestés par eux. De plus, je vous ai montré par des présomptions que Timothée doit à mon père l'argent dont il s'agit. Je vous prie donc de m'aider à recouvrer sur mes débiteurs ce que mon père m'a laissé.

NOTES

(1) Si Timothée avait été condamné et ses biens confisqués, ses créanciers ne pouvaient se présenter à la liquidation faite par les agents du trésor public qu'à la condition de prouver l'existence de leurs créances, à une date certaine antérieure à la confiscation. La créance de Pasion n'aurait pu être recouvrée, parce qu'il n'y avait pas de témoins pour en faire foi. Si Timothée était acquitté, il lui était difficile de nier l'existence de la dette qui se trouvait suffisamment établie par les présomptions et notamment par les livres, mais la convention ne portait aucune échéance.

(2) On voit par là avec quelle exactitude étaient tenus les livres des banquiers, mais il ne faut pas conclure de là que ces livres fissent preuve. C'était plutôt une présomption, un élément de preuve. La preuve par excellence était la preuve testimoniale.

(3) Au mois d'avril 373.

(4) Voy. Diod. Sic., XV, 47. Sur les expéditions de Timothée, voy. Arnold Schæfer, t. I, p. 40, et suiv. et Grote, *History of Greece*, t. X.

(5) La banque de Pasion était sur le port même, à portée des gens de mer et des commerçants.

(6) Le payeur ou intendant d'un stratége était un personnage considérable. Quant au scribe Autonomos, sa charge était sans doute petite, mais rien n'autorise à penser que ce fût un esclave. Remarquons en passant la substitution de mandat. Antimaque mandataire de Timothée fait exécuter son mandat par Autonomos.

(7) Timothée devait conduire la flotte athénienne au secours de Corcyre menacée par les Lacédémoniens, mais il ne put être prêt à temps. Voy. Xénophon, *Hist. gr.*, VI, 12, et Diod. Sic. XV, 47. A. Schæfer, t. I, p. 55.

(8) Il s'agit ici de l'hypothèque d'un mineur dont Timothée avait sans doute pris les biens à loyer.

(9) Lamptra, dème de la tribu Érechthéide.

(10) Chaque capitaine avait son payeur ou intendant, comme le général en chef. Voy. le plaidoyer contre Polyclès.

(11) Chacune des parties déposait une drachme pour le salaire de l'arbitre qui faisait l'instruction. Pour prendre des conclusions contre un témoin, comme en général pour former une demande, incidente, il fallait faire une nouvelle consignation. L'arbitre pouvait condamner le témoin défaillant à une amende, mais il n'était pas tenu d'user de ce droit.

(12) L'action intentée par Apollodore à Timothée était donc aussi une action de dommage, δίκη βλάβης.

(13) Au mois de novembre 373.

(14) On voit que les Grecs distinguaient aussi bien que les Romains le *commodatum,* ou prêt d'usage (χρῆσις, κιχράναι), du *mutuum,* ou prêt de consommation (δάνεισμα).

(15) Au monument du héros Paralos. Voy. An. Bekk., p. 294.

(16) Au mois de mai 372.

(17) En 371.

(18) Ægilia, dème de la tribu Antiochide.

(19) Nous avons ici l'exemple d'un contrat de dépôt, παρακαταθήκη et de la responsabilité du dépositaire. A la rigueur, Pasion aurait dû rembourser à Timosthène toute la valeur des aiguières, et non pas seulement la valeur du métal.

(20) Ainsi, les bois étaient affectés à la créance de Pasion, parce que ce dernier en avait payé le fret. C'est-à-dire que Pasion avait le droit de se faire remettre les bois par le capitaine, de les retenir et même de les vendre, et de se payer sur le prix. C'était une sorte de privilége à raison de frais faits pour la conservation de la chose, mais sous la forme d'un nantissement, et à la condition d'une détention effective.

(21) Voici un nouvel exemple de mandat, celui des gérants ou administrateurs des biens d'un absent (ἐπιμεληταί).

(22) Pasion était mort en 370, laissant deux fils, Apollodore, alors âgé de vingt-quatre ans, et Pasiclès, âgé de dix ans. Peu de temps avant de mourir, il avait affranchi Phormion et lui avait remis la direction de la banque à titre de bail. En mourant, il lui laissa sa femme Archippé, que Phormion épousa effectivement l'année suivante.

(23) Pasiclès n'a pu rendre un témoignage valable qu'à sa majorité, c'est-à-dire à l'âge de dix-huit ans, par conséquent en 362. Cette circonstance sert à fixer la date du procès.

(24) Apollodore et Pasiclès avaient en effet partagé la succession paternelle, et les créances sur Timothée avaient été attribuées à Apollodore.

(25) En cas de confiscation, l'État ne s'emparait des biens qu'avec la charge des dettes. Les créanciers et la femme pour sa dot, étaient admis à réclamer. C'est ce qu'on appelait ἐνεπίσκημμα. Il fallait, bien entendu, prouver l'existence de la créance, et même donner caution. (Voy. Étymol. Magn., p. 340, Hermann, t. II, § 71, note 21.)

(26) La réclamation d'une créance sur des biens confisqués était soumise à la consignation du cinquième de la valeur réclamée. Pasion aurait eu à consigner 867 drachmes, qui auraient été confisquées en cas de rejet de sa réclamation. Voy. Harpocration et les lexiques au mot παρακαταβολή.

(27) Ainsi, c'était l'accusateur lui-même, qui, après avoir fait condamner son adversaire, poursuivait l'exécution de la sentence de confiscation, et se portait le contradicteur des créanciers réclamants.

(28) Le mot de σύνταξις, ou contribution, avait été inventé par Callistrate, fondateur de la nouvelle confédération des états maritimes sous l'hégémonie athénienne, en 378. L'acte même de la confédération a été retrouvé en 1851 et 1852, à Athènes, et publié par Rangabé, *Antiq. Hell.*, t. II, p. 40 et 373.

(29) C'est-à-dire provenant des armes enlevées aux prisonniers.

(30) On voit bien par là que Philippe avait stipulé des intérêts, et que Pasion au contraire n'en avait stipulé aucun.

(31) Lorsqu'un témoin avait été condamné pour faux témoignage, celui qui l'avait produit pouvait être condamné à des dommages-intérêts par l'action de dol, δίκη κακοτεχνιῶν. Il pouvait même y avoir lieu, en certains cas, à révision du procès, ἀνάκρισις.

(32) Une mise en demeure était en effet nécessaire; mais dans l'espèce, elle résultait suffisamment des circonstances.

(33) Une promesse faite au peuple pouvait être considérée comme obligatoire par elle-même et sans acceptation. Il en était de même, en droit romain, pour la *pollicitatio*. En cas d'inexécution, toute personne pouvait agir par voie de dénonciation, εἰσαγγελία, ét le peuple décidait s'il y avait lieu de poursuivre.

(34) Nous ne savons à quelle occasion Timothée avait fait cette déclaration.

XXX

APOLLODORE CONTRE POLYCLÈS

ARGUMENT

Les triérarques Athéniens faisaient le service à tour de rôle pendant un an. Ils recevaient de l'Etat le navire, les agrès et la solde de l'équipage. Ils fournissaient tout le reste. La loi disait comment les comptes seraient réglés entre le triérarque entrant et le triérarque sortant, au moment de la reprise du service.

Polyclès, qui devait remplacer Apollodore, n'a repris le service que cinq mois après le terme. Apollodore lui réclama le payement des dépenses qu'il a faites pendant ces cinq mois (ἐπιτριηράρχημα). L'action intentée est probablement l'action ordinaire de dommage (βλάβης δίκη). Le plaidoyer n'est au surplus qu'un long récit des faits.

Polyclès répond que s'il a refusé de reprendre le service, c'est à cause de l'absence de celui qui était triérarque avec lui. On nommait en effet deux triérarques pour un navire. Ils s'arrangeaient entre eux pour le service, mais la reprise ne pouvait être faite et les comptes réglés que par tous deux conjointement.

Nous ne connaissons pas les termes de la loi, et dès lors nous ne pouvons juger. Il semble cependant que si Apollodore a dû continuer provisoirement le service jusqu'à l'arrivée de ses deux remplaçants, ce n'a pu être qu'aux frais et pour le compte de ces derniers, dont il s'est trouvé être le *negotiorum gestor*.

Parti en 362, Apollodore est revenu à Athènes en 360. Il n'a pu intenter son action contre Polyclès qu'au retour de ce dernier, par conséquent en 359.

Ce discours est très-intéressant, car il nous apprend à peu près tout ce que nous savons sur les triérarchies. On peut voir sur ce sujet Bœckh, t. I, p. 745.

PLAIDOYER

Les affaires comme celle-ci, juges, méritent une attention toute particulière, et je dis cela pour ceux qui sont appelés à en connaître, non moins que pour tous autres (1). En effet, entre Polyclès et moi, le débat n'est pas purement privé. Il est d'ordre public et intéresse l'État. Or, lorsque sous une réclamation privée vous apercevez un grief public, comment pourriez-vous ne pas écouter et ne pas rendre droite justice ? Si je me présentais devant vous pour un différend avec Polyclès au sujet de toute autre espèce d'obligation, le débat serait uniquement entre Polyclès et moi; mais aujourd'hui il s'agit du remplacement dans le service des navires, de frais de triérarchie prolongés au delà du terme, pendant cinq mois et six jours. Il s'agit enfin des lois et de savoir si elles sont obligatoires ou non. C'est pourquoi il me paraît nécessaire de vous raconter tout ce qui s'est passé, depuis le commencement. Et au nom des dieux, juges, je vous en prie, ne croyez pas que je perde le temps en vaines paroles si je raconte un peu longuement tout ce que j'ai dépensé et tout ce que j'ai fait, comment chaque service a été rendu à temps, combien l'État en a profité. Que si quelqu'un a de quoi me convaincre de mensonge, qu'il se lève et qu'il prouve, en prenant sur le temps qui m'est accordé, que sur tel ou tel point je ne dis pas la vérité. Mais si tout est vrai, et si je ne rencontre pas d'autre contradicteur que Polyclès, je vous demande à tous une chose juste. Parmi vous et dans cette enceinte il y a des hommes qui ont servi dans l'armée. A ceux-là je dis : Rappelez-vous ce que vous avez vu et dites à ceux qui sont assis près de vous quel a été mon zèle pour votre service, quels furent alors les embarras et les besoins de l'État, pour que le tribunal tout entier sache comment je m'acquitte des ordres que vous me donnez. A ceux qui sont restés ici, je dis : Écoutez-moi en silence. Je vais vous faire le récit de tout ce qui s'est passé, et sur chacun des faits dont j'ai à parler, je produirai les lois, les décrets, soit du Conseil, soit du peuple, et les déclarations des témoins.

Le septième jour de la troisième décade du mois de Métagéitnion, sous l'archontat de Molon (2), une assemblée eut lieu, de nombreuses et importantes nouvelles vous furent apportées, et vous rendîtes un décret enjoignant aux triérarques de mettre à flot leurs navires. J'étais du nombre de ces triérarques. Je n'ai pas besoin de passer en revue les événements politiques qui s'accomplissaient alors; je ferai seulement appel à vos souvenirs. Ténos avait été prise par Alexandre et réduite en esclavage, Miltokythès s'était révolté contre Cotys, envoyait des ambassadeurs pour solliciter votre alliance, vous appelait à son secours et offrait de rendre la Chersonèse. Les Proconnésiens vos alliés, vous suppliaient, dans l'assemblée, de leur venir en aide, disant que ceux de Cyzique les attaquaient par terre et par mer, et de ne pas les laisser périr (3). Voilà ce que vous apprîtes alors, dans l'assemblée, soit par les envoyés eux-mêmes, soit par les orateurs qui parlèrent pour eux. En même temps, les marchands et les capitaines de navires s'apprêtaient à revenir du Pont, et les gens de Byzance, de Chalcédoine et de Cyzique mettaient l'embargo sur les navires, ayant eux-mêmes besoin de blé chez eux. Voyant que le prix

du blé montait, au Pirée, et qu'on en trouvait difficile-
ment à acheter, vous enjoignîtes par un décret aux triérarques de mettre à flot leurs navires, et de les amener
au pied du môle (4), aux membres du Conseil et aux dé-
marques de dresser des listes des hommes de leurs dèmes,
de fournir des gens de mer, de faire appareiller en toute
hâte, et de porter secours partout où besoin serait. Le
décret passa, sur la proposition d'Aristophon (5), dans les
termes suivants :

DÉCRET.

Vous avez entendu le décret, juges. Ne voyant pas arriver les matelots enrôlés par les dèmes, à l'exception
d'un petit nombre d'hommes et encore impropres au service, je congédiai ces derniers, j'hypothéquai mes biens,
j'empruntai de l'argent et je me trouvai le premier avec
un équipage au complet, ayant engagé les meilleurs matelots qui se purent trouver, et donnant à chacun d'eux
des primes et des avances. De plus, je me servis de mes
propres agrès pour le gréement de tout le navire, sans
recevoir aucun objet appartenant à l'État, et je décorai si
bien mon navire que pas un des triérarques n'en a pu
montrer un plus beau ni mieux tenu. De plus, je pris à
mon service les rameurs les plus vigoureux que je pus
trouver. Et je ne me contentai pas, juges, de faire ces
dépenses considérables de triérarchie, je vous ai fait une
avance qui n'est pas des moins fortes sur les contributions en argent que vous avez décrétées pour l'expédition.
Votre résolution portait en effet que le conseil de chaque
dème indiquerait sur une liste toutes les personnes, soit do-
miciliées, soit simplement propriétaires dans le dème, qui
consentiraient à faire l'avance des fonds (6). Eh bien, comme
ma fortune est apparente, mon nom a été indiqué dans

trois dèmes. Je n'ai tiré de tout cela aucun prétexte, je
n'ai pas dit que j'étais triérarque, que je ne pourrais pas
m'acquitter en même temps de deux services publics,
qu'il y a même en pareil cas dispense légale, et je versai
le premier le montant de mes avances. Je n'en ai pas fait
le recouvrement, parce que je dus m'absenter alors
comme triérarque, et plus tard, à mon retour, je trouvai
toutes les bonnes valeurs déjà prises par d'autres, il ne
restait que les mauvaises. Pour vous prouver que je dis
vrai, on va vous lire les témoignages de ceux qui perce-
vaient alors les fonds de la solde, et ceux des apostoles (7),
et les salaires que je donnais par mois aux rameurs et aux
équipages, sans recevoir des stratéges autre chose que des
vivres, à l'exception de deux mois de salaires dans l'es-
pace d'un an et de cinq mois. On vous lira aussi les noms
des gens de mer engagés et combien chacun d'eux a reçu
d'argent. Vous saurez par là quel a été mon zèle et pourquoi mon adversaire n'a pas voulu prendre le navire à
mon lieu et place lorsque j'eus achevé mon temps de triérarchie.

TÉMOIGNAGES.

Vous voyez, juges, que je ne cherche pas à vous tromper dans tout ce que je vous ai dit, et vous avez entendu
à ce sujet la lecture des témoignages. Quant aux faits
dont je vais vous parler maintenant, vous reconnaîtrez
tous avec moi qu'ils sont vrais. En effet, tout le monde
convient qu'il y a deux choses qui perdent les équipages
de navires, la première quand le salaire n'est pas payé,
la seconde quand le navire retourne au Pirée pendant le
temps de service. D'une part, il se fait alors une désertion
considérable, et d'autre part les matelots qui ne s'éloignent
pas de leur poste ne veulent plus rentrer à bord, à moins

qu'on ne leur fournisse une seconde fois de l'argent pour
régler leurs affaires domestiques. J'ai eu l'une et l'autre
chance, juges, aussi ma triérarchie a-t-elle été extrêmement coûteuse. Sans avoir reçu du stratége aucun salaire
pendant huit mois, je fis un voyage de retour pour conduire des députés, parce que mon navire était le meilleur
marcheur. Je repartis ensuite d'ici, ayant reçu du peuple
l'ordre de conduire dans l'Hellespont le stratége Ménon à
la place d'Autoclès (8) destitué de son commandement.
Pour remplacer les matelots qui avaient déserté, j'en engageai d'autres en leur donnant des primes et des avances
considérables. A ceux des anciens matelots qui m'étaient
restés je donnai quelque chose, en outre de ce qu'ils
avaient déjà reçu, pour leurs besoins domestiques, n'igno-
rant pas la disette qui existait alors, combien elle était
dure pour chacun, mais embarrassé moi-même, par Jupiter et par Apollon! à un point qu'on ne saurait croire
sans avoir suivi au vrai le détail de mes affaires. Je donnai hypothèque sur mes terres à Thrasyloque et Archénéos, j'empruntai d'eux trente mines, et, après les avoir
distribuées à mes matelots, je pris la mer et je partis,
pour ne laisser en souffrance, autant qu'il dépendrait de
moi, aucun des ordres que j'avais reçus du peuple. Quand
le peuple apprit cela, il exprima sa satisfaction, et m'invita à un repas au Prytanée. Pour prouver ce que j'avance
on va vous lire le témoignage et le décret du peuple.

TÉMOIGNAGE; DÉCRET.

Nous arrivâmes donc dans l'Hellespont, et le temps de
ma triérarchie expira. Cependant le salaire des soldats ne
leur avait pas été payé, si ce n'est pour deux mois; un nouveau stratége, Timomaque, était arrivé et il n'amenait personne pour reprendre le service des triérarchies. Un grand

nombre de mes hommes n'eut pas confiance en moi et
partit en désertant le navire, les uns pour s'engager
comme soldats sur le continent, les autres pour servir sur
les navires de Thasos et de Maronée (9), séduits par la promesse d'une forte paye et par de grosses avances en argent.
Ils voyaient mes ressources personnelles déjà épuisées, négligence de la part de l'État, impuissance du côté des alliés,
rien chez les stratéges qui pût inspirer de la confiance, à
eux surtout si souvent trompés par de belles paroles, le
temps de ma triérarchie expiré, la mer déjà fermée et le
rapatriement impossible, enfin aucun successeur arrivé
pour prendre à son tour la charge du navire et à qui l'on
pût s'adresser pour avoir de quoi subsister. Plus j'avais
réussi, dans mon ardeur de bien faire, à garnir mon navire de rameurs excellents, plus la désertion se produisit
à mon détriment, au delà de ce que souffrirent les autres
triérarques. Les autres avaient au moins cet avantage que
les équipages provenant de la levée restaient à leur
poste, de peur de se trouver compromis au retour, jusqu'à ce qu'ils fussent congédiés par le stratége; tandis
que mes marins, pleins de confiance en eux-mêmes à
cause de leur talent de rameurs, s'en allèrent là où ils devaient recevoir encore beaucoup d'argent, oubliant, pour
leur bien-être dans le présent, la crainte de ce qui les
attendait un jour s'ils venaient à être repris par moi (10).
Voilà donc les affaires que j'ai eues sur les bras. A ce
moment, le stratége Timomaque me donna ordre de na-
viguer vers le Temple (11), pour escorter le convoi de blé,
mais sans me fournir de salaire. On annonçait d'ailleurs
que les gens de Byzance et de Chalcédoine mettaient encore une fois l'embargo sur les navires et forçaient de décharger les blés. J'empruntai alors de l'argent d'Archédème d'Anaphlyste, quinze mines portant intérêt. Je pris

du capitaine Nicippe, qui se trouvait alors à Sestos, huit cents drachmes à titre de prêt maritime, au denier huit, m'engageant à rendre capital et intérêts dans le cas où le navire parviendrait sain et sauf à Athènes, puis j'envoyai Euctémon, commandant de cinquante hommes, à Lampsaque, en lui donnant de l'argent et des lettres pour les hôtes de mon père, avec ordre d'engager pour moi les meilleurs marins qu'il pourrait trouver. Moi-même, resté à Sestos, je donnai tout ce que j'avais à ceux de mes anciens marins qui étaient restés à leur poste après le temps de ma triérarchie expiré, et je pris à mon service d'autres marins au plus haut prix (12). Tandis que le stratége préparait l'expédition au Temple, Euctémon revint de Lampsaque, amenant les marins qu'il avait engagés, et le stratége nous donna l'ordre de prendre la mer; mais à ce moment Euctémon tomba malade tout à coup, et se trouva fort mal pris. Je lui payai donc son salaire, j'y ajoutai une indemnité de voyage, et je le renvoyai chez lui. Quant à moi, je pris un autre commandant de cinquante hommes; je partis pour la station de protection des convois de blé, et j'y restai quarante-cinq jours, tant que dura le passage des barques qui sortent du Pont-Euxin après le lever de l'arcture (13). Arrivé à Sestos, je pensais bien pouvoir retourner chez moi. Mon temps était expiré, mon service de triérarque s'était déjà prolongé de deux mois au delà du terme, et il ne m'arrivait pas de successeur pour reprendre le navire. Mais le stratége Timomaque, que les envoyés de Maronée étaient venus trouver pour le prier d'envoyer chez eux les barques du convoi de blé, nous ordonna, à moi et à tous les autres triérarques, de remorquer ces barques et de les conduire ainsi à Maronée, traversée longue et pénible. Je vous ai raconté tout cela depuis le commencement pour que vous sachiez combien,

après avoir tant dépensé de ma bourse, après avoir supporté les chargés d'une liturgie devenue si lourde, j'ai dû
encore faire de dépenses, au lieu et place de Polyclès, en
prolongeant ma triérarchie au delà du terme, Polyclès
n'étant pas arrivé pour reprendre le navire ; quels périls
enfin j'ai affrontés de ma personne, bravant tantôt les tem-
pêtes, tantôt l'ennemi. Après la conduite des barques à
Maronée et l'arrivée à Thasos, Timomaque partit de nouveau avec les Thasiens pour conduire à Strymé un convoi
de blé et de peltastes (14). Il voulait occuper lui-même
cette position ; mais les gens de Maronée rangèrent leurs
navires en bataille pour la défendre. On était sur le point
d'en venir aux mains. Les soldats refusaient de combattre,
fatigués d'une longue traversée et embarrassés par les
barques qu'ils remorquaient de Thasos à Strymé. C'était
en hiver, la contrée n'offrait aucun port. On ne pouvait
descendre ni prendre ses repas à terre dans ce pays ennemi ; les remparts de la ville étaient investis et bloqués
de tous côtés par des étrangers mercenaires et par les
barbares du voisinage. Il fallait rester là toute la nuit, à
chasser sur les ancres, sans abri, sans pain et sans som-
meil, faisant bonne garde, de peur que pendant la nuit
les galères des Maronéens ne vinssent nous surprendre.
Ce n'est pas tout encore. Nous avions chaque nuit, dans
cette saison de l'année, de la pluie, du tonnerre, un vent
violent (car tout cela se passait au moment du coucher
des Pléiades) (15). Vous pouvez penser, juges, dans quel
découragement tombèrent les soldats, et combien la désertion se renouvela à mon détriment. Les anciens marins
souffraient beaucoup et avaient peu de réconfort, ce que
je trouvais à emprunter pour venir en aide à chacun
d'eux en outre de ce qu'ils avaient déjà reçu de moi, car
pour le stratége, il ne leur donnait même pas en quantité

suffisante leurs vivres journaliers. Il y avait déjà trois mois que ma triérarchie se prolongeait au delà du terme, personne n'était encore venu prendre le navire à ma place, et en attendant j'empruntais de l'argent pour payer des matelots à la place de ceux qui avaient déserté.

Je dis maintenant que, de tous ceux qui devaient alors prendre le service à leur tour, Polyclès est le seul qui ne puisse alléguer aucun prétexte pour ne s'être pas rendu depuis longtemps à son poste. En effet, Euctémon, le commandant de cinquante hommes, étant tombé malade, avait été renvoyé de l'Hellespont chez lui. Arrivé ici, il apprit que cet homme était désigné pour me remplacer ; il savait d'ailleurs que le temps de ma triérarchie était expiré, et que je faisais déjà le service au delà du terme. Alors, il prit avec lui mon beau-père Dinias, aborda Polyclès au bazar, et le requit d'aller le plus promptement possible rejoindre son navire, donnant pour raison les dépenses énormes qu'il fallait faire chaque jour, en outre des vivres alloués au navire par le stratége. Il lui fit le compte, article par article, des salaires payés par chaque mois aux rameurs et à l'équipage, aux matelots engagés par lui à Lampsaque et à ceux qui étaient venus depuis à la place des déserteurs. Il dit quel supplément j'avais fourni à chacun des anciens matelots, sur leur demande, depuis l'expiration du temps de ma triérarchie ; en un mot, tout ce qui chaque jour était dépensé pour le navire. Il n'était pas embarrassé pour le faire, car c'est lui qui, en qualité de cinquantenier, était chargé des achats et des payements (16). Au sujet des agrès, il lui signifia que je me servais des miens, et nullement de ceux qui appartenaient à l'État. « Vois donc, ajouta-t-il, à t'entendre avec lui, ou bien emporte tes agrès avec toi quand tu partiras. Mais je crois, dit-il encore, qu'Apollo-

dore ne te fera aucune difficulté, car il doit de l'argent
là-bas et il voudra se libérer avec le prix de ses agrès. »
Ainsi parlèrent Euctémon et mon beau-père Dinias. Polyclès écouta et ne répondit rien à ce dont ils venaient l'entretenir. Seulement il se mit à rire, à ce qu'on m'a
raconté, en disant : « Il sait maintenant ce qu'il en coûte.
Aussi, pourquoi a-t-il voulu devenir Athénien (17)? »
Après cette démarche inutile d'Euctémon et Dinias, une
seconde fut faite par Pythodore d'Acharnes et Apollodore
de Leuconoé (18), mes parents et amis. Ils abordèrent
Polyclès et le requirent d'aller rejoindre le navire puisqu'il était désigné pour me remplacer, et au sujet des
agrès ils lui signifièrent que je me servais des miens,
nullement de ceux de l'État. « Si tu veux employer les
mêmes, dirent-ils, laisse l'argent ici, et ne l'emporte
pas si loin, à si grand risque. » Ils voulaient ainsi libérer
mon fonds en payant trente mines à Archénéos et Thrasyloque. Ils voulaient même s'engager envers Polyclès par
écrit, relativement à l'usure des agrès, et se porter personnellement cautions pour moi, afin de lui garantir tous
les droits qui appartiennent en général aux triérarques
contre leurs successeurs (19). Pour preuve de tout ce que
j'avance, on va vous lire les témoignages.

TÉMOIGNAGES.

Je crois maintenant pouvoir vous montrer par beaucoup
d'indices que si Polyclès ne songeait pas de lui-même à
reprendre de moi le navire, il ne s'est pas montré mieux
disposé à le recevoir lorsqu'il nous eut rejoint, contraint
par vous et votre décret de se rendre à son poste. Lorsqu'il fut arrivé à Thasos, il y avait déjà quatre mois que
je servais comme triérarque au delà du terme; je pris
avec moi comme témoins le plus de citoyens que je pus

rencontrer, gens d'équipage et rameurs, j'abordai Polyclès à Thasos, sur la place publique, et je le requis,
comme étant mon successeur, de reprendre de moi le
navire, et de me faire raison des dépenses pour le temps
pendant lequel mon service s'était prolongé au delà du
terme. Je voulais lui rendre compte, article par article,
pendant que j'avais auprès de moi les témoins de mes dépenses, marins, gens d'équipage et rameurs, afin de
pouvoir réfuter sur-le-champ ses objections, s'il venait à
en faire. J'avais tout couché par écrit et si exactement,
que j'avais marqué non-seulement le chiffre de chaque
dépense, mais encore le lieu, ainsi que la nature du service fait ; quel était le prix, d'où provenait la monnaie,
enfin quelle était la perte au change de l'argent, afin de
pouvoir fournir à mon successeur une preuve en règle,
s'il croyait trouver quelque fausseté dans mon compte. Je
voulus même affirmer avec serment le compte de mes
dépenses. Mais, à ma sommation, il répondit que tout ce
dont je lui parlais ne le regardait pas. A ce moment, un
messager arriva de la part du stratége et m'intima l'ordre
de prendre la mer, à moi et non à Polyclès, mon successeur, à qui incombait déjà la charge du service. Pourquoi
cela ? c'est ce que je vous apprendrai dans la suite de
cette plaidoirie. Pour le moment, je crus devoir prendre
la mer et me rendre au lieu indiqué. Lorsque je fus de
retour à Thasos, après avoir remorqué les bâtiments de
charge à Strymé, où le stratége m'avait enjoint de les
conduire, je donnai ordre aux marins de rester à bord,
ainsi qu'aux soldats de marine et aux rameurs, je des-
cendis seul à terre et je me rendis à la maison où demeurait le stratége Timomaque, voulant en sa présence remettre à Polyclès, que voici, le navire et tout l'équipage.
Je trouvai là Polyclès, qui était venu de son côté, les trié-

rarques et leurs successeurs, et quelques autres d'entre
les citoyens ; je l'abordai aussitôt en présence du stratége
et, lui adressant la parole, je le requis de reprendre de
moi le navire et de me faire raison des dépenses pour le
temps pendant lequel j'avais servi au delà du terme. Je
lui demandai aussi, relativement aux agrès, s'il repren-
drait les miens, ou si en rejoignant le navire, il avait
apporté ses propres agrès. Sur ma sommation ainsi faite,
il me demanda pourquoi, seul entre tous les triérarques,
j'avais des agrès à moi. La république ignorait-elle qu'il
y eût des personnes en état de fournir des agrès pour les
vaisseaux, et que par là elle pouvait se dispenser d'en
fournir elle-même ? « Ou bien, dit-il, ta fortune est-elle
donc si fort au-dessus de toutes les autres, que seul entre
tous les triérarques tu puisses avoir des agrès à toi et des
ornements dorés en ronde-bosse ? Et qui donc, ajouta-t-il,
pourrait supporter les conséquences de ta folie et de ta
prodigalité, un équipage gâté, accoutumé à recevoir
beaucoup d'argent par avance, à être dispensé de toutes
les corvées ordinaires du bord, et à prendre des bains
dans les étuves ; des soldats et des matelots chèrement
payés, au plus haut prix, et habitués à ne manquer de
rien ? Oui, dit-il, tu es devenu d'un mauvais exemple dans
la flotte, et c'est en partie ta faute si les soldats se montrent plus exigeants à l'égard des autres triérarques, voulant être traités comme ceux qui sont à ton bord. Tu ne
devais pas faire les choses autrement que les autres triérarques. » Voilà ce qu'il me dit, et voici quelle fut ma
réponse. « Si je n'ai pas pris d'agrès à l'arsenal, c'est que
tu les avais mis hors de service (20). Au surplus, prends
les miens si tu veux, sinon procure-toi d'autres agrès.
Quant aux marins, aux soldats et aux rameurs, si tu prétends que je les ai gâtés, prends d'abord la galère, et,

après cela, procure-toi des marins, des soldats, des rameurs, qui s'embarquent avec toi sans avoir rien reçu.
Mais, reprends le navire, car je ne dois pas rester triérarque plus longtemps. Le temps de ma triérarchie est
expiré, et j'ai déjà servi quatre mois au delà du terme. »
A ces paroles il répondit : « Celui qui est triérarque avec
moi n'a pas encore rejoint le navire. Je ne veux pas reprendre la trirème à moi seul (21). » Pour prouver ce que
j'avance, à savoir que sur la place publique il me répondit
une première fois : « Cela ne me regarde pas, » et que,
dans la maison où demeurait Timomaque, il me dit : « Je
ne reprendrai pas la galère à moi seul, » on va vous lire
les témoignages.

TÉMOIGNAGES.

Quelques temps après, juges, Polyclès refusant toujours
de reprendre de moi le navire, et de me faire raison des
dépenses pour le temps pendant lequel j'avais servi au
delà du terme, le stratége m'ordonna de prendre la mer.
J'abordai Polyclès à Thasos, sur le port, en présence du
stratége, tout l'équipage étant à bord, et je lui tins un
langage peu fondé en droit, sans doute, mais les torts
venaient de lui et j'étais forcé par les circonstances de lui
parler comme je l'ai fait. « Tu dis, Polyclès, que ton
cotriérarque n'est pas arrivé; eh bien, c'est sur lui que je
poursuivrai, si je puis, le recouvrement de mes dépenses
pour le temps pendant lequel j'ai servi au delà du terme,
c'est-à-dire pour quatre mois. Quant à toi, commence
par prendre le navire et par faire le service pendant le
temps où il est à ta charge, c'est-à-dire pendant six mois.
Après cela, si ton cotriérarque arrive pendant ce temps,
tu lui remettras le navire et tu auras fini ton service; s'il
n'arrive pas, tu ne seras pas bien à plaindre pour avoir

servi pendant deux mois au delà du terme (22). Eh quoi !
j'ai pour vous prolongé mon service au delà du terme
assigné, soit à moi, soit à mon cotriérarque ; et toi, qui
n'as fait aucune dépense, tu ne voudrais pas t'exposer,
en reprenant le navire, à servir au delà du terme qui
t'est assigné, ni me faire raison de ce que j'ai dépensé ? »
Tel fut mon langage, et lui me répondit que je ne savais
ce que je disais. Cependant le stratége m'ordonnait de
monter à bord et de prendre la mer avec lui. Pour prouver
que telle fut sa réponse, lis-moi le témoignage.

TÉMOIGNAGE.

Je veux ici vous citer un fait, pour vous montrer jusqu'à l'évidence quels torts on a eus envers moi. A la
même époque, Hagnias et Praxiclès avaient pour successeurs désignés Mnésiloque de Périthœdes et Phrasiéridès
d'Anaphlyste (23). Phrasiéridès n'ayant pas rejoint le
navire, Mnésiloque arrivé à Thasos reprit la galère qui
lui fut remise par Hagnias, paya à Hagnias la dépense
justifiée du temps pendant lequel il avait fait les frais pour
eux, prit de lui les agrès à titre de louage, et le remplaça
dans les fonctions de triérarque. Depuis lors, les mandataires de Phrasiéridès (24), ayant rejoint, payèrent à Mnésiloque leur part des frais, et contribuèrent désormais à
toutes les dépenses nécessaires pour le navire. Lis-moi le
témoignage.

TÉMOIGNAGE.

Peut-être, juges, désirez-vous savoir pourquoi le stratége ne forçait pas Polyclès à reprendre le navire, quoiqu'il fût arrivé pour me remplacer, quand les lois à ce
sujet sont si précises. Je veux vous faire bien connaître le
motif de sa conduite. Avant tout, juges, Timomaque vou-

lait avoir une galère bien équipée pour s'en servir en
toute occasion. Or, il savait que Polyclès, une fois qu'il
aurait repris le navire, serait un mauvais triérarque, que
toute la dépense faite serait en pure perte, et que, ni les
soldats de marine, ni les rameurs ne serviraient plus,
personne ne voulant demeurer avec lui. De plus, Polyclès
venant à recevoir l'ordre de prendre la mer sans avoir
touché d'argent n'était pas homme à obéir comme moi, et
ferait sans doute des difficultés. Enfin, il avait prêté trente
mines à Timomaque, à condition qu'il ne serait pas contraint
à reprendre le navire. Mais, ce qui a le plus irrité Timomaque contre moi, ce qui l'a porté à me rudoyer et à ne
me donner raison sur aucun point, je veux vous l'expliquer
clairement. Vous allez voir que ni le soin de mon repos,
ni la puissance dont Timomaque était investi, ne m'ont
fait oublier mon devoir envers le peuple d'Athènes et envers les lois. Loin de là, j'ai tout enduré, et l'injustice
qui m'était faite et les injures qui m'étaient dites, choses
bien plus lourdes à supporter que toutes les dépenses du
monde. Pendant que l'escadre était en station à Thasos,
arrive un canot venant de Méthone en Macédoine, et amenant à Thasos un messager porteur de lettres de Callistrate
à Timomaque. Ce dernier, comme je l'ai su depuis, était
prié d'envoyer celle des galères qui marchait le mieux,
afin que Callistrate pût se rendre auprès de lui. En conséquence, le lendemain, au point du jour, je reçus, de la
part du stratége, l'ordre d'appeler les matelots à bord.
Quand j'eus réuni tout mon monde, Callippe, fils de Phi-
lon, d'Æxoné (25) monta et dit au timonier de gouverner
sur la Macédoine. Nous arrivâmes à un endroit situé sur
la terre ferme en face où les Thasiens ont un comptoir,
et nous descendîmes pour prendre notre repas. A ce moment, un des matelots, Calliclès, fils d'Épitréphès, de

Thria (26), s'approche de moi et me dit qu'il voudrait me parler pour affaire qui m'intéresse. Je l'engage à le faire, et il me dit qu'il voudrait me témoigner, dans la mesure de ses forces, sa reconnaissance pour ce que je lui ai donné quand il manquait de tout. « Eh bien, dit-il, sais-tu pourquoi tu as pris la mer, et où l'on te fait marcher? » — Je répondis que je ne savais pas. — « Je vais donc t'en instruire, me dit-il, car il faut que tu sois instruit pour prendre ensuite le bon parti. Tu vas conduire un banni que les Athéniens ont deux fois condamné à mort, Callistrate (27) ; tu vas le conduire de Méthone à Thasos auprès de son beau-frère Timomaque. C'est, ajoute-t-il, ce que je viens d'apprendre des esclaves de Callippe. Si tu fais bien, tu ne permettras à aucun banni de mettre le pied sur ton navire, car les lois ne le permettent pas. » — A cet avis de Calliclès, je m'approche de Callippe; je lui demande à quel endroit il se rend, et qui il va chercher. N'ayant obtenu de lui que des paroles grossières et des menaces dont vous pouvez vous faire une idée (car vous connaissez par expérience le caractère de Callippe), je lui dis ceci : « On m'assure que tu te rends auprès de Callistrate. Eh bien, je ne conduirai aucun banni, et je ne me rendrai auprès d'aucun. Aux termes des lois, il n'est pas permis de recevoir un banni, et on ne peut désobéir sans s'exposer à être banni soi-même. Je vais donc retourner vers le stratège, à Thasos. » Callippe résista, et donna l'ordre de gouverner sur la Macédoine, d'après les instructions du stratége, mais le timonier Posidippe lui répondit que c'était moi qui étais triérarque du navire et responsable, et que lui Posidippe était à ma solde, que dès lors il se rendrait où je voulais, c'est-à-dire à Thasos, auprès du stratége. Le lendemain, nous arrivâmes à Thasos. Aussitôt, Timomaque me fit demander à son quartier hors des murs. Craignant d'être mis aux fers sur la dénonciation calomnieuse de Callippe, je m'abstins d'obéir en personne, et je dis au messager que si Timomaque voulait me parler je serais sur la place publique. En attendant, je le faisais suivre par un esclave chargé de s'enquérir et de m'informer si Timomaque m'adressait quelque ordre. Telles sont, juges, les causes pour lesquelles Timonaque ne forçait pas Polyclès à reprendre le navire. En outre, il voulait avoir le navire à sa disposition comme le meilleur marcheur. En effet, il était monté sur la galère de Thrasyloque d'Anagyronte (28), mais il décida Thrasyloque à prendre Callippe pour entrepreneur de son service. Il voulait donner à Callippe la libre disposition du navire, afin de pouvoir faire conduire Callistrate où il voudrait. Pour lui, il monta à bord de mon navire, et se rendit de côté et d'autre, jusqu'à son départ pour l'Hellespont.

Lorsqu'il n'eut plus besoin de galères, il me fit prendre à mon bord le commandant Lycinos de Pallène (29), enjoignit à ce dernier de donner chaque jour la paye à l'équipage et m'ordonna de retourner à Athènes. En revenant, nous nous arrêtâmes à Ténédos. Lycinos ne fournissait pas aux matelots de quoi vivre, comme Timomaque l'avait chargé de le faire. Il n'avait pas de fonds, disait-il, et il en attendait de Mitylène; les hommes n'avaient pas de quoi se procurer du pain, et sans pain ils ne pouvaient plus ramer. Je pris encore une fois pour témoins quelques citoyens, j'allai trouver Polyclès à Ténédos. Je le requis de reprendre le navire, comme étant mon successeur, et de me rembourser les dépenses du temps pendant lequel j'avais fait les frais pour lui, en servant comme triérarque au delà du terme. Je ne voulais pas qu'il pût se défendre devant vous en venant dire que je n'avais pas voulu lui remettre le navire, et cela par ambition, afin de retourner

à Athènes sur un navire bon marcheur, et de vous faire
montre de mes dépenses. Il refusa de reprendre le navire,
et cependant les matelots demandaient de l'argent pour
acheter ce dont ils avaient besoin. Je m'approchai donc
de lui encore une fois, ayant des témoins, et je lui demandai si, oui ou non, il était parti d'Athènes ayant de
l'argent pour me remplacer sur le navire. Il me répondit
qu'il était venu avec de l'argent. Je le priai alors de m'en
prêter, lui offrant une hypothèque sur les agrès du navire (30), pour me mettre en état de faire la distribution
aux matelots et de ramener le navire, puisqu'il ne voulait
pas le reprendre de moi, quoiqu'il fût mon successeur.
Mais il répondit à ma demande qu'il ne me prêterait pas
le quart d'une obole. J'empruntai donc à Cléanax et
Épératos, Ténédiens, hôtes de mon père, et je donnai
aux matelots l'argent pour les vivres. Fils de Pasion, qui
était lié d'hospitalité avec un grand nombre de personnes
et dont le crédit était grand dans toute la Grèce, je n'étais
pas embarrassé pour trouver des prêteurs. Pour prouver
que je vous dis la vérité, je vais vous produire les témoignages.

TÉMOIGNAGES.

Vous avez entendu la lecture des témoignages que j'ai
pu produire. Ils émanent de personnes qui étaient présentes lorsque j'ai offert à Polyclès à plusieurs reprises de
lui remettre le navire, et que Polyclès a refusé de le
reprendre. Je vous ai en outre montré, par des présomptions précises, pourquoi Polyclès n'a pas voulu reprendre
le navire. Je veux maintenant vous faire lire la loi sur les
reprises de service ; vous verrez quelles sont les peines
portées contre celui qui ne reprend pas le navire dans le
délai prescrit, et comment Polyclès s'est joué non pas de

moi seulement, mais de vous même et des lois. C'est par
sa faute que le service a manqué, au détriment de l'État
et des alliés. D'abord, il n'a pas rejoint le navire, aux
termes de la loi, et, en second lieu, étant arrivé il n'a
pas voulu le reprendre. Moi, au contraire, j'ai fait le service envers vous pour le temps qui était à ma charge et
pour celui qui était à la charge de mon cotriérarque ; et,
après l'expiration du temps de ma triérarchie, ayant reçu
du stratége l'ordre de me rendre au Temple, j'ai fait partir
les convois de blé destinés au peuple, pour que vos marchés fussent abondamment pourvus, et que rien ne vous
manquât par ma faute. Tous les services que le stratége
m'a demandés, à moi et à ma galère, je les ai faits, et je
ne me suis pas borné à dépenser mon argent, j'ai encore
exposé ma vie en montant de ma personne à bord. Et
cependant mes affaires domestiques étaient dans un tel
état que le récit en fait pitié. Ma mère était malade, en
danger de mort, et moi j'étais absent au loin, et avec ma
fortune je ne pouvais la soulager qu'à grand'peine. Après
mon retour elle vécut encore. Elle me vit, m'adressa
quelques mots et rendit le dernier soupir sans avoir pu
me donner ce qu'elle voulait, car elle n'avait plus la libre
disposition de ses biens (31). Avant de mourir, elle m'a-
vait plusieurs fois envoyé chercher, me priant de revenir,
moi du moins, s'il n'était pas possible de ramener ma
galère. Ma femme, ce que j'ai de plus cher au monde,
souffrait depuis longtemps en mon absence d'un mal qui
avait ruiné sa santé. Joignez à cela des enfants en bas
âge, une fortune grevée d'hypothèques. Non-seulement
la terre ne rapportait aucun fruit, mais cette année l'eau
manqua dans les puits comme vous savez tous, à ce point
qu'il ne vint même pas un légume dans le jardin. Cependant les prêteurs menaçaient de saisir pour leurs intérêts

échus à la fin de l'année, s'ils n'étaient payés aux termes
de leurs contrats. Et moi, apprenant tout cela, soit de la
bouche de ceux qui arrivaient, soit par les lettres de mes
parents, quelle n'était pas mon émotion ! Que de larmes
n'ai-je pas versées, tantôt mesurant l'étendue de ma
ruine, tantôt possédé du désir de revoir mes enfants, ma
femme, ma mère, que je n'avais pas grand espoir de
trouver vivante ! Tout cela n'est-ce pas ce qu'il y a de
plus cher à l'homme ? Voudrait-on pour rien au monde
vivre privé de ces biens ?

Au milieu de tous ces malheurs qui sont venus fondre
sur moi, je n'ai pas préféré mes intérêts aux vôtres. J'ai
cru qu'il était de mon devoir de ne me laisser décourager
ni par l'excès de la dépense, ni par mes affaires domestiques allant à l'abandon, ni par la maladie de ma femme
et de ma mère. Je n'ai pas voulu qu'on pût m'accuser
d'avoir quitté mon poste, ni fait manquer le service de la
galère. Pour tout cela, voici ce que je vous demande aujourd'hui. Si je me suis toujours conduit envers vous
comme un serviteur dévoué et utile, à votre tour aujour-
d'hui songez à moi, rappelez-vous tout ce que je vous ai
raconté, les témoignages que j'ai produits et les décrets.
Aidez-moi à défendre mon droit, punissez comme votre
intérêt l'exige, faites-moi rentrer dans les fonds que j'ai
avancés pour Polyclès. Autrement, qui voudra désormais se
distinguer à votre service, si l'on voit qu'il n'y a ni récompense pour le dévouement et la discipline, ni punition
pour la négligence et le laisser aller ? On va vous lire la
loi, et les dépenses du temps pendant lequel j'ai servi
pour lui comme triérarque au delà du terme, article par
article, et la liste des déserteurs indiquant en quel endroit
chacun d'eux a quitté le navire, e combien il avait d'argent. Vous verrez ainsi qu'il n'y a aucun mensonge, ni

dans ce que je vous dis présentement, ni dans ce que je vous ai dit tout à l'heure. Je pense qu'il faut vous servir sans reproche pendant le temps fixé par les lois, mais en même temps poursuivre ceux qui n'ont souci ni de vous ni des lois, et ne veulent pas obéir à ce que les lois ordonnent, les convaincre ici devant vous, et les faire punir. Vous savez bien d'ailleurs qu'en punissant Polyclès, vous agirez bien moins pour moi que pour vous-mêmes. Votre sentence ne sera pas seulement un acte de justice pour ceux qui ont été triérarques; elle sera encore un acte de prévoyance pour les triérarques à venir. Vous ne voulez pas que les citoyens appelés à quelque service soient découragés, ni que leurs remplaçants puissent se jouer des lois. Vous voulez qu'ils rejoignent leurs navires lorsqu'ils sont désignés. Vous songerez à tout cela, et vous déciderez sur toute l'affaire selon droit et raison.

Je voudrais bien savoir de vous, juges, quelle idée vous auriez de moi si, mon temps de service étant expiré et Polyclès n'arrivant pas, au lieu de continuer à faire la dépense du navire sur l'ordre du triérarque, j'eusse donné le signal du départ. Ne seriez-vous pas irrités contre moi et ne trouveriez-vous pas que j'ai tort? Eh bien, s'il vous eût déplu que je ne voulusse pas servir au delà du terme, soyez conséquents et faites-moi rembourser par Polyclès les avances que j'ai faites pour lui sur son refus de reprendre le navire.

Au surplus, je ne suis pas le seul dont il n'ait pas repris le navire. Il a plus anciennement joué le même tour à Euripide, son cotriérarque, alors qu'il y avait entre eux convention par écrit de servir chacun six mois. Euripide partit, et à l'expiration du terme Polyclès refusa de reprendre le navire. On va vous lire le témoignage.

TÉMOIGNAGE.

NOTES

(1) En d'autres termes : Il y a des affaires auxquelles le juge même, quoiqu'il doive être attentif dans toutes, doit cependant donner, comme tout le monde, une attention toute particulière. — G. Schæfer propose d'effacer le mot καὶ, mais la correction qu'il propose, bien que diplomatiquement possible, ne paraît pas nécessaire.

(2) Le 12 septembre 362.

(3) Ténos, une des Cyclades, avait été surprise par la flotte d'Alexandre de Phères, qui régnait alors sur toute la Thessalie. Quant à Cotys, roi des Odryses, en Thrace, et beau-père d'Iphicrate, il était devenu l'ennemi des Athéniens après avoir été leur allié. Miltokythès paraît avoir été un de ses vassaux. Sur tous ces événements de la Thrace, dans lesquels les Athéniens se trouvaient forcément mêlés pour conserver leurs stations sur le Bosphore et leurs relations commerciales avec les ports de la mer Noire, voy. le discours de Démosthène contre Aristocrate. Après avoir combattu Cotys, les Athéniens soutinrent son fils Kersoblepte contre Philippe de Macédoine. Voy. Arnold Schæfer, t. I, p. 115. Nous ne savons rien de l'affaire des Proconnésiens.

(4) Voy. pour l'explication de ces détails le discours sur la couronne navale.

(5) C'est le célèbre Aristophon d'Azénia.

(6) C'est ce qu'on appelait προεισφορά. Un des contribuables avançait à l'État tout le montant du rôle, et recouvrait ensuite ses avances sur les autres contribuables ; les non-valeurs restaient à sa charge. Voy. Bœckh, t. I, p. 690.

(7) Les ἀποστολεῖς étaient les commissaires nommés pour surveiller et diriger l'armement d'une escadre.

(8) On voit par la phrase précédente que le commandement d'Autoclès a duré huit mois. Ménon qui lui succéda ne fit qu'achever l'année et fut bientôt remplacé par Timomaque, beau-frère de l'orateur Callistrate, qui, après avoir joué un grand rôle politique, venait d'être condamné par les Athéniens et avait cherché un refuge en Macédoine.

(9) Les Thasiens et les Maronéens étaient alors en guerre pour la possession d'un port appelé Strymé, sur la côte de Thrace.

(10) La désertion des gens de l'équipage donnait lieu à la γραφὴ λειποναυτίου, qui se portait devant le stratége. Mais tous ceux qui n'étaient pas citoyens étaient sans doute soumis au pouvoir disciplinaire. Il y avait probablement un conseil de guerre. Voy. Meier et Schœmann, p. 363, et Hermann, t. 1, § 146, note 2.

(11) C'était comme on l'a déjà vu à propos du plaidoyer contre Phormion, une station navale placée dans le Bosphore, à l'entrée de la mer Noire.

(12) Le lever de l'arcture répond au 22 septembre, c'est-à-dire à l'équinoxe d'automne. Tous les navires attardés attendaient que ce moment fût passé pour partir. Voy. Bœckh, *Seewesen*, p. 173.

(13) Soldats armés de boucliers légers, à la différence des hoplites, ou infanterie de ligne.

(14) Novembre 361.

(15) D'après les calculs faits par Bœckh sur de nombreux textes épigraphiques (*Attisches Seewesen*, p. 120), une galère athénienne était montée par environ cent soixante-dix rameurs, cinquante-six en moyenne sur chaque banc. Le cinquantenier était donc le chef d'un banc, et non comme le dit à tort Harpocration, le commandant d'un bâtiment à cinquante rames. Il ressort de tout le contexte qu'Euctémon était le subordonné de Polyclès.

(16) Il y a dans le texte : « Voici que le rat commence à goûter la poix. » C'est un proverbe que nous avons rendu par un équivalent.

(17) Acharnes, dème de la tribu Œnéide; Leuconoé, dème de la tribu Léontide.

(18) Le triérarque qui se servait des agrès fournis par l'État en était responsable. Lorsque au lieu de remettre son navire aux agents de l'État, il le remettait à un successeur, il fallait constater contradictoirement l'état du matériel. Lorsqu'un triérarque avait fourni les agrès, son successeur n'était pas tenu de les reprendre à son compte. S'il consentait à les reprendre, il fallait encore dresser un état contradictoire opposable tant à l'État qu'aux successeurs à venir. Voy. Bœckh, *Seewesen*, p. 205.

(19) Apollodore veut dire que Polyclès a servi avant lui comme triérarque et a mis hors de service les agrès fournis par l'État.

(20) Quand il y avait deux triérarques pour l'année, συντριηράρχοι, ils s'arrangeaient entre eux pour faire le service. La plupart du temps chacun d'eux servait six mois. Mais cet arrangement ne regardait pas les tiers, et la reprise du service et du matériel devait être faite par les deux triérarques entrants. C'est pourquoi

Polyclès refuse de faire cette reprise en l'absence de celui qui est triérarque avec lui, et en cela il était dans son droit, Apollodore le reconnaît, sauf la question d'indemnité.

(21) Il s'agit ici du terme de six mois convenu entre Polyclès et son collègue.

(22) Périthædes, dème de la tribu Œnéide ; Anaphlyste, dème de la tribu Antiochide.

(23) Phrasiéridès est-il l'ami de Timothée dont il est question dans le plaidoyer d'Apollodore contre Timothée? Ce qu'il y a de certain, c'est que Phrasiéridès ne servait pas en personne, et qu'il faisait faire le service par des suppléants ou des entrepreneurs.

(24) Æxoné, dème de la tribu Cécropide.

(25) Thria, dème de la tribu Œnéide.

(26) Callistrate avait été condamné à mort par les Athéniens en 359. Il avait prévenu sa condamnation par l'exil. Voy. note 8.

(27) Anagyronte, dème de la tribu Érechthéide.

(28) Pallène, dème de la tribu Antiochide.

(29) Le prêt qu'Apollodore sollicite de Polyclès est sans doute un prêt à la grosse. Apollodore ne peut pas affecter le corps et la quille du navire, qui appartient à l'État, ni le chargement, puisque le navire est armé en guerre, mais il peut affecter les agrès qu'il a fournis et qui sont sa propriété.

(30) Archippé, mère d'Apollodore, avait épousé en secondes noces Phormion, affranchi et successeur de Pasion, conformément au testament de ce dernier.

XXXI

APOLLODORE CONTRE STÉPHANOS

I

ARGUMENT

On a vu, dans l'argument du plaidoyer pour Phormion, toute l'histoire de la querelle entre Phormion et Apollodore. Débouté de sa demande et condamné à l'épobélie, Apollodore fait une dernière tentative pour revenir contre la chose jugée, au moyen de l'action en faux témoignage, dont nous avons déjà fait connaître les règles. (Voy. le troisième plaidoyer contre Aphobos, et le plaidoyer contre Evergos et Mnésibule.) Avant tout, il fallait faire tomber un des témoignages au moyen d'une action dirigée contre le faux témoin, δίκη ψευδομαρτυριῶν. Cette action purement civile tendait uniquement à des dommages-intérêts dont la fixation était abandonnée à l'appréciation du juge. Elle n'entraînait l'atimie qu'à la troisième condamnation. En effet le faux témoignage pouvait résulter d'une erreur et ne supposait pas nécessairement une intention coupable. L'action publique ne se donnait que pour le faux commis par les témoins instrumentaires, au sujet de l'existence d'une assignation (γραφὴ ψευδοκλητείας).

Stéphanos, cousin germain de la femme d'Apollodore, avait déposé comme témoin dans le procès contre Phormion. Apollodore le prend à partie et s'efforce de prouver que le témoignage est faux.

Stéphanos a dit qu'Apollodore s'était refusé à compulser le testament de Pasion. Cela est invraisemblable. Apollodore n'a-

vait aucun intérêt à s'y refuser. En second lieu, Stéphanos a
dit que Phormion avait fait à Apollodore, devant l'arbitre,
sommation de compulser le testament. Mais cette sommation
était inutile, car la règle est de n'avoir recours à cette procédure que pour ce qui ne peut pas être fait à l'audience du tribunal ; or, rien n'était plus simple pour Phormion que de produire le testament devant le tribunal et d'y faire entendre
comme témoin le dépositaire de la pièce.

Enfin, Stéphanos a déclaré qu'il était présent quand Phormion a sommé Apollodore de compulser le testament de Pasion.
Il aurait dû dire : l'acte qualifié de testament. Que savait-il, en
effet, si l'acte présenté était bien réellement le testament de
Pasion, si ce n'était pas un acte faux et supposé ? Il n'aurait pu
le savoir que s'il avait assisté comme témoin instrumentaire à
la confection du testament. Il a donc ainsi attesté l'existence
d'un fait qu'il ne pouvait pas connaître.

Le témoignage de Stéphanos doit donc être écarté comme
étant sans valeur, et par suite Phormion reste chargé de prouver l'authenticité des pièces qu'il a produites, c'est-à-dire du
testament et de l'acte de location de la banque ; or, ces actes
sont faux, et la preuve du faux résulte de l'invraisemblance des
dispositions contenues dans ces actes. Il en est de même de la
prétendue décharge dont Phormion s'est prévalu, car, s'il avait
réellement obtenu décharge, il se serait fait remettre les titres,
à savoir le testament et le bail, et les aurait détruits.

Apollodore en vient ensuite aux personnalités, contre Stéphanos, d'abord, puis contre Phormion ; enfin, contre son
jeune frère Pasiclès, qui n'a pas voulu se joindre à lui pour
plaider contre Phormion. A la violence inouïe de ces attaques
on voit qu'Apollodore tente un effort désespéré. Elles rentrent
cependant dans la discussion de la cause, car il s'agit de prouver que Stéphanos et Phormion ont été capables, l'un de faire
un faux témoignage, l'autre de le provoquer.

Mais cette violence même sert à faire mieux ressortir la faiblesse de la cause. Les deux premiers moyens n'étaient que des
subtilités et ne supportent même pas l'examen. Le troisième

moyen était le seul concluant, mais Stéphanos répondait vic-
torieusement qu'il avait attesté une seule chose, à savoir : l'existence de la sommation ; que si, dans son témoignage, il était
question de testament, c'était d'une manière incidente, et en
termes purement énonciatifs ; qu'au surplus, d'autres avaient
attesté l'existence du testament, et que c'étaient ces autres
témoignages et non le sien qui avaient fait la conviction des
juges.

Apollodore ne trouve rien de sérieux à répondre à ces objections et n'a plus d'autre ressource que l'invective et la diffamation, contre Stéphanos, Phormion et Pasiclès.

Pour les questions relatives à la date et à l'authenticité de ce
discours, nous renvoyons à l'argument du discours suivant.

PLAIDOYER

Athéniens, victime d'un faux témoignage, traité par Phormion d'une manière indigne et odieuse, je me présente devant vous pour obtenir justice contre ceux qui m'ont ruiné. Je vous prie tous, je vous supplie et je vous conjure. D'abord, écoutez-moi avec bienveillance, car c'est une grande chose pour des plaideurs malheureux, comme moi, de pouvoir parler des torts qu'ils ont soufferts, et de trouver en vous des auditeurs bien disposés; ensuite faites-moi droit, si mes griefs vous paraissent réels. Je vous prouverai que Stéphanos ici présent a porté un faux témoignage, qu'il a fait cela pour gagner un honteux profit, et qu'il suffit de ses propres paroles pour le convaincre, tant le fait est évident. Je vais essayer de vous dire, depuis le commencement, et aussi brièvement que possible, tout ce qui s'est passé entre Phormion et moi. Écoutez, et vous reconnaîtrez que Phormion est un malhonnête homme et que ces gens-ci sont de faux témoins.

Juges, mon père en mourant m'avait laissé une grande fortune. Phormion en était détenteur, et, de plus, il épousa ma mère pendant que j'étais absent pour un service public, comme triérarque (1). Comment se fit cette union ? Peut-être ne convient-il pas à un fils parlant de sa mère d'entrer à ce sujet dans trop d'explications. De retour ici, j'appris tout, je vis ce qui s'était fait; mon indignation, mon ressentiment éclatèrent. Je ne pus pas intenter d'action civile, car en ce moment il n'y avait pas d'actions; vous aviez tout remis à d'autres

temps, à cause de la guerre (2). Je·portai donc contre
Phormion, devant les thesmothètes, une accusation d'outrage (3). Le temps marchait, l'instruction traînait en
longueur, il n'y avait toujours pas d'actions civiles; cependant ma mère a de lui des enfants. Alors, car nous
dirons devant vous, juges, la vérité tout entière, ma
mère se mit à me parler souvent de Phormion; elle
cherchait à m'adoucir, elle me priait. Phormion parlait
aussi pour lui-même; son langage était modeste et
humble. Pour couper court, juges, il prit des engagements qu'il ne tint pas, il s'arrangea pour ne pas rendre
les fonds qui formaient le capital de la banque, et je fus
forcé de lui intenter une action dès que cela devint possible. Alors Phormion, sentant que tout va se révéler,
et qu'il sera convaincu de s'être conduit envers nous
d'une manière infâme, ourdit la trame que vous savez,
et suborne Stéphanos que voici pour porter un faux
témoignage contre moi. D'abord, à l'action intentée
contre lui il opposa l'exception tendant à la faire déclarer non recevable; ensuite, il produisit de faux témoins
pour prouver le fait d'une décharge de ma part, le
payement d'un loyer imaginaire, la réalité d'un testament qui n'a jamais existé. Il prit sur moi l'avantage de
parler le premier, grâce à la fin de non-recevoir qui
renverse les rôles des parties; il lut ces témoignages et
tout ce qu'il crut pouvoir servir à sa cause, et ses mensonges séduisirent les juges à ce point qu'ils ne voulurent
même pas nous laisser dire un seul mot. Condamné à
l'épobélie sans même avoir pu prendre la parole, je me
retirai, Athéniens, le cœur plein de dépit et d'amertume,
et je ne crois pas que personne au monde en ait jamais
éprouvé autant (4). Mais, en y réfléchissant, il me semble
que ceux qui m'ont alors jugé sont bien excusables; —

moi-même je ne sais pas si j'aurais pu décider autrement qu'ils ne l'ont fait, sans connaître ce qui s'est passé et seulement à entendre les témoignages. — Ceux-là seuls sont haïssables qui, par leurs faux témoignages, ont fait tout le mal. Pour les autres témoins, j'en parlerai le jour où je les prendrai à partie; aujourd'hui c'est sur les faits dont Stéphanos a déposé que j'entreprends de vous éclairer. Prends cette déposition et donnes-en lecture pour que je puisse y rattacher ma discussion. Parle. Et toi, arrête l'écoulement de l'eau.

TÉMOIGNAGE.

« Stéphanos fils de Ménéclès, d'Acharnes, Endios fils d'Épigénès, de Lamptra, Scythès fils de Harmatée, de Kydathénéon (5), déclarent qu'ils étaient présents devant l'arbitre Tisias, d'Acharnes, lorsque Phormion fit sommation à Apollodore de reconnaître que la pièce jointe au procès par lui, Phormion, était bien la copie du testament de Pasion, ou s'il s'y refusait, de compulser (6) le testament même de Pasion apporté devant l'arbitre par Amphias, gendre de Céphisophon. Mais Apollodore ne voulut rien vérifier. La pièce dont il s'agissait était bien la copie du testament de Pasion. »

Vous avez entendu la déposition, juges, et à coup sûr, quand même vous n'y verriez d'ailleurs rien d'extraordinaire, il y a une chose tout au moins qui doit vous surprendre, c'est qu'au commencement il est question d'une sommation, et, à la fin, d'un testament. Je crois cependant nécessaire de montrer d'abord la fausseté de ce qui constitue en quelque sorte le fait capital de la déposition, j'arriverai ensuite à parler du reste. La déposition porte que Phormion a fait sommation de compulser le testament; que la pièce était produite devant l'arbitre Tisias par Amphias, gendre de Céphisophon; que je me suis refusé au compulsoire; enfin, que le testament dont l'existence a été attestée est la copie de celui dont il vient d'être parlé. Suit la teneur du testament. Quant à la question de savoir si la sommation m'a été faite ou non par Phormion, je n'en dis rien encore, non plus que de celle de savoir si le testament est vrai ou faux. Je vous ferai voir tout à l'heure ce qui en est; je prends d'abord ce chef de leur déposition, qui consiste à dire que j'ai refusé de compulser l'acte. Voyons, je vous prie. Pourquoi se serait-on refusé à compulser l'acte? Sans doute afin que le testament ne fût pas connu des juges. Si donc ces hommes n'avaient pas attesté l'existence du testament en même temps que celle de la sommation, on comprendrait que je me fusse refusé à compulser l'acte. Mais puisqu'ils attestaient en même temps l'existence du testament, puisque les juges devaient entendre lire la déposition tout entière, à quoi mon refus pouvait-il me servir? A rien, évidemment. Au contraire, Athéniens, supposons que mes adversaires ne m'eussent adressé aucune sommation, qu'ils se fussent contentés d'avancer le fait, et qu'un tiers fût venu leur fournir un écrit qualifié de testament, c'était à moi de faire sommation et de compulser l'écrit. Alors, de deux choses l'une : ou bien les témoignages ne se seraient pas trouvés conformes à l'acte écrit, et en ce cas j'aurais pris à témoins plusieurs des assistants, et de l'imposture manifeste sur ce point j'aurais conclu qu'on vous en imposait aussi sur les autres; ou bien l'acte se serait trouvé conforme, et en ce cas j'aurais demandé que l'auteur de la production se présentât lui-même comme témoin. S'il y eût consenti, je l'aurais pris à partie; s'il eût tergiversé, je n'avais pas besoin d'autre preuve pour démontrer l'imposture. De la sorte, je m'assurais l'avantage de n'avoir affaire qu'à une seule personne ; tandis qu'en faisant comme ces gens-là disent que j'ai fait, j'avais affaire à plusieurs. Est-il un seul d'entre vous qui préférât cette dernière chance à la première? Pour moi, je ne le pense pas. Vous n'avez donc pas le droit de croire cela d'un autre. Et en vérité, Athéniens, quand ce qui fait agir est la colère, ou l'amour du gain, l'emportement, l'ardeur à la lutte, alors on agit diversement, chacun selon son caractère; mais en l'absence de toute passion, et à calculer de sang-froid ce que l'intérêt conseille, peut-on être assez insensé pour négliger le parti qui peut être utile, et pour prendre celui qui doit rendre la lutte plus difficile? Ainsi, cela n'est ni sensé, ni raisonnable; personne ne l'aurait fait; et pourtant c'est là ce qu'ils témoignent de nous.

Si leur témoignage est suspect en ce qu'il affirme mon refus de compulser l'écrit, il ne l'est pas moins en ce qu'il parle d'une sommation en même temps que d'un testament. Personne de vous n'ignore assurément que les sommations ont été imaginées pour toutes les procédures qui ne peuvent s'accomplir devant vous (7). Par exemple, la question ne peut être appliquée devant vous, il faut nécessairement avoir recours à une sommation pour y procéder. Si un fait a été commis ou s'est passé hors du territoire, il faut encore nécessairement faire sommation de se rendre, par mer ou par terre, sur le lieu où le fait a été commis (8). Il en est de même dans toutes les circonstances semblables. Mais quand il est possible d'agir devant vous et sous vos yeux, quoi de plus simple que de tout livrer à la publicité de l'audience? Mon père est mort à Athènes, l'instance arbitrale avait lieu au Pœcile (9), les témoignages dont il s'agit portent qu'Amphias a présenté l'écrit à l'arbitre. Si cela était vrai, il aurait fallu que l'écrit fût joint au procès et que l'auteur de la production déposât comme témoin. De la sorte, les juges auraient pu se décider, d'après l'évidence, au seul aspect des sceaux, et moi, si quelqu'un m'eût fait tort, j'aurais eu à qui m'en prendre. Mais ce n'est pas ainsi qu'on a procédé. Ce qui manque, c'est un témoin qui ait fait une déclaration complète et qui en réponde; c'est une déposition qui se suffise à elle-même, comme on en fait quand on dit la vérité. Chacun vient dire sa part du tout, en homme prudent, qui compte bien échapper ainsi à toutes poursuites. L'un déclare qu'il a un acte sur lequel est écrit « Testament de Pasion »; l'autre vient de la part du premier produire cet acte, mais ne sait pas s'il est vrai ou faux. Ceux-ci enfin, en attestant la sommation, ont profité de la circonstance pour attester subrepticement le testament. Mais si par ce moyen ils ont réussi à faire croire aux juges que c'était bien le testament de mon père, s'ils m'ont empêché d'obtenir la parole pour me défendre, par là aussi ils se trouvent pris en flagrant délit de mensonge, car ils ne s'attendaient pas à ce qui se passe en ce moment (10). Pour vous prouver que je dis vrai, prends-moi la déposition de Céphisophon.

TÉMOIGNAGE.

« Céphisophon fils de Céphalon, d'Aphidna, dépose qu'il lui a été laissé par son père un écrit intitulé *Testament de Pasion*. »

C'était, juges, une chose bien simple, pour celui qui rendait ce témoignage, d'ajouter : « Voici cet écrit qu'il produit lui-même », et de joindre la pièce au procès. Sans doute il a pensé que ce serait là un mensonge intolérable, et que vous pourriez bien l'en punir; tandis qu'attester simplement la remise d'un testament lui paraissait chose indifférente et sans conséquence. Mais c'est cela même qui révèle et accuse toute la manœuvre et l'imposture. Si le testament eût porté ces mots : « Cet acte appartient à Pasion et à Phormion », ou « adressé à

Phormion », ou quelque indication semblable, on comprendrait que Céphisophon l'eût gardé pour le remettre à Phormion; mais si, comme l'a déclaré Stéphanos, on y lisait seulement ces mots : « Testament de Pasion », comment expliquer que je ne l'eusse pas détruit (11), sachant que j'allais bientôt plaider, sachant d'ailleurs que le testament, si c'en était un, était contraire à mes intérêts; comment, dis-je, ne l'aurais-je pas détruit, moi héritier de tous les biens de mon père, et par conséquent de ce testament, s'il était de mon père? Si donc il a été remis à Phormion, s'il porte le nom de Pasion, si nous l'avons laissé subsister, c'est qu'il est faux, c'est que Céphisophon a fait un faux témoignage. Mais laissons Céphisophon; ce n'est pas à lui que j'ai affaire en ce moment, et son témoignage ne parle pas de ce que portait le testament. Et pourtant, Athéniens, voyez comment de cette déposition résulte un nouveau motif pour repousser celle de Stéphanos. Le même témoin, qui affirme être détenteur de l'acte, n'a pas osé déclarer que la pièce produite par Phormion fût une copie de l'original confié à sa garde; les autres ne peuvent pas dire qu'ils ont assisté à la confection de l'acte, et n'ont pas vu compulser l'acte devant l'arbitre, puisqu'eux-mêmes ont déclaré que je n'ai pas voulu compulser. Venir déclarer, après cela, que la pièce produite était bien la copie de l'acte, n'est-ce pas se convaincre soi-même de mensonge?

Maintenant, Athéniens, si l'on examine les termes de la déposition écrite, on aperçoit combien tout est calculé pour faire croire qu'à tort ou à raison, mon père a pris en effet les dispositions dont il s'agit. Prends la déposition elle-même et lis, en t'arrêtant quand je te dirai de le faire, pour que je puisse tirer argument du texte même.

TÉMOIGNAGE.

« .... témoignent qu'ils étaient présents devant l'arbitre Tisias, quand Phormion fit sommation à Apollodore de dire s'il contestait que la pièce produite fût une copie du testament de Pasion. »

Arrête. Rappelez-vous bien ces mots « du testament de Pasion ». Si les témoins voulaient dire la vérité, en admettant qu'il y ait eu sommation, ce qui n'est pas, je vais vous dire en quels termes ils auraient dû déposer. Reprends la lecture de la déposition, depuis le commencement.

TÉMOIGNAGE.

« .... témoignent qu'ils étaient présents devant l'arbitre Tisias. »

Nous en témoignons, disent-ils, et effectivement nous étions présents. Poursuis.

« .... lorsque Phormion à fait sommation à Apollodore. »

Sur ce point encore, s'il y avait eu réellement sommation, leur témoignage serait régulier.

« .... de dire s'il conteste que la pièce produite soit la copie du testament de Pasion. »

Arrête ici. Il était impossible à qui que ce fût d'attester ce fait, à moins d'avoir assisté à la confection du testament de mon père. Autrement, le témoin eût dit tout d'abord : « Que savons-nous s'il existe un testament de Pasion? » Il eût demandé que Phormion écrivît, tant au procès-verbal d'enquête qu'au commencement de la sommation : « De dire s'il conteste que la pièce produite soit une copie du testament que Phormion prétend avoir été laissé par Pasion » et non pas « du testament de Pasion ». De ces deux façons de parler, l'une attestait l'existence du testament, et c'est bien ce qu'ils voulaient; l'autre attestait seulement le dire de Phormion. Or, il y a certes une grande différence entre dire qu'une chose est, et dire que Phormion l'affirme.

Voulez-vous savoir quel intérêt ils avaient à supposer un testament? Écoutez-moi un moment. D'abord, Athéniens, Phormion voulait se soustraire aux conséquences de la séduction qu'il avait exercée sur une personne dont je ne dois pas prononcer le nom, vous le savez sans que je le dise; en second lieu, il voulait rester en possession des biens qui, provenant de mon père, étaient passés dans les mains de ma mère; enfin, il voulait se rendre maître de tous nos autres biens. Qu'il en soit réellement ainsi, c'est ce dont vous serez convaincus quand vous aurez entendu la lecture du testament. Cet acte, vous le verrez, ne ressemble pas au testament d'un père qui règle le sort de ses fils; c'est le fait d'un esclave qui a dissipé le bien de ses maîtres, et qui cherche à se soustraire au châtiment. Lis le testament même dont ces hommes ont attesté l'existence en attestant celle de la sommation. Et vous, juges, gardez bien le souvenir de ce que je dis.

TESTAMENT.

« Pasion d'Acharnes a disposé ainsi qu'il suit : Je donne ma femme Archippé à Phormion; je donne en outre en dot à Archippé un talent qui m'est dû à Péparèthe, un talent qui m'est dû ici, une exploitation rurale de cent mines, les servantes, les joyaux d'or et tout ce qui lui appartient dans la maison. Je donne tout cela à Archippé (12). »

Vous avez entendu, Athéniens, le montant de la dot, un talent dû à Péparèthe, un talent ici (13), une exploitation rurale de cent mines, des servantes, des joyaux d'or. « Je lui donne tout cela », dit l'acte, et « tout ce qui lui appartient », et par cette clause il m'enlève la faculté de faire aucune recherche sur l'importance des biens laissés.

Je vais maintenant vous faire connaître l'acte par lequel
Phormion avait pris de mon père la banque en location.
Cette pièce, toute fausse qu'elle est, vous fera voir que
le prétendu testament n'est qu'une fable. Le bail que je
vous montrerai est celui que Phormion lui-même a produit, et non un autre, en un mot, celui qui ajoute que
mon père doit à Phormion onze talents pris sur les dépôts.
Voici, je pense, en quoi consistait la combinaison. Tous
les biens qui se trouvaient dans la maison paternelle, il
s'en est emparé, au moyen du testament, comme de biens
donnés en même temps que ma mère, ainsi que vous
venez de l'entendre. Quant aux capitaux qui se trouvaient
dans la banque, qui étaient connus de tout le monde et
qu'on ne pouvait dissimuler, il se les est appropriés en se
faisant reconnaître par mon père pour créancier, et de
la sorte il peut dire qu'il s'est légalement mis en possession de toutes les valeurs qui seront trouvées entre ses
mains.

Vous imaginez peut-être, aux solécismes qu'il fait en
parlant, que c'est un barbare, un pauvre homme. Barbare, oui, pour haïr ceux qu'il devrait servir. Mais pour
faire le mal et conduire une manœuvre souterraine, il ne
le cède à personne. Prends le bail et lis, j'entends celui
qu'ils ont fait joindre à la procédure de la même manière
que le testament, au moyen d'une sommation.

BAIL DE LA BANQUE.

« Conditions auxquelles la banque a été louée à Phormion par
Pasion. Phormion payera aux enfants de Pasion un loyer annuel
de deux talents et quarante mines, et de plus il donnera ses soins
à la gestion journalière de la banque. Il ne pourra faire aucune
opération pour son compte personnel sans la permission des
enfants de Pasion. Pasion doit en banque onze talents au compte
de dépôts. »

Telles sont, juges, les conventions qu'il a produites, et aux termes desquelles il prétend avoir loué la banque. Vous voyez, par cette lecture, qu'il payait un loyer annuel de deux talents et quarante mines, indépendamment des soins qu'il donnait à la gestion journalière; de plus, il s'interdisait de faire aucune opération pour son compte personnel sans notre permission. Enfin, l'acte ajoute que Pasion doit onze talents au compte de dépôts. Eh bien, se serait-on jamais soumis à payer un loyer si élevé pour une table en bois, un emplacement, des registres? Aurait-on jamais pris celui-là même qui avait grevé la banque d'un si énorme passif pour mettre tout le reste entre ses mains? Car si une pareille somme manquait dans la caisse, c'est pendant sa gestion qu'elle avait manqué. Vous savez tous que déjà du temps où mon père dirigeait la banque, Phormion était assis et travaillait au comptoir. Il méritait donc d'aller tourner la meule (14), plutôt que de recueillir le reste. Mais je laisse cela, et tout ce que j'aurais encore à dire sur les onze talents qui, loin d'être dus par mon père, ont été détournés par Phormion. Je n'ai lu l'acte que pour prouver la fausseté du testament, et c'est sur ce point que j'appellerai votre attention. Il est écrit, dans cet acte, que Phormion ne pourra faire pour son compte aucune opération de banque sans notre permission. Cette clause prouve la fausseté du testament. Eh quoi! les profits que Phormion devait réaliser en dirigeant la banque, Pasion a voulu qu'ils revinssent à ses propres enfants, et non à Phormion; c'est pour cela que défense est faite à Phormion de faire pour son compte aucune opération de banque, afin qu'il ne puisse commettre aucun détournement à notre préjudice; et après cela, tous les profits que Pasion avait réalisés et laissés dans la banque, il aurait

pris ses mesures pour que Phormion les recueillît! Il a
retenu les profits de Phormion, qu'on pouvait lui laisser
sans honte, et il lui aurait donné sa femme, ce qui est
le comble de l'infamie! Gratifié par vous du droit de cité,
il vient après cela jouer le rôle d'un esclave qui donne à
son maître, non d'un maître qui donne à son esclave, si
tant est qu'il ait rien donné, et il ajoute une dot supé-
rieure à toutes celles qui se donnent ici (15). Et pourtant,
n'était-ce pas déjà assez pour Phormion de recevoir la
main de sa maîtresse? Et pour mon père, eût-il reçu
autant d'argent qu'on prétend qu'il en a donné, les dispositions qu'on lui prête n'en seraient pas plus raison-
nables. Ainsi les présomptions, les dates, les faits, tout
concourt à prouver le faux, et voilà cependant ce que
n'a pas craint d'attester Stéphanos ici présent.

Après cela, il va disant partout que Nicoclès déclare
avoir géré la tutelle aux termes du testament, que Pasiclès
déclare avoir été en tutelle aux termes du testament.
Mais, à mon sens, cela même prouve que tous ces témoins n'ont dit la vérité ni les uns ni les autres. Déclarer
qu'on a géré la tutelle aux termes du testament, qu'on a
été en tutelle aux termes du testament, c'est faire clairement entendre que l'on connaît le testament. Pourquoi
donc attestiez-vous dans la sommation l'existence d'un
testament, et ne laissiez-vous pas faire cette déclaration
par Nicoclès et Pasiclès? Et s'ils disent qu'ils n'ont pas su
ce que portait le testament, comment pouvez-vous l'avoir
su, vous que l'affaire ne concernait en aucune façon?
Pourquoi donc les uns disent-ils ceci et les autres cela?
Je l'ai déjà expliqué. On se partageait les rôles à jouer,
et les témoins n'hésitaient pas à déclarer, l'un qu'il avait
géré la tutelle aux termes du testament, l'autre qu'il avait
été en tutelle aux termes du testament, mais en s'abste-

nant l'un et l'autre de faire connaître ce que contenait ce testament écrit par Phormion. Un autre a pu dire que Pasion a laissé à son fils un écrit intitulé Testament. D'autres encore ont pu déclarer des faits du même genre. Quand il s'est agi d'attester l'existence d'un testament supposé par un faussaire en vue de voler une si grande fortune, de corrompre une femme, d'épouser sa propre maîtresse, toutes choses indignes et honteuses, tous ont reculé, à l'exception de ceux-ci qui ont imaginé la sommation. C'est à eux qu'il faut demander compte de toutes ces manœuvres et de toutes ces fraudes.

Et maintenant, Athéniens, aux charges, aux preuves que je fournis pour vous montrer la fausseté du témoignage de Stéphanos, j'ajoute les pratiques mêmes de celui qui a produit Stéphanos comme témoin. Écoutez donc ce qu'a fait cet homme-là. Comme je le disais en commençant, vous allez voir qu'ils se trouvent convaincus par leur propre bouche. Phormion a repoussé par une exception l'action dans laquelle ces témoignages ont été rendus. Il a soutenu qu'elle n'était pas recevable, parce que je lui avais donné décharge de toutes réclamations. Cela est faux, j'en suis sûr, et je le prouverai quand j'attaquerai ceux qui ont rendu ce témoignage; mais il n'est pas possible à Stéphanos de tenir le même langage. Et quand bien même vous croiriez à la réalité de cette décharge, c'est alors surtout que la fausseté du témoignage de Stéphanos, et de ses déclarations au sujet d'un prétendu testament, vous paraîtra plus claire que le jour. En effet, peut-on être insensé à ce point de se faire donner décharge devant témoins pour assurer sa libération, et de laisser subsister contre soi dans un dépôt dûment scellé les contrats, le testament, tous les actes à raison desquels on s'est fait donner décharge? Ainsi donc

l'exécution est inconciliable avec tous les témoignages,
et le bail que je vous lisais tout à l'heure est inconciliable
avec le testament que voici. Dans toutes leurs démarches
on ne voit rien de logique, pas d'unité, rien de conséquent avec soi-même. D'où il faut conclure que tout cela
n'est qu'une invention et une fable.

Ainsi, quant à la vérité des faits attestés, ni Stéphanos,
ni personne autre pour lui ne peut, à mon sens, la prouver. Mais, à ce que j'apprends, son système de défense
se réduit à dire que s'il répond d'une sommation, il ne
répond pas d'un témoignage, et que de tous les faits écrits
dans la procédure il en est deux seulement sur lesquels
il ait à s'expliquer : Est-il vrai que Phormion m'ait adressé
cette sommation, oui ou non? Est-il vrai que je ne l'aie
pas acceptée? C'est là, dira-t-il, tout ce qu'il a attesté,
rien de plus. Quant au reste, c'est Phormion qui a fait la
sommation. Les faits attestés à cette occasion sont-ils
vrais ou faux? C'est une question dont lui, Stéphanos,
n'a pas à s'occuper. A ce langage, à cette impudente
défense, je veux dès à présent répondre quelques mots
pour vous mettre à l'abri d'une surprise. D'abord, lorsqu'il
viendra vous dire qu'il ne répond pas de tous les faits,
rappelez-vous bien ceci : Lorsque la loi prescrit de rédi-
ger un procès-verbal des dépositions, c'est afin qu'on ne
puisse rien ajouter à ce qui est écrit, ni rien en retrancher. C'est alors, c'est à cet instant même qu'il aurait dû
faire effacer les faits étrangers à sa déposition. Aujour-
d'hui que la mention est faite, il est trop tard pour nier.
Songez encore à ceci : Me permettriez-vous de prendre le
procès-verbal en votre présence, et d'y ajouter un mot?
Non certes. Eh bien, vous ne pouvez pas davantage permettre à Stéphanos d'en retrancher un seul. Comment
condamnerez-vous jamais pour faux témoignage si le

témoin peut dire tout ce qu'il veut et ne répond de son
témoignage qu'autant qu'il veut? Mais la loi n'a pas fait
cette distinction, et vous ne devez pas l'accueillir. Ce
que vous avez le droit de faire, c'est d'adresser à Stéphanos une seule question : « Qu'est-ce qui est écrit? Que
porte ton témoignage? Prouves-en la vérité. » Et d'ailleurs, dans tes conclusions de défense (16), tu as écrit
toi-même ceci : « J'ai attesté la vérité lorsque j'ai attesté
ce qui est écrit au procès-verbal. » Tu n'as pas dit : tel
ou tel fait parmi ceux qui sont écrits au procès-verbal.
Pour prouver qu'il en est ainsi, prends-moi ces conclusions. Lis.

Apollodore fils de Pasion, d'Acharnes, contre Stéphanos fils de Ménéclès, d'Acharnes; action en faux témoignage. Montant de la demande, un talent. Stéphanos a fait un faux témoignage contre moi lorsqu'il a attesté ce qui est écrit au procès-verbal.

Moi, Stéphanos, fils de Mé-néclès, d'Acharnes : j'ai dit la vérité lorsque j'ai attesté ce qui est écrit au procès-verbal.

Voilà ce qu'il a dit lui-même dans ses conclusions en
défense. Rappelez-vous bien ces termes, et quand il
voudra vous induire en erreur avec ses subterfuges,
gardez-vous d'y croire, ne croyez que la loi et ce que
lui-même a dit dans ses conclusions.

Ils parleront encore, je le sais, des faits à raison desquels j'ai primitivement intenté mon action. Ils me trai-
teront de sycophante. Je vous ai dit, moi, et je vous ai
montré en détail comment Phormion a forgé cette prétendue location pour conserver en sa possession le capital
de la banque. Quant aux autres faits, il ne m'est pas possible d'en parler, alors que j'ai à convaincre mes adversaires de faux témoignage. Il ne me reste plus assez de
temps. Mais vous-mêmes vous ne devez pas consentir à

les écouter sur ce sujet, et vous comprendrez cela si vous songez en vous-mêmes qu'il est trop facile pour eux de parler de faits étrangers à la poursuite, comme il l'a été pour Phormion de gagner son procès en faisant lire de faux témoignages. Ils ont tort dans un cas comme dans l'autre, et personne ne dira le contraire. Ce qui est juste, c'est ce que je propose en ce moment. Écoutez et jugez. Puisqu'ils m'ont fermé la bouche quand je voulais prouver mès griefs, qu'ils n'exigent pas de moi aujourd'hui ce que j'aurais dû pouvoir dire alors! qu'ils prouvent la sincérité des témoignages par lesquels ils m'ont fermé la bouche! Si je discute mon action, ils veulent que je prouve la fausseté de leurs témoignages; si j'attaque ces témoignages, ils me rappellent à la discussion de mes griefs primitifs. Cela n'est ni juste, ni convenable pour vous. Vous avez juré de juger, non sur les faits qu'il plairait au défendeur de vous soumettre, mais sur ceux qui font l'objet de la poursuite. Or, pour connaître la poursuite, il faut s'attacher à l'action intentée par le poursuivant, c'est-à-dire à l'action en faux témoignage que j'ai intentée contre Stéphanos. Qu'il ne s'écarte donc pas de la question, qu'il ne parle pas de ce qui est étranger au procès; s'il se permet de le faire, vous ne devez pas le souffrir.

Ne trouvant nulle part de bonnes raisons à donner pour sa défense, il viendra sans doute vous dire qu'après avoir succombé sur l'exception, j'ai tort de poursuivre ceux qui ont témoigné de l'existence du testament, qu'en effet les témoignages qui ont entraîné dans le temps la décision des juges sont ceux qui portaient sur la décharge et non ceux qui portaient sur le testament. Mais je n'ai pas besoin de vous rappeler, Athéniens, qu'en pareil cas vous avez l'habitude d'examiner le fond des affaires tout autant que les moyens d'exception. Or, c'est sur le fond que ces hommes ont rendu contre moi de faux témoignages ; et c'est par là qu'ils ont rendu impuissante ma défense sur l'exception. De plus, n'y a-t-il pas dans ce langage quelque chose d'absurde ? Quand tous ont rendu faux témoignage s'agit-il de montrer lequel a été le plus nuisible ? Ne s'agit-il pas plutôt de prouver que chacun d'eux a dit vrai ? Qu'un autre ait fait plus de mal, je le veux. Ce ne serait pas une raison pour que Stéphanos échappât à toute condamnation. Il n'y peut échapper qu'à une condition, c'est de prouver qu'il a dit la vérité.

Maintenant, Athéniens, savez-vous pourquoi Stéphanos mérite surtout d'être frappé ? Écoutez-moi. C'est toujours une chose grave de porter un faux témoignage contre qui que ce soit, mais contre un parent c'est chose bien plus grave encore et plus intolérable. L'homme qui fait cela ne viole pas seulement les lois écrites, il brise les liens de la nature. Eh bien, c'est ce qu'a fait Stéphanos, et je vais le prouver. Sa mère et le père de ma femme sont frère et sœur. Ma femme est donc sa cousine. Ses enfants et les miens sont issus de germains. S'il voyait ses parentes réduites par l'indigence à une situation fâcheuse, ne vous semble-t-il pas qu'il aurait dû faire ce que beaucoup d'autres ont déjà fait, les doter sur son patrimoine et les marier (17) ? Au lieu de cela, il a mieux aimé porter faux témoignage pour les empêcher de recueillir ce qui leur revenait. Les relations de la parenté ont eu moins d'empire sur lui que l'opulence de Phormion. Pour prouver que je dis vrai, prends-moi le témoignage de Dinias et lis. Appelle Dinias.

TÉMOIGNAGE.

« Dinias fils de Théomneste, d'Athmonon (18), témoigne qu'il a donné sa fille à Apollodore en légitime mariage, et jamais il n'a vu ni su qu'Apollodore ait donné décharge à Phormion de tous ses griefs contre lui. »

Admirez, juges, à quel point Dinias ressemble à Stéphanos (19)! Sa fille, les enfants de sa fille, moi-même, qui suis son gendre, nous invoquons en vain son témoignage. Il ne veut même pas dire ce qui est vrai, pour ne pas perdre un parent. Pour Stéphanos, c'est autre chose. Il n'a pas hésité à porter un faux témoignage contre moi. Il n'a eu d'égard pour personne, pas même pour sa mère, et il réduit à la dernière indigence les parents qui lui tiennent par ce côté. Maintenant, le coup le plus rude, celui qui m'a le plus accablé lorsque je plaidais, juges, le voici. En vous le disant, je vous ferai voir encore mieux l'improbité de cet homme, et d'ailleurs, j'éprouve une sorte de consolation à rappeler devant vous ces douloureux souvenirs. Le témoignage sur lequel je comptais, et qui fournissait à ma cause son plus ferme appui, ne se trouva pas dans la boîte. Accablé de ce coup, je ne pus d'abord faire autre chose que de soupçonner une prévarication de la part du magistrat, qui aurait soustrait une pièce. Mais d'après ce que j'ai su depuis, je suis certain que la soustraction a été commise devant l'arbitre par ce Stéphanos que voici, au moment où je m'étais levé de ma place pour faire prêter serment à un témoin (20). En preuve de ce que j'avance, j'invoque d'abord le témoignage de ceux qui étaient là et qui ont tout vu, car je ne pense pas qu'ils veuillent se rétracter sous la foi du serment (21). Si cependant ils se respectent assez peu pour le faire, le greffier vous lira ma sommation. Par là vous les prendrez en flagrant délit de parjure, et en même temps il sera prouvé pour vous que Stéphanos a soustrait la déposition. Eh bien, Athéniens, celui qui s'est fait voleur pour rendre service à autrui, que ne fera-t-il pas pour son propre compte (22)? Lis le témoignage, puis la sommation que voici.

TÉMOIGNAGE.

« .... déposent qu'ils sont amis et familiers de Phormion, et qu'ils étaient présents chez l'arbitre Tisias lorsque fut rendue la sentence arbitrale entre Apollodore et Phormion. Ils ont vu Stéphanos commettre la soustraction de pièce dont il est accusé par Apollodore. »

Confirmez cette déposition, ou rétractez-la, sous la foi du serment.

RÉTRACTATION AVEC SERMENT.

Je m'y attendais bien, juges, et l'empressement qu'ils mettent à se rétracter ne me surprend pas. Eh bien, il faut les convaincre de parjure. Prends-moi cette autre déposition et cette sommation. Lis.

TÉMOIGNAGES.

« .... déclarent qu'ils étaient présents lorsque Apollodore a sommé Stéphanos de livrer son esclave domestique pour qu'il fût mis à la question relativement à la soustraction de la pièce dont il s'agit, et qu'Apollodore était prêt à régler par écrit les conditions de l'interrogatoire; que, malgré la sommation d'Apollodore, Stéphanos refusa de livrer son esclave, et répondit à Apollodore : Si tu crois que je t'ai fait tort en quoi que ce soit, tu peux plaider contre moi. »

SOMMATION.

Vit-on jamais, juges, en présence d'une accusation si grave un homme fort de sa conscience refuser de livrer son esclave à la question? Dès qu'il recule devant cette épreuve il est par là même convaincu d'être l'auteur de la soustraction. Eh bien, croyez-vous qu'on soit arrêté par la crainte de passer pour faux témoin, quand on n'a pas rougi d'être reconnu pour un voleur? ou qu'on refuse

aux prières d'un ami le secours d'un faux témoignage,
quand on a déjà fait une mauvaise action spontanément
et sans y être poussé par un autre?

C'est donc justement, Athéniens, que vous le punirez à
raison de tous ces faits, mais d'autres motifs, et bien
plus puissants encore, doivent vous rendre sévères à son
égard. Examinez, et voyez quelle vie il a menée. Tant
que le banquier Aristolochos a fait de bonnes affaires,
Stéphanos réglait son pas sur celui de cet homme et se
courbait devant lui, beaucoup d'entre vous le savent.
Mais lorsque Aristolochos fut ruiné et exproprié, après
ce désastre dont Stéphanos et ses pareils étaient en
grande partie la cause, alors que le fils d'Aristolochos
était accablé de procès, Stéphanos ne lui est jamais venu
en aide et n'a rien fait pour lui. Un Apolexis, un
Solon (23), le premier venu, sont gens plus secourables.
Il tourna donc ses regards vers Phormion; il entra dans
la maison de cet homme qu'il choisissait de préférence
à tous les Athéniens. Il est allé à Byzance, comme repré-
sentant de Phormion (24), lorsque les Byzantins rete-
naient les navires de ce dernier, il a plaidé le procès de
Phormion contre les gens de Chalcédoine (25). N'est-il
pas évident qu'il vient encore pour le compte de Phormion porter un faux témoignage contre moi? Eh bien,
cet homme qui se fait le flatteur des riches pour les
abandonner ensuite, au premier revers de fortune, qui
parmi tant de braves et honnêtes citoyens n'en trouve
pas un seul dont il consente à être l'égal, et court s'in-
cliner devant les pareils de Phormion, qui ne s'inquiète
pas de savoir s'il fera du tort à ses proches, ni s'il se
donnera par sa conduite un mauvais renom dans le
monde, en un mot qui n'a pas autre chose en vue que
le moyen de s'enrichir, cet homme ne doit-il pas vous

inspirer une aversion profonde, comme l'ennemi commun de tout le genre humain? Pour moi, c'est mon avis. Et quel motif, Athéniens, a pu le déterminer à commettre des actes si honteux? Il a voulu se dérober à ses devoirs de citoyen et dissimuler sa fortune, réaliser des profits secrets par le moyen de la banque et en même temps s'affranchir des charges de chorége et de triérarque et de tous les services qu'il convient de rendre à son pays (26). Et il y a réussi. En voici la preuve : possesseur d'une fortune suffisante pour donner à sa fille une dot de cent mines (27), on ne l'a jamais vu s'acquitter pour vous d'une liturgie quelconque, si mince qu'elle fût. Et pourtant, combien n'est-il pas plus beau de se montrer plein d'émulation et de zèle à remplir ses devoirs de citoyen; que de se faire flatteur ou faux témoin? Mais pour gagner, il n'y a rien qu'il ne fasse. Pour vous, Athéniens, cette bassesse doit vous inspirer plus d'indignation chez des riches que chez des pauvres. Ces derniers ont pour eux l'excuse du besoin auprès de ceux qui font la part de la faiblesse humaine. Mais ceux qui se font fripons tout en ayant largement de quoi vivre, comme cet homme, n'ont pas de prétexte dont ils puissent se couvrir. On ne peut trouver à leur conduite d'autre mobile que l'avarice, la convoitise, l'orgueil, l'assurance puisée dans leurs brigues qu'ils croient assez fortes pour se mettre au-dessus des lois. Mais rien de tout cela n'est bon pour vous; ce qui est bon, c'est que le faible, s'il lui est fait tort, puisse obtenir justice contre le riche, et cela sera, si vous frappez ceux qui, comme lui, de riches qu'ils étaient se sont faits fripons.

Quand vous le voyez composer sa figure et marcher d'un air bourru le long des maisons, gardez-vous de le prendre pour un sage, ce n'est qu'un avare. Lorsqu'on

n'a pas éprouvé de malheurs et qu'on ne manque pas
du nécessaire, on n'irait pas, à mon sens, jouer un pareil
personnage si l'on n'avait fait, à part soi, la réflexion et
le raisonnement que voici : marcher comme tout le
monde et naturellement, n'être pas négligé de sa personne, c'est encourager le passant à s'approcher, à solliciter, à demander un service; composer sa figure et se
donner un air bourru, c'est tenir sûrement les gens à
distance. Ces airs qu'il prend ne sont donc pas autre
chose qu'un masque dont il se couvre, et on voit par là
même à quel point son caractère est âpre et dur. La
preuve est toute faite : parmi un si grand nombre d'Athéniens, toi, Stéphanos, bien plus riche que tu ne méritais
de l'être, peux-tu en nommer un seul à qui tu sois venu
en aide? pour qui tu aies contribué (28)? à qui tu aies
fait quelque bien? Aucun. Mais tu fais l'usure et tu spé-
cules sur les malheurs et les embarras d'autrui; c'est
ainsi que tu as exproprié ton oncle Nicias de sa maison
paternelle, que tu as enlevé à ta belle-mère tout ce
qu'elle avait pour vivre, et que tu as concouru à mettre
sur le pavé le fils d'Archédème. Jamais on n'a montré
autant de rigueur pour faire rentrer un capital après
l'échéance, que tu en as mis à exiger les intérêts. Et
cet homme que vous voyez en tout si hargneux et si
féroce, vous l'avez pris en flagrant délit, et vous ne le
puniriez pas! Vous feriez là, juges, une triste chose, et
ce ne serait plus de la justice.

Maintenant, Athéniens, il faut prendre aussi à partie
Phormion, qui a suborné Stéphanos, et lui demander un
compte sévère de sa conduite, après vous être bien convaincus que c'est un fripon et un ingrat. Vous le savez
tous, si cet homme, alors qu'il était à vendre, eût été
acheté par un cuisinier ou par quelque autre artisan, il

eût appris le métier de son maître et serait aujourd'hui bien loin de sa fortune présente. Mais il fut acheté par notre père qui était banquier, qui lui apprit à lire et à écrire, qui lui enseigna son art et mit à sa disposition des capitaux considérables. C'est ainsi qu'il devint riche, grâce au hasard qui l'avait envoyé vers nous et qui devint la source de toute son opulence. Eh bien, au nom des dieux, n'est-ce pas une chose indigne, une chose horrible? De barbare, nous en avons fait un Grec, d'esclave, nous en avons fait un ami de la maison, nous l'avons conduit à une si grande fortune, et il nous abandonne, nous, plongés dans la détresse et la misère, lui riche et opulent. Cette fortune qu'il nous doit, il se refuse effrontément à nous en faire part. Pour lui, il n'a pas balancé à épouser sa maîtresse, à entrer dans le lit de celle qui, le jour où il fut acheté, répandit les figues sèches sur sa tête (29), à écrire un acte qui constitue à son profit une dot de cinq talents, indépendamment des biens considérables que possédait ma mère et dont il est devenu le maître, — n'est-ce pas là en effet le sens de cette clause qu'il a insérée dans le testament : « Je donne tout le surplus, sans exception ni réserve, à Archippé » ? — et il n'a pas un regard de pitié pour mes filles condamnées par la pauvreté à vieillir dans ma maison sans trouver de dot. S'il était pauvre et moi riche, et que je vinsse à mourir, ses fils auraient le droit de réclamer mes filles pour épouses (30). Les fils de l'esclave obtiendraient les filles de leur maître. Ne sont-ils pas leurs oncles, puisque Phormion a épousé ma mère? Mais aujourd'hui que nous sommes dans la détresse, il refusera de doter mes filles, il compte, il calcule ce que j'ai de bien. C'est là en vérité la plus inconcevable de ses prétentions. Jusqu'à ce jour il n'a pas encore voulu rendre compte de la fortune qu'il nous a

enlevée et il oppose une exception à notre demande pour
la faire déclarer non-recevable; mais il fait le calcul de ce
que j'ai reçu en partage dans la succession paternelle. En
général, c'est au maître qu'il appartient de rechercher ce
que font ses esclaves; ici, au contraire, c'est l'esclave
qui recherche ce que fait son maître afin de prouver que ce
dernier est un débauché et un prodigue. Assurément, Athéniens, si je considère ma figure, ma démarche précipitée, ma
voix bruyante, je ne me range pas parmi les favorisés de la
nature. Je suis inférieur à beaucoup d'autres par ces défauts
qui sont désagréables à autrui sans m'être d'aucun avantage (31), mais si vous remarquez la sage modération
que j'apporte dans mes dépenses personnelles, vous me
trouverez bien plus réglé dans ma vie que Phormion et
ses pareils. Quant aux dépenses qu'il s'agit de faire pour
l'État et pour vous, je les fais, comme vous le savez, le
plus largement que je puis. Je n'ignore pas, en effet, qu'à
vous qui êtes nés citoyens, il suffit de remplir les liturgies en se conformant aux lois; mais nous autres qui vous
devons le droit de cité, nous sommes obligés de nous acquitter des liturgies en gens qui veulent témoigner leur
reconnaissance. Cesse donc de me reprocher ce dont je
pourrais avec juste raison me faire un mérite. A mon
tour, Phormion, je te demanderai ceci : Quel citoyen ai-je
séduit et corrompu par un marché honteux? Parle. Qui
ai-je rendu indigne de ce droit de citoyen qui m'a été accordé et du droit de parler au peuple (32), comme ce
malheureux que tu as souillé de tes vices? De qui ai-je
corrompu la femme, comme tu l'as fait tant de fois, témoin entre autres celle à qui cet ennemi des dieux a
élevé un monument près de celui de la femme de son maître, au prix de deux talents et plus? Il n'a pas compris
qu'au lieu de servir de monument à une sépulture, cet édi-

fice ne servirait qu'à rappeler les torts de cette femme
envers son époux, et la complicité de Phormion. Et après
avoir fait cela, après avoir produit de si éclatants témoignages de ton orgueil, tu oses fouiller dans la vie d'un
autre ! Le jour, ta conduite est régulière ; mais la nuit tu
fais ce que la loi punit de mort. C'est un méchant homme,
Athéniens, méchant et vicieux depuis le jour où il a mis
le pied hors du marché aux esclaves (33). En voici la
preuve. S'il eût été honnête, il serait resté pauvre après
avoir administré la fortune de son maître. Aujourd'hui,
au contraire, après avoir eu entre les mains des capitaux
assez considérables pour qu'il ait pu prendre sur ces capitaux, sans qu'il y parût, les grands biens qu'il possède,
il considère ces biens, non comme un emprunt à restituer, mais comme un patrimoine légitime. Et pourtant, au
nom des dieux, supposons que je t'eusse traîné devant la
justice comme un voleur pris sur le fait, avec ta fortune
sur le dos, comme si tu pouvais la porter, et que je t'eusse
contraint, ou de confesser tes détournements, ou de faire
connaître l'origine de cette fortune, de qui aurais-tu prétendu la tenir ? Tu ne l'as pas reçue de ton père, tu ne l'as
pas trouvée par hasard, tu ne peux pas dire qu'elle te fût
déjà venue, à aucun titre, lorsque tu es arrivé chez nous,
car tu n'étais qu'un barbare acheté au marché. Ainsi, tu
as mérité pour tes méfaits de périr par la main du bour-
reau. Tu as sauvé ta tête, et acquis le droit de cité avec
notre argent, tu as été appelé à l'honneur de procréer des
enfants qui fussent les frères de ton maître, et après cela
tu m'as opposé une exception pour faire déclarer non-recevable l'action que j'avais formée contre toi en restitution de mes biens. Ce n'est pas tout. Tu as dit du mal de
nous, tu as recherché ce qu'était mon père. Qui de vous,
Athéniens, pourrait supporter ces choses sans indigna-

tion ? Car, enfin, s'il est juste que je me regarde moi-même comme étant au-dessous de vous tous, j'ai bien le droit, je le pense, de me regarder comme au-dessus de lui, et s'il n'est inférieur à nul autre, il est au moins inférieur à moi. Nous serons tout ce qu'il te plaira, je le veux; toi, tu as servi comme esclave.

Mais peut-être quelqu'un d'entre eux va me dire encore que mon frère Pasiclès ne réclame rien à Phormion, au sujet des mêmes affaires. Je vais donc vous parler de Pasiclès, Athéniens, et je ne tairai rien, mais avant tout je vous prie et je vous conjure de me pardonner, si, parvenu à ce comble de misère d'être insulté par mes propres esclaves, je ne puis plus retenir des paroles que jusqu'à ce jour je feignais de ne pas entendre lorsqu'elles étaient prononcées devant moi. Oui, je crois que Pasiclès est mon frère, comme issu de la même mère, mais je ne suis pas sûr que nous ayons le même père, et je crains précisément que sa naissance ne soit le premier des attentats que Phormion a commis contre nous. Et lorsque Pasiclès vient faire cause commune avec un esclave pour ruiner son frère, lorsqu'il s'oublie lui-même et se met aux pieds de ceux qui devraient être aux siens, ne se rend-il pas justement suspect? Ote donc de devant mes yeux ce fantôme de Pasiclès. Qu'il s'appelle ton fils et non ton maître, mon adversaire, puisqu'il le veut ainsi, et non mon frère !

Je le repousse loin de moi et je me réfugie vers ceux que mon père m'a laissés pour amis et pour soutiens, vers vous, juges. Écoutez-moi. Je vous en prie et je vous en conjure avec instance. Ne nous laissez pas, moi et mes filles, dans la misère où nous sommes, devenir un objet de risée pour nos esclaves et pour les flatteurs de cet homme. Mon père vous donna autrefois mille boucliers, il vous a souvent rendu des services. Un jour, il vous offrit volontairement cinq galères, prit les équipages à ses frais et supporta toutes les charges de la triérarchie. Si je rappelle ces faits, ce n'est pas pour faire sentir que vous nous devez de la reconnaissance, — c'est nous qui vous en devons, — mais pour qu'on sache ce qui m'arrive après tant de services rendus. Prenez-y garde, cela pourrait devenir fâcheux pour vous-mêmes.

J'aurais beaucoup à dire sur tous les outrages que j'ai soufferts, mais je vois que l'eau va manquer. Je me bornerai donc à vous dire le mot qui me paraît le plus propre à vous faire comprendre l'énormité de mon injure. Que chacun de vous rentre en lui-même et pense à l'esclave qu'il a laissé à la maison; qu'il se suppose ensuite traité par cet esclave comme nous l'avons été par celui-ci. Le sien s'appelle Syros ou Manès, — quel nom vous dirai-je encore? — le mien s'appelle Phormion. Voilà toute la différence. Quant au fait, il est le même. Des esclaves d'un côté, un esclave de l'autre. Vous êtes maîtres, je suis maître aussi. La justice que chacun de vous demanderait pour lui-même, trouvez bon que je l'obtienne aussi en ce jour. Quant à celui qui m'a dépouillé, par son faux témoignage, au nom des lois, au nom des serments que vous avez prêtés en venant siéger ici comme juges, frappez-les, et faites-en un exemple pour les autres. Rappelez-vous tout ce que vous avez entendu de notre bouche, tenez-vous en garde contre toutes les manœuvres qu'ils emploieront pour vous faire prendre le change; ayez un mot tout prêt pour repousser chacun de leurs moyens. S'ils viennent dire : « Notre témoignage n'a pas porté sur tous les faits, » répondez-leur : « Comment se fait-il » alors que cela soit écrit au procès-verbal? Pourquoi » n'avez-vous pas fait supprimer cette mention? Pourquoi » n'avez-vous pas déposé de protestation entre les mains

» des magistrats? » S'ils prétendent avoir attesté, l'un qu'il a été soumis à la tutelle prescrite par le testament, l'autre qu'il a géré cette tutelle, un troisième qu'il est le dépositaire du testament, demandez-leur quel est ce testament et quels en sont les termes. En effet, ce que les faux témoins que voici ont déclaré, les autres ont évité d'en parler dans leurs dépositions. S'ils cherchent à vous émouvoir de pitié, dites-vous que votre pitié doit être réservée pour la victime et non pour les coupables. Si vous faites cela, vous me viendrez en aide, vous mettrez un terme aux basses complaisances de ces hommes, et vous-mêmes, vous aurez satisfait au serment que vous avez prêté.

NOTES

(1) Pasion était mort en 370-369. Le mariage de Phormion et d'Archippé doit être placé en 368. (A. Schæfer, *Beilagen*, p. 146, note 6.) Il est question de la première triérarchie d'Apollodore dans le plaidoyer contre Nicostrate.

(2) Le cours de la justice se trouvait interrompu à cause de la guerre. Les juges, les parties, les témoins étaient au service. Toutefois, l'interruption n'était pas toujours complète; ainsi, dans le cas dont il s'agit, elle ne portait que sur les affaires civiles, à l'exclusion des actions publiques. Voy. Meier et Schœmann, p. 154; Meier, *De bonis damnatorum*, p. 190. La guerre dont il s'agit ici ne devait pas être une simple expédition maritime. Ces sortes d'expéditions n'apportaient pas une grande perturbation dans les habitudes du peuple athénien. Mais il en était autrement lorsqu'il fallait mettre en campagne un corps d'armée. En 368 les Athéniens envoyèrent à Jason, tyran de Phères, une division complète, hoplites et cavalerie, pour résister à l'invasion des Thébains en Thessalie (voy. Diod. Sic., XV, 171).

(3) Γραφὴ ὕβρεως. Voy. Meier et Schœmann, p. 319. On distinguait plusieurs espèces d'outrage, ὕβρις : par attentat à la pudeur, δι' αἰσχρουργίας; par coups, διὰ πληγῶν; par paroles, διὰ λόγων. C'est sans doute sur un fait du premier genre qu'était fondée la plainte d'Apollodore. Il accusait Phormion d'avoir séduit Archippé, car le fait de l'avoir épousée malgré la différence de situation, ne pouvait pas être considéré en lui-même comme un outrage. C'est ce qu'expliquent très-bien Meier et Schœmann, p. 323.

(4) Nous avons déjà expliqué tous ces faits dans l'argument du plaidoyer pour Phormion.

(5) Acharnes, dème de la tribu Œnéide, Lamptra, de la tribu Érechthéide, Kydathénæon, de la tribu Pandionide.

(6) Le texte porte ἀνοίγειν, ouvrir. Mais je n'ai pu employer le terme « faire l'ouverture du testament ». Ce terme a en français un autre sens.

(7) On voit par ce texte le rôle que jouait la sommation, πρόκλησις, dans la procédure athénienne. Cette procédure était tout entière entre les mains des parties. Le juge avait un rôle purement

passif et ne pouvait pas ordonner une preuve. A défaut d'interlo-
cutoire, il fallait donc une convention entre les parties'pour que
la preuve fût faite et reçue contradictoirement. De là l'usage des
sommations.

(8) Voy. un exemple d'une sommation semblable dans le plaidoyer contre Zénothémis.

(9) Ἡ ποικίλη στοά, le portique des peintures, dans l'Acropole.
C'est là que siégeaient les arbitres publics.

(10) La construction de cette phrase est embarrassée. G. Schæfer a essayé de corriger le texte. Nous suivons le sens indiqué par
H. Wolf.

(11) La loi athénienne ne prescrivait, comme on le voit, aucune
mesure d'ordre public pour l'ouverture et la conservation des
testaments. Un testament était un écrit comme un autre, une
indication des dernières intentions du défunt, mais rien de plus.
C'était au testateur et aux parties intéressées à prendre des
mesures pour prévenir la suppression du testament.

(12) Deux talents et cent mines font déjà 22,000 francs. Le surplus pouvait valoir environ 8,000 francs. Du moins Apollodore
évalue à cinq talents (30,000 francs) le total de la dot d'Archippé.
Pasion donne à Archippé ce qui appartient déjà à celle-ci dans la
maison. C'est une reconnaissance qu'il lui donne, en sa qualité de
κύριος, et à laquelle était sans doute joint un état descriptif
(ἀπογραφή). Cette disposition du κύριος était d'ailleurs nécessaire
pour imprimer aux biens dont il s'agit le caractère dotal.

(13) Ces créances devaient être des créances hypothécaires. La
petite île de Péparèthe, au nord-ouest de l'Eubée, était une
colonie athénienne. Les Athéniens pouvaient y acquérir des immeubles et des hypothèques. On sait qu'en général et à moins de
traités particuliers, ces droits (ἔγκτησις) étaient refusés aux étrangers, ainsi que le droit de mariage, ἐπιγαμία. C'est ce que les
Romains appelaient *commercium* et *connubium*.

(14) C'était la peine infligée aux esclaves vicieux et rétifs. *Ad
pistrinum, ad molam.*

(15) Cela est vrai. La mère de Démosthène, Cléoboulé, n'avait
reçu en dot que quatre-vingts mines, c'est-à-dire un talent et
demi. Et cependant le père de Démosthène était riche. La mère
de Mantithée avait reçu un talent. Les deux filles de Polyeucte
quarante mines chacune.

(16) Ἀντιγραφή. Voy. Meier et Schœmann, p. 628. C'est à proprement parler le mémoire en défense. Ce mémoire était présenté

par le défendeur à l'archonte ou à l'arbitre public, qui en ordonnaient la jonction à la demande.

(17) En pareil cas le donateur constituait en dot le dixième de sa fortune. C'était du moins l'usage. Voy. Isée, *De Pyrrhi hered.*, § 51; Bœckh, t. I, p. 666; Meier et Schœmann, p. 416.

(18) Athmonon, dème de la tribu Cécropide.

(19) Ceci est dit par ironie.

(20) L'arbitre assistait à la prestation de serment par les témoins, mais c'était la partie qui faisait prêter le serment. L'interrogatoire était fait par les parties, comme encore aujourd'hui en Angleterre. Le rôle du juge se bornait à écouter et à surveiller la rédaction du procès-verbal.

(21) Ἐξωμοσία. Le témoin peut, devant le tribunal et sous la foi du serment, refuser de renouveler une déclaration qu'il a faite dans l'instruction devant l'arbitre. Sa rétractation l'expose seulement à une action en faux témoignage.

(22) Je lis ici ὑπὲρ αὐτοῦ, avec Reiske et Dindorf. La correction proposée par Vœmel dans l'édition Didot, ὑπὲρ ἄλλου του, n'est pas nécessaire et ne donne pas un sens satisfaisant. Κακῶν ἀλλοτρίων κλέπτης est celui qui pour rendre service à un autre fait subrepticement disparaître un écrit ou une preuve incommode pour ce dernier.

(23) Nous ne savons rien sur ce banquier Aristolochos, ni sur Apolexis et Solon.

(24) Πρεσβευτής. C'est le mandataire qui se rend en pays étranger pour le compte de son mandant. Voy. le plaidoyer contre Zénothémis. Nous avons déjà fait remarquer que les Athéniens n'avaient pas de nom générique pour le mandat. Chaque espèce de mandat avait un nom particulier.

(25) Phormion était donc propriétaire de navires et faisait le commerce de la mer Noire, c'est-à-dire le commerce des blés. Son prédécesseur Pasion avait de ce côté une clientèle considérable et des relations suivies avec le royaume du Bosphore. (Voy. Isocrate, *Trapézitique*.)

(26) On sait qu'en Grèce et surtout à Athènes la grande distinction des biens était en apparents et non apparents, φανερά, ἀφανὴς οὐσία. Cette distinction était plutôt de fait que de droit. Les biens étaient considérés comme apparents ou non apparents suivant qu'ils étaient ou non atteints par les impôts sur le revenu. Ainsi les fonds placés dans une banque pouvaient être apparents ou non apparents, selon les circonstances, de même que nous

avons aujourd'hui des valeurs nominatives et des valeurs au porteur. Stéphanos nous fournit un exemple du second cas. Pour le premier, nous avons l'exemple de Conon dans le plaidoyer contre Olympiodore, § 12. Voy. Hermann, t. III, § 14, et Büchsenschütz, *Besitz und Erwerb*, p. 38.

(27) Si l'usage était réellement de constituer en dot à sa fille le dixième de sa fortune, la fortune de Stéphanos devait être de quinze à seize talents (environ 100,000 francs).

(28) Nous avons déjà vu dans le plaidoyer contre Nicostrate un remarquable exemple de ces contributions entre amis pour venir au secours d'un ami malheureux; ces dons s'appelaient ἔρανοι. Voy. Hermann, t. III, § 65, note 13.

(29) Quand un nouvel esclave entrait dans la maison, une sorte de cérémonie religieuse s'accomplissait. La maîtresse de la maison répandait sur la tête de l'esclave des noix, des figues. C'était un symbole pour indiquer que la maison s'était accrue d'un nouveau convive.

(30) Nous avons déjà parlé de la situation des épicières et du droit qui appartenait à leurs plus proches parents de les épouser pour continuer la famille éteinte.

(31) La même pensée se trouve, en termes semblables, dans le plaidoyer de Nicobule contre Panténète. A. Schæfer, *Beilagen*, p. 192, traduit : « Pour ce qui est d'avoir une belle figure, la démarche aisée, la voix claire, je ne suis pas parmi les plus favorisés. » Mais marcher vite et parler trop haut étaient à Athènes le signe distinctif des gens mal élevés. Voy. Théophraste, chap. IV, Barthélemy, *Anacharsis*, chap. XX.

(32) Le citoyen qui avait été flétri pour mauvaises mœurs était privé du droit de parler au peuple. Voy. le discours d'Eschine contre Timarque.

(33) Tὸ Ἀνακεῖον, le temple de Castor et Pollux auprès duquel était le marché aux esclaves.

XXXII

APOLLODORE CONTRE STÉPHANOS

II

ARGUMENT

Dans cette réplique, Apollodore revient sur les moyens qu'il
a déjà plaidés. Il insiste sur la fausseté du testament. Il ajoute
que dans tous les cas ce testament serait nul, et il relève quatre
moyens de nullité. Pasion, dit-il, ne pouvait tester parce qu'il
n'était pas citoyen de naissance. En second lieu, Pasion ne pouvait léguer à Phormion sa femme Archippé, car le droit de léguer
une femme n'appartient qu'au gardien légal (κύριος) de cette
femme. Or, Archippé n'était pas en la garde de Pasion, car elle
était épiclère, et les épiclères ne sont jamais en la garde de leurs
maris. Le gardien légal d'Archippé, celui qui aurait pu la donner
en mariage, était son fils Apollodore. En troisième lieu, le testament n'est permis qu'à ceux qui ne laissent pas d'enfants légitimes. Enfin, le testament dont il s'agit n'est pas celui d'un
homme sain d'esprit.

De ces quatre moyens, un seul avait quelque apparence,
c'est le second. Le premier était fondé sur une équivoque. Le
mot ποιητός, dont se sert la loi de Solon sur les testaments,
s'applique à la fois à l'adopté et à l'étranger naturalisé, mais
l'incapacité de tester ne s'applique qu'à l'adopté. S'il n'est pas
permis de tester quand on laisse des fils légitimes, c'est dans
l'intérêt de ces derniers. Du reste, la loi ne s'oppose pas aux
dispositions qui ne portent pas atteinte à la réserve. Quant à la
prétendue démence du testateur, il suffisait de lire le testament
pour voir combien il avait été sagement combiné. Il n'y avait

donc qu'une seule question sérieuse, celle de savoir si Archippé avait pu être léguée par Pasion ; mais Apollodore aurait dû prouver d'abord qu'Archippé était une épiclère. Or, il ne fournit aucune preuve, car il n'est pas sérieux de dire que si Archippé avait eu des parents vivants, ses adversaires les auraient produits comme témoins.

Il paraît certain que la nouvelle tentative d'Apollodore ne fut pas plus heureuse que la première, et il faut convenir que les moyens proposés pour justifier l'action en faux témoignage n'étaient nullement concluants. Ce n'était pas avec de si faibles armes qu'Apollodore pouvait prendre sa revanche contre Phormion, ou plutôt contre Démosthène.

La date du procès doit être placée peu de temps après le procès de Phormion, c'est-à-dire en 352 ou 354. Quant à la question de savoir quel est l'auteur de ces deux plaidoyers elle est du plus haut intérêt ; car, si Démosthène en était l'auteur, il se trouverait avoir plaidé le pour et le contre, et vendu sa plume aux deux adversaires dans un même procès. C'eût été une mauvaise action, même à Athènes, mais nous ne croyons pas que Démosthène s'en soit rendu coupable. Il importe d'indiquer ici en peu de mots les raisons sur lesquelles se fonde cette opinion négative, et qui ont été complétement réunies par A. Schæfer.

Les discours qui portent le nom d'Apollodore ont été recueillis en même temps que ceux de Démosthène et publiés parmi les plaidoyers de Démosthène par les grammairiens d'Alexandrie ; mais on ne peut conclure de ce fait que Démosthène en soit l'auteur, ni même que telle ait été l'opinion de ses éditeurs. On faisait entrer dans la collection tout ce qui s'y rattachait, de près ou de loin, sans préjuger la question d'authenticité. Aussi, un grand nombre des discours qu'elle contient étaient déjà tenus pour suspects par les anciens critiques, et notamment par Libanius, dans ses arguments. Mais on comprend qu'à force de lire ces discours parmi les œuvres de Démosthène, on se soit habitué à les considérer comme étant de Démosthène.

Le seul témoignage important est celui d'Eschine (*Discours de l'ambassade*, § 165). Eschine, se livrant à une violente invective contre Démosthène, lui reproche d'avoir trahi son client. « Tu as écrit, dit-il, un plaidoyer pour le banquier Phormion, tu te l'es fait payer, et ensuite tu l'as communiqué à Apollodore qui poursuivait Phormion et menaçait sa liberté. » Ce fait, s'il était vrai, pouvait avoir besoin d'explication, mais il pouvait être expliqué et justifié par les circonstances. Dans tous les cas, Eschine ne dit pas que Démosthène eût composé un plaidoyer pour Apollodore ; or, si Démosthène avait réellement commis cette mauvaise action, Eschine n'aurait pas manqué de le savoir et de le dire.

Plutarque est le plus ancien auteur qui accuse Démosthène d'avoir plaidé le pour et le contre (*Vie de Démosthène*, ch. 14 ; *Parallèle de Démosthène et de Cicéron*, ch. 3). Mais Plutarque vivait quatre siècles après Démosthène. On sait combien il est dépourvu de critique. Son affirmation n'a probablement d'autre fondement que le mot d'Eschine mal compris, et l'habitude prise de lire les discours d'Apollodore dans le recueil des *Œuvres de Démosthène*. Les biographes postérieurs n'ont fait que copier Plutarque. La tradition sur ce point est donc absolument insuffisante, car le témoignage d'Eschine est plutôt favorable à Démosthène.

Au point de vue du style, les hellénistes trouvent une diffé-rence marquée entre les discours authentiques de Démosthène et ceux qui portent le nom d'Apollodore. Ils remarquent dans ces derniers le retour fréquent des mêmes mots et des mêmes tournures, l'allure pesante et embarrassée des périodes, l'accumulation des pronoms qui rend souvent le sens obscur ; enfin, à côté d'un talent réel d'exposition, une absence complète de vigueur dialectique et de mouvement oratoire.

Mais il y a deux autres arguments qui nous paraissent décisifs. D'abord les plaidoyers contre Callippe, Timothée et Nicostrate, sont antérieurs aux plaidoyers de Démosthène contre ses tuteurs, et on ne peut pas supposer que Démosthène ait composé des plaidoyers à l'âge de quatorze ou quinze ans, ni qu'il ait plaidé pour d'autres avant d'avoir terminé son procès contre Aphobos et Onétor. D'autre part, celui qui a composé ces trois discours est probablement aussi l'auteur de tous les plaidoyers qui portent le nom d'Apollodore, et tout porte à penser que c'est Apollodore lui-même, car il avait l'habitude de la parole, et s'était plus d'une fois et avec succès porté accusateur devant le peuple.

En second lieu, et cette considération est peut-être encore plus forte, quel intérêt Démosthène pouvait-il avoir à trahir un client comme Phormion, pour servir un homme ruiné comme Apollodore? Démosthène était riche, Phormion était le plus riche banquier d'Athènes, Apollodore, au contraire, n'était pas un client bien enviable. Il n'est pas vraisemblable que Démosthène ait trahi le premier pour le second, et si l'on veut à toute force qu'il ait pu commettre une bassesse, démentie par son caractère, on ne peut supposer qu'il ait manqué de jugement et de réflexion.

PLAIDOYER

Je me doutais bien aussi, juges, que Stéphanos ne serait pas embarrassé pour se défendre au sujet de son témoignage, qu'il prétendrait n'avoir déposé que d'une partie des faits consignés au procès-verbal, et qu'au moyen de ce détour il chercherait à vous induire en erreur. C'est en effet un homme fécond en ressources, et lui, et tous ceux qui ont aidé Phormion de leurs écrits ou de leurs conseils. On doit, d'ailleurs, s'attendre à ce que des gens qui entreprennent de porter un faux témoignage se ménagent tout d'abord un moyen de défense pour le jour où ils seront poursuivis. Mais rappelez-vous ceci : Dans tout ce long discours qu'il vous a fait entendre, aucun témoin produit par lui n'est venu déclarer soit qu'il fût présent en personne lorsque mon père aurait fait le testament dont il s'agit, car alors seulement il pourrait savoir que cet écrit est la copie dudit testament; soit qu'il ait vu ouvert l'écrit que mon père aurait, dit-on, laissé en mourant, et qui contenait ses dernières volontés. Si donc, après avoir déposé que cet écrit est la copie du testament de Pasion, il ne peut ni montrer le testament, ni prouver que mon père en ait fait un, ou que lui-même ait assisté à la confection du testament de mon père, comment ne serait-il pas manifestement convaincu d'avoir porté un faux témoignage?

Il dit qu'il a fait une sommation et non une déposition, mais il ne dit pas la vérité. En effet, tout ce que les parties qui se sont fait sommation l'une à l'autre produisent

17.

devant le tribunal constitue un témoignage. Pour que vous puissiez savoir si ce qu'on allègue de part et d'autre est vrai ou faux, il faut bien qu'on produise des témoins ; et lorsque cette production est faite, les témoins sont responsables, vous appréciez la foi qui leur est due, et vous votez, d'après les dires et les dépositions, ce qui vous paraît être juste. Je veux maintenant vous prouver, d'une part, que le témoignage dont il s'agit n'est pas une sommation ; d'autre part, qu'ils auraient dû se porter témoins s'il y avait eu sommation, ce qui n'est pas. Ils déposent qu'ils étaient présents devant l'arbitre Tisias lorsque Phormion a fait sommation à Apollodore de compulser l'écrit produit par Amphias, beau-père de Céphisophon, et qu'Apollodore a refusé de compulser. Jusqu'ici leur témoignage pourrait paraître sincère ; mais déclarer que l'écriture de l'acte produit par Phormion était une copie du testament de Pasion, alors qu'ils n'ont pas assisté à la confection du testament de Pasion, qu'ils ne savent même pas si Pasion a fait un testament, n'est-ce pas évidemment le comble de l'impudence ?

Il dit encore qu'il a cru le fait sur l'affirmation de Phormion ; or croire un fait sur la foi de Phormion et se porter témoin de ce fait, à l'instigation de Phormion, c'est tout un. Mais ce n'est pas là ce que disent les lois. Elles veulent au contraire que le témoin dépose uniquement de ce qu'il a vu et de ce qui s'est passé en sa présence, et que la déposition soit mise par écrit dans un procès-verbal, afin qu'il soit impossible d'en rien retrancher comme d'y rien ajouter. Elles n'autorisent à déposer par ouï-dire que quand le témoin primitif est mort, jamais lorsqu'il est vivant. Pour les infirmes et ceux qui sont absents hors du territoire, leur déclaration extrajudiciaire est recueillie par écrit dans le procès-verbal, et, s'il y a contestation, la discussion doit porter à la fois et sur le témoignage de celui qui rapporte la déclaration et sur la déclaration rapportée. Par ce moyen, l'auteur d'une déclaration extrajudiciaire peut confirmer ou ne pas confirmer la déclaration qu'on lui prête. Dans le premier cas, il est responsable, et c'est contre lui que doivent être dirigées les poursuites en faux témoignage. Dans le second cas, la responsabilité appartient à ceux qui ont attesté l'existence de la déclaration dont il s'agit. Eh bien, Stéphanos que voici, qui n'a pas connaissance d'un testament laissé par mon père, qui n'a jamais assisté à la confection d'un testament par mon père, qui a seulement entendu rapporter le fait par Phormion, a témoigné par ouï-dire, contrairement à la vérité comme à la loi. Pour prouver que je dis vrai, on va vous lire le texte même de la loi.

LOI.

« On peut témoigner par ouï-dire quand le témoin primitif est mort. On peut recueillir la déclaration extrajudiciaire de celui qui est infirme ou absent hors du territoire (1). »

Je veux maintenant vous prouver que le témoignage dont il s'agit est encore contraire à une autre loi. Vous allez voir que Phormion, ne pouvant plus dissimuler les torts qu'il avait eus envers moi, a pris la sommation pour prétexte, mais en réalité s'est rendu témoignage à lui-même par le moyen de ces hommes. Ainsi les juges ont été trompés, croyant à la sincérité de ce témoignage, et moi j'ai été dépouillé des biens que m'avait laissés mon père, et de la réparation que j'avais le droit d'obtenir. En effet, les lois ne permettent pas de se rendre témoignage à soi-même, ni dans les affaires criminelles, ni dans les actions civiles, ni dans les procédures en reddition de compte. Or, c'est bien Phormion qui se rend témoignage à lui-

même lorsque ces hommes viennent dire qu'ils l'ont entendu attester ces faits. Pour vous faire mieux comprendre
la chose, lis-moi le texte même de la loi.

LOI.

« Les deux parties seront tenues de répondre aux questions qu'elles
s'adresseront l'une à l'autre, mais elles ne seront pas entendues
comme témoins. »

Voyez maintenant cette loi, qui porte que l'action de
faux témoignage pourra être donnée contre celui qui aura
témoigné contrairement à la loi.

LOI.

« Le témoin pourra encore être poursuivi par l'action de faux
témoignage dans le cas où son témoignage serait contraire à la loi.
Il en sera de même de la partie qui l'aura fait entendre. »

L'aspect même de la pièce sur laquelle le témoignage
est écrit prouve la fausseté de ce témoignage. On voit,
en effet, qu'elle a été blanchie et préparée à l'avance.
Or, lorsqu'il s'agit d'attester des faits passés, on comprend qu'on se serve de témoignages préparés à l'avance ;
mais lorsqu'il s'agit d'attester une sommation à laquelle
on a assisté par hasard, on se sert de tablettes de cire,
afin de pouvoir facilement ajouter ou effacer, si l'on veut.

De tout cela, il résulte jusqu'à l'évidence que Stéphanos a porté un faux témoignage et contraire à la loi. J'arrive
maintenant au fait attesté ; je veux vous prouver que mon
père n'a fait aucun testament, et que d'ailleurs les lois
ne le lui permettaient pas. Si quelqu'un vous demandait
quelles sont les lois qui doivent vous être appliquées,
vous répondriez assurément que ce sont les lois exis-
tantes. Eh bien, les lois s'opposent à ce qu'il soit fait au
profit d'une personne une loi qui ne s'appliquerait pas à

tous les Athéniens (2). Cette loi veut donc que nous soyons tous soumis aux mêmes lois, et non à des lois différentes. Or, mon père est mort sous l'archontat de Dysnikétos, et Phormion n'est devenu citoyen athénien que dans le cours de la dixième année après le décès de mon père. Comment donc mon père, ne sachant pas que Phormion serait Athénien un jour, aurait-il pu lui léguer sa femme ? Comment aurait-il pu nous faire cette injure, mépriser à ce point le don qu'il avait reçu de vous, et fouler aux pieds les lois ? N'eût-il pas mieux fait de tout régler par des actes entre-vifs, si telle était son intention, au lieu de laisser en mourant un testament qu'il n'avait pas le droit de faire ? Écoutez la lecture des lois, et vous verrez qu'il n'avait pas le droit de faire un testament. Lis la loi.

LOI.

« Quiconque n'avait pas été adopté avant l'époque où Solon est devenu archonte, à moins qu'il n'eût renoncé à l'adoption ou qu'il n'eût obtenu l'envoi en possession, peut disposer librement de ses biens par testament, en faveur de qui il lui plaît, pourvu qu'il n'ait pas d'enfants mâles de son sang, qu'il n'ait pas l'esprit troublé par l'influence de la folie, ou de la vieillesse, ou du poison, ou de la maladie, ni par les suggestions d'une femme, et qu'il ne soit ni contraint, ni privé de sa liberté (3). »

Vous avez entendu la loi, qui ne permet pas de disposer par testament lorsqu'il y a des enfants légitimes. Eh bien, ces gens disent que mon père a fait un testament, sans toutefois pouvoir prouver que ce testament ait été fait en leur présence. Il est encore à propos de considérer ceci : Tous ceux qui sont entrés dans leur famille non par l'adoption, mais par la naissance légitime, tiennent de la loi le droit de disposer de leurs biens par testament, s'ils ne laissent pas d'enfants. Or notre père avait été fait citoyen par l'adoption du peuple, il ne pouvait donc pas

faire un testament par cette première raison. Il ne pouvait pas, d'ailleurs, disposer de sa femme, qui n'était
même pas en sa garde aux termes des lois (4); enfin, il
avait des enfants. Mais il y a plus : alors même que l'on
n'a pas d'enfants, on n'est pas le maître de disposer de
ses biens si l'on ne jouit pas de sa raison. Si le testateur
est malade, si sa raison est troublée par des poisons,
par les suggestions d'une femme, par la vieillesse, par la
démence ou par quelque contrainte extérieure, les lois
lui enlèvent le pouvoir de disposer. Eh bien, voyez si le
testament que ces hommes prétendent avoir été fait par
mon père vous paraît être l'œuvre d'un homme raisonnable. Je ne veux d'autre preuve que le chef qui concerne
la location de la banque. Pouvez-vous expliquer comment, après avoir interdit à Phormion de faire aucune
opération pour son compte tant qu'il serait avec nous, il
lui aurait ensuite donné sa propre femme, et en aurait
fait l'associé de ses enfants? Et ne soyez pas surpris si
cette contradiction leur a échappé lorsqu'ils ont fabriqué
les clauses de la location. Ils n'ont pensé, peut-être, qu'à
me dépouiller des biens et à inscrire mon père comme
débiteur. Ils n'ont même pas songé qu'il pût venir un
jour où je serais capable de discuter à fond toutes ces
choses.

Voyez encore les lois qui portent de quelles personnes
on peut recevoir une femme en mariage (5). Vous verrez,
par là encore, que Stéphanos a commis un faux témoignage pour faire valoir un testament supposé. Lis.

LOI.

« Le droit de donner une femme en légitime mariage appartient
au père, ou au frère par le père, ou à l'aïeul du côté du père. Les
enfants issus de ce mariage sont légitimes. A défaut des personnes
qui viennent d'être nommées, si la femme à marier est une fille héri-

tière, elle sera épousée par celui en la garde de qui elle se trouve.
Si elle n'est pas fille héritière, elle sera considérée comme étant en
la garde de celui à qui elle aura été confiée par le testament. »

Vous voyez à quelles personnes la loi remet la garde de
la femme. Or il n'y avait aucun gardien légal de ma mère.
Mes adversaires eux-mêmes l'ont reconnu par leur témoignage, car s'il eût existé un gardien légal, ils l'eussent
produit. Croyez-vous qu'après avoir produit de faux
témoins et un testament supposé, ils n'auraient pas pu
produire un frère, un aïeul ou un père? Ce n'était qu'une
question d'argent. Donc il n'existe plus aucun parent de
ce degré, et dès lors notre mère est une fille héritière.
Or, voyez quelles sont les personnes en la puissance desquelles la loi remet les filles héritières. Lis la loi.

LOI.

« Si la fille héritière a un fils et que ce fils atteigne l'âge de deux
ans au delà de la puberté, il sera propriétaire des biens et four-
nira des aliments à sa mère (6). »

Ainsi, la loi veut que les enfants parvenus à la puberté
deviennent les gardiens légaux de leur mère et lui four-
nissent des aliments. Or, il est constant que j'étais à
l'armée, et que je vous servais comme triérarque au
moment où Phormion a épousé ma mère. Au surplus,
prends-moi le témoignage qui prouve que j'étais absent
comme triérarque, et que mon père était mort depuis
longtemps lorsque Phormion a contracté ce mariage;
qu'enfin j'ai demandé à Phormion de me livrer ses servantes pour les faire interroger sur ces faits, et que je
lui ai même fait une sommation à cet égard.

TÉMOIGNAGE.

« .... déclarent qu'ils étaient présents lorsque Apollodore fit
sommation à Phormion, le requérant de lui livrer les servantes

pour les faire mettre à la question, dans le cas où Phormion ne voudrait pas reconnaître qu'il avait séduit ma mère, avant de l'avoir épousée de l'autorité de Pasion. Sur cette sommation d'Apollodore, Phormion refusa de livrer les servantes. »

Lis maintenant la loi qui régit ce cas. Elle veut que toutes les filles héritières, étrangères ou Athéniennes, soient mariées par autorité de justice. Pour les Athéniennes, c'est l'archonte qui introduit et dirige l'instance; pour les étrangères, c'est le polémarque. Sans autorité de justice, nul ne peut obtenir ni un héritage, ni une fille héritière.

LOI.

« L'archonte doit donner des actions (7) pour l'attribution des héritages et des filles héritières, tous les mois excepté celui de scirophorion (8). Sans autorité de justice nul ne peut obtenir un héritage. »

Si donc il eût voulu agir régulièrement, il eût dû demander en justice la femme héritière, soit à titre de légataire, soit à titre de plus proche parent; s'adresser à l'archonte s'il se fût agi d'une Athénienne, au polémarque s'il se fût agi d'une étrangère; présenter les raisons qu'il pouvait avoir, persuader ceux d'entre vous qui seraient tombés au sort, obtenir cette femme de la loi et de votre suffrage, et ne pas se créer des lois à lui-même et à lui seul pour arriver à faire tout ce qui lui plaît.

Voyez encore cette loi aux termes de laquelle lorsqu'un père, ayant des enfants légitimes, a fait un testament, si les enfants viennent à mourir avant l'âge de puberté, le testament est valable.

LOI.

« Lorsqu'un père ayant des fils légitimes fait un testament, s les fils meurent avant d'avoir atteint l'âge de deux ans au delà de la puberté, le testament du père est valable. »

Ainsi, lorsque les fils vivent, le testament est nul, et c'est le cas du testament qu'ils disent avoir été laissé par mon père. D'autre part, Stéphanos a attesté un fait faux et contraire à toutes les lois lorsqu'il a déclaré que l'acte produit est une copie du testament de Pasion. Comment le sais-tu, en effet? Dans quel lieu as-tu assisté à la confection de ce testament par mon père? On voit bien toutes tes manœuvres au sujet de ce testament. Tu portes avec empressement un faux témoignage, tu soustrais les vrais, tu trompes les juges, tu ourdis une fraude pour obtenir e gain d'un procès. Mais ces faits sont de ceux pour lesquels la loi donne une action criminelle. Lis-moi la loi.

LOI.

« Si quelqu'un excite des cabales ou des brigues dans l'assemblée des héliastes, ou dans un des tribunaux d'Athènes, ou dans le Conseil, soit en donnant, soit en recevant de l'argent pour corrompre, ou forme un complot pour renverser la démocratie, ou, étant chargé de plaider pour un autre, reçoit de l'argent (9) pour des procès privés ou publics, il y aura action criminelle devant les thesmothètes. »

Maintenant je vous demanderais volontiers, sur tout ceci, d'après quelles lois vous avez prêté serment de juger. Est-ce d'après les lois d'Athènes ou d'après celles que Phormion s'est faites à lui-même? Je produis devant vous les premières, et je prouve que tous deux les ont enfreintes, Phormion en nous faisant tort dès le commencement, en nous dépouillant des biens que notre père a laissés, et qu'il lui a loués avec la banque et la fabrique; Stéphanos que voici en attestant un fait faux et contraire à la loi.

Il faut encore considérer ceci, juges; jamais on n'a fait une copie d'un testament. On fait bien des copies d'un contrat pour que les parties connaissent leurs engagements et s'abstiennent d'y contrevenir, mais d'un testament, jamais. En effet, c'est précisément pour cela qu'on laisse un testament, afin que personne n'en connaisse les dispositions (10). Comment donc savez-vous que l'écrit dont il s'agit est une copie du testament de Pasion?

Je vous prie tous, juges, et je vous conjure de me venir en aide, et de punir ces hommes qui sont toujours prêts à porter de faux témoignages. Je vous le demande pour vous-mêmes comme pour moi, pour la justice et les lois.

NOTES

(1) Nous avons déjà défini, dans l'exposé général de la procédure athénienne, les termes techniques μαρτυρία, ἐκμαρτυρία, ἀκοὴν μαρτυρεῖν. Il est inutile d'y revenir. Voy. Telfy, numéros 690 et suiv.

(2) Cette disposition se retrouve à Rome dans la loi des XII tables. « Vetant XII tabulæ leges privis hominibus irrogari. » Cic., *Pro domo*, cap. 17. Voy. Bruns, *Fontes juris romani antiqui*, p. 13.

(3) Le texte de cette loi est un des plus difficiles qui se trouvent dans les plaidoyers, et l'on compte presque autant d'explications que de commentateurs. Van den Es, *De jure familiarum apud Athenienses*. Leyde, 1864, p. 80, rapporte les opinions de J. Wolf, Petit, Reiske, Bunsen et Platner. (Voy. aussi Schelling, *De legibus Solonis*, Berlin, 1842.) Van den Es fait remarquer avec raison que pour bien entendre ce texte il faut le rapprocher d'un autre qui se trouve dans le plaidoyer contre Léocharès, § 68. Le sens de la loi est que tous peuvent tester, excepté ceux qui sont passés par adoption dans une autre maison. Pour appliquer cette exception à Pasion, Apollodore joue sur le mot de ἐπεποίηντο. On se servait en effet du même mot pour désigner l'étranger naturalisé et l'enfant adopté, ποιητός. Mais la loi n'avait eu en vue que l'adopté. C'est ce qu'expliquent très-bien Meier, *De bonis damnatorum*, p. 60, et après lui, Van den Es et Caillemer, *La liberté de tester à Athènes*, dans l'*Annuaire de l'Association pour l'encouragement des études grecques en France*, année 1870, p. 26.

Il reste à expliquer ces mots ὥστε μήτε ἀπειπεῖν μήτ' ἐπιδικάσασθαι. Van den Es traduit : « Quicunque non adoptati fuerant iis sua, ita ut nec impedita sint, nec judicio in ea agatur cum Solon magistratum iniret, legare suo arbitrio licet, etc. » Vœmel et Telfy (n° 1,399) suivent la même interprétation. Elle nous paraît inadmissible. Le sens paraphrasé nous paraît être celui-ci : « Le droit de tester appartient à tout Athénien, à l'exception de ceux qui sont entrés par adoption dans une famille, car ils n'y sont entrés que pour conserver le patrimoine et le transmettre en ligne directe, et non pour le donner à des étrangers. Ce droit n'est d'ailleurs refusé aux adoptés qu'autant qu'ils sont restés dans leur famille adoptive, en qualité d'adoptés. Il revit à leur profit s'ils

renoncent à l'adoption pour retourner dans leur famille d'origine
(ἀπειπεῖν), ou bien encore, si laissant de côté leur qualité d'enfants
adoptifs, en vertu de laquelle ils sont saisis de plein droit, ils
revendiquent la succession à un autre titre, comme étant au
degré de parenté le plus proche, ou se font adjuger à ce titre la
fille épiclère (ἐπιδικάσασθαι). »

(4) Nous traduisons κύριος par *gardien légal*. Son droit n'est
pas une *puissance* (*potestas*), c'est un pouvoir de protection analogue au droit de *bail et garde* dont parlent nos anciennes cou-
tumes. Dans l'espèce, Pasion n'était pas le κύριος d'Archippé, parce
que Archippé, du moins au dire d'Apollodore, était une épiclère.
Or le mari d'une épiclère n'en était pas le κύριος.

(5) Pour que le mariage fût légitime, il fallait que la femme fût
donnée au futur époux par le κύριος. Il se formait un contrat entre
celui qui donnait la femme et celui qui la recevait.

(6) Nous avons déjà expliqué dans l'exposé général du droit
athénien les expressions techniques ἐπὶ διετὲς ἡβῆσαι et σῖτον
μετρεῖν.

(7) Κληροῦν τὰς δίκας, donner les actions, c'est-à-dire les porter
au rôle dans l'ordre désigné par le sort. Réciproquement, on dit
des parties λαγχάνειν τὰς δίκας.

(8) Scirophorion correspond à peu près à juillet.

(9) C'est-à-dire reçoit de l'argent de l'adversaire. La loi des
XII tables contenait une disposition semblable, voy. Aul. Gellius,
Noctes atticæ, lib. XX, cap. 1 : « Duram esse legem putas quæ
judicem arbitrumve jure datum, qui ob rem dicendam pecuniam
accepisse convictus est, capite pænitur? »

(10) Cela est vrai quand il s'agit d'un testament mystique,
c'est-à-dire scellé par le testateur en présence de témoins qui
ignorent le contenu de l'acte. Mais il n'était pas interdit au testateur de faire connaître aux assistants ses dernières volontés. D'ailleurs, lorsque Amphias apportait une copie du testament de Pasion,
il la donnait comme fidèle et exacte, mais non comme émanant de
Pasion lui-même.

XXXIII

THÉOMNESTE ET APOLLODORE

CONTRE NÉÉRA

ARGUMENT

En 349, Stéphanos a fait condamner Apollodore comme auteur d'un décret illégal. Quoique les juges aient réduit à un talent le taux de l'amende, Apollodore n'en a pas moins été ruiné. Quelques années après, son gendre Théomneste et lui-même essayent de se venger en faisant à leur tour condamner Stéphanos. Ce dernier vit depuis longtemps avec une femme appelée Nééra. Théomneste et Apollodore soutiennent que cette femme est étrangère, qu'après avoir fait métier de prostituée elle a usurpé la qualité d'Athénienne, qu'elle se fait passer pour la femme légitime de Stéphanos et qu'elle a frauduleusement donné à ses enfants la possession d'état d'enfants légitimes. On sait que la loi athénienne réservait ce titre à ceux dont le père et la mère étaient Athéniens.

L'accusation intentée est la γραφὴ ξενίας (V. Meier et Schœmann, p. 347). Elle est dirigée contre Nééra, mais Stéphanos s'y trouve nécessairement impliqué comme complice, et au fond c'est à Stéphanos qu'on en veut. Les conséquences d'un semblable procès étaient graves. Si l'accusation était reconnue fondée, Nééra devait être vendue comme esclave, ses enfants déclarés étrangers, Stéphanos lui-même devait être frappé d'atimie.

La défense de Stéphanos est très-simple. Il ne conteste, ni l'origine, ni les antécédents de Nééra. Il soutient seulement que ses enfants, ceux qu'il a présentés à la phratrie, et mariés comme étant Athéniens, sont nés d'une première femme légitime qu'il a eue avant de vivre avec Nééra. Tout le procès se réduit à ce point de fait. Il est à peine discuté dans le plaidoyer. Théomneste expose qu'il plaide par vengeance, puis Apollodore prend la parole et raconte longuement les aventures de Nééra. Quant au point litigieux, Apollodore n'apporte aucune preuve, si ce n'est une sommation faite par lui à Stéphanos et repoussée par ce dernier, sans doute pour quelque raison plausible. Ce qu'il y a de certain, c'est que le plaidoyer presque tout entier n'est qu'une longue diffamation, et les auditeurs ne s'y méprenaient pas.

Stéphanos était-il le même que celui qui avait prêté son témoignage à Phormion, et qu'Apollodore avait poursuivi comme faux témoin? Il est probable que non. Autrement, dans le procès en faux témoignage Apollodore n'aurait pas manqué de reprocher à son adversaire les faits odieux qu'il impute au complice de Nééra.

L'auteur de ce plaidoyer ne peut être qu'Apollodore. Quant à la date, on peut la placer entre les années 343 et 339. Le plaidoyer, en effet, est antérieur au décret de Démosthène sur les fonds des spectacles, mais il est postérieur au retour de Xénoclidès qui, condamné en 369 et réfugié en Macédoine, en fut chassé par Philippe en 343, et se trouvait à Athènes au moment du procès.

PLAIDOYER

Discours de Théomneste.

Bien des raisons, Athéniens, m'ont déterminé à intenter
contre Nééra la présente accusation, et à me présenter
devant vous. Nous avons été indignement traités par Stéphanos, nous avons couru, par son fait, les plus grands
dangers, mon beau-père (1) et moi, ma sœur et ma
femme. Aussi la lutte que j'entreprends aujourd'hui n'est
pas une attaque, c'est une revanche; car, si nous sommes
ennemis, c'est lui qui a commencé, sans avoir jamais eu
à se plaindre de ce que nous ayons rien dit ou rien fait
contre lui. Mais je veux d'abord vous faire connaître ce
que nous avons souffert de sa part, afin que vous soyez
plus indulgent pour moi en me voyant combattre pour
ma défense. Je veux vous montrer comment nous avons
couru les plus grands dangers de perdre notre patrie et
notre honneur.

Un décret du peuple athénien avait conféré la qualité
de citoyen d'Athènes à Pasion et à ses descendants, en
récompense des services rendus par lui à l'État. Mon
père (2) partagea le sentiment qui avait porté le peuple à
accorder cette faveur. Il donna sa fille et ma sœur en mariage à Apollodore, fils de Pasion. C'est d'elle que sont
nés les enfants d'Apollodore. Apollodore eut d'excellents
procédés, soit envers ma sœur, soit envers nous tous,
nous traita en réalité comme des parents, et rendit tout
commun entre nous; aussi je pris à mon tour pour femme
la fille d'Apollodore, qui était ma nièce. Un certain temps

après, Apollodore fut désigné par le sort pour siéger au Conseil. Il subit l'épreuve, et prêta le serment prescrit par la loi (3). A ce moment, la république se trouva dans des circonstances critiques. La guerre venait d'éclater, et vous savez de quoi il s'agissait pour nous. Ou vous étiez les plus forts, et alors vous obteniez la suprématie dans la Grèce, vous gardiez vos possessions, sans contestation de la part de personne, et vous en finissiez une fois pour toutes avec Philippe; ou bien vous tardiez à secourir vos alliés, vous les abandonniez, vous laissiez le corps d'expédition se dissoudre faute de solde, et alors vous perdiez ces alliés, vous passiez, aux yeux des autres Grecs, pour des gens qui ne tiennent pas leur parole, et vous vous exposiez au danger de perdre les dernières possessions qui vous restent, Lemnos, Imbros, Scyros et la Chersonèse. Tous les hommes étaient appelés et s'apprêtaient à partir pour l'Eubée et Olynthe (4). A ce moment Apollodore, étant membre du Conseil, proposa au Conseil un décret et le porta ensuite à l'assemblée du peuple avec l'approbation du Conseil. Il demanda que le peuple votât à main levée (5) sur la question de savoir si les excédants trouvés après acquittement des dépenses publiques seraient employés au service de la guerre ou aux spectacles. Les lois portaient qu'en cas de guerre les excédants trouvés après acquittement des dépenses publiques seraient employés au service de l'armée (6). Apollodore pensait d'ailleurs que le peuple était maître de décider ce qu'il voulait faire de ses fonds. Enfin, il avait prêté serment de remplir fidèlement ses fonctions de conseiller du peuple athénien. C'est de quoi vous avez tous rendu témoignage dans cette circonstance. En effet, lors du vote, personne ne leva la main à la contre-épreuve pour s'opposer à ce que ces fonds fussent employés au service de la guerre, et, aujourd'hui encore, si par hasard il est question du fait, tout le monde reconnaît qu'Apollodore avait bien parlé et en fut mal récompensé. Mais lorsqu'un homme a trompé par ses discours, c'est lui que les juges doivent prendre en haine et non ceux qu'il a trompés. Stéphanos que voici attaqua le décret pour illégalité (7). Il se présenta au tribunal, produisit de faux témoins pour noircir Apollodore, qu'il disait être débiteur du trésor depuis vingt-cinq ans, souleva de nombreux griefs étrangers à l'accusation, et emporta l'annulation du décret. Jusque-là, il a fait ce qu'il a cru devoir faire. Nous ne lui en voulons pas. Mais au moment où l'on distribuait les bulletins aux juges pour voter sur le montant de la condamnation, nous eûmes beau le prier, il ne voulut rien entendre, et fixa le montant de la condamnation à quinze talents. Ce qu'il voulait, c'était d'infliger l'atimie à Apollodore, à ses enfants, à ma sœur, et de nous plonger tous dans la dernière misère et le plus entier dénûment. En effet, tout notre avoir ne faisait pas trois talents. Ce n'était pas là de quoi payer une dette si énorme. Or, si le montant de la condamnation n'était pas payé à la neuvième prytanie (8), la somme était portée au double, et Apollodore était inscrit comme débiteur de trente talents envers le trésor public. Une fois inscrit comme débiteur public, tous les biens appartenant à Apollodore étaient déclarés propriété nationale, et ensuite vendus, et le résultat était de plonger dans la misère lui-même, ses enfants, sa femme et nous tous. Ce n'est pas tout. La seconde de ses deux filles allait être privée de tout établissement. Voudrait-on en effet la prendre sans dot, des mains d'un débiteur public, réduit à la misère? Voilà les maux immenses dont Stéphanos nous menaçait tous, sans que jamais nous lui eussions fait aucun tort. Heureusement les juges qui rendirent alors l'arrêt ne furent pas de cet avis, et de cela tout au moins j'ai pour eux une profonde reconnaissance. Ils ne consentirent pas à voir ruiner Apollodore, et fixèrent le chiffre de la condamnation à un talent, somme qu'il pouvait arriver à payer quoique non sans peine. C'est donc avec juste raison que nous avons entrepris de rendre la pareille à Stéphanos. D'ailleurs, ce n'est pas la seule fois qu'il ait cherché à nous perdre. Un autre jour, il a voulu faire bannir Apollodore. Il a soulevé contre lui une calomnie, il a prétendu qu'Apollodore s'étant rendu à Aphidna (9), à la poursuite d'un esclave fugitif, avait frappé une femme et que cette femme était morte du coup qu'elle avait reçu. Il suborna des esclaves qu'il fit passer pour des marchands de Cyrène, et cita Apollodore à comparaître au Palladion (10), pour cause de meurtre. L'affaire fut plaidée par Stéphanos en personne. Il attesta sous la foi du serment qu'Apollodore avait tué cette femme de sa main. Il prononça des imprécations contre lui-même, sa race et toute sa maison (11). Or, le fait était faux. Il ne l'avait ni vu, ni appris par ouï-dire, de qui que ce fût. Convaincu de faux serment et de calomnie, reconnu pour s'être mis aux gages de Képhisophon et d'Apollophane, et pour avoir reçu d'eux de l'argent afin de faire condamner Apollodore au bannissement ou à l'atimie, il obtint un petit nombre de suffrages sur les cinq-cents (12), et sortit de là avec un parjure et la réputation d'un méchant homme.

Voyez maintenant, juges, en calculant en vous-mêmes le cours ordinaire des choses, que serais-je devenu, moi et ma femme, et ma sœur, si Apollodore avait eu, par malheur, le sort que lui préparait Stéphanos, soit dans le premier procès, soit dans le second? Dans quel abîme de honte et de calamité ne serais-je pas tombé? Aussi, de toutes parts on vient me trouver, on m'exhorte à tirer

vengeance du traitement qu'il nous a fait subir. On me
raille, on dit que je suis le plus lâche des hommes, si je
ne venge pas des personnes qui me tiennent de si près,
ma sœur, mon beau-père et ma belle-mère, mes nièces,
ma femme, si je ne traîne pas devant vous cette femme
qui offense ouvertement les dieux, qui est un scandale
pour toute la ville, et qui foule aux pieds vos lois, si je
ne vous prouve pas qu'elle est coupable, et si je ne la
livre pas à votre verdict. Puisque Stéphanos a tenté de
m'arracher mes proches, contrairement aux lois et à vos
décrets, je viens à mon tour prouver contre lui, devant
vous, qu'il vit avec une femme étrangère, contrairement
à la loi, qu'il introduit des enfants qui ne sont pas les siens
dans la phratrie et dans le dème, qu'il marie comme étant
de lui les filles des courtisanes, qu'il a offensé les dieux
qu'il vous met dans l'impuissance de conférer vos bienfaits
si quelqu'un vous paraît digne d'être fait citoyen. En effet,
qui voudra encore tenir du peuple cette récompense,
subir de grands frais et se donner beaucoup de peine pour
devenir citoyen, quand on peut, à moins de frais, recevoir tout cela de Stéphanos? Après tout, le résultat n'est-il
pas le même?

Je vous ai dit comment, persécuté par Stéphanos, sans
provocation de ma part, j'ai intenté la présente accusation. Le moment est venu de vous montrer que Nééra est
étrangère, qu'elle vit avec Stéphanos et qu'elle s'est rendue
coupable, envers l'État, de nombreuses infractions aux
lois. Ici, juges, je vous adresse une prière convenable, à
mon sens, dans la bouche d'un jeune homme qui n'a pas
l'habitude de la parole, c'est de m'autoriser à prendre
Apollodore pour m'assister dans ce débat. Il est plus âgé
que moi, il connaît mieux la pratique des lois, il a pris
soin de relever exactement tous les faits; enfin, il a eu à

souffrir de la part de Stéphanos, en sorte qu'on ne lui saura pas mauvais gré de faire punir celui qui a commencé. Vous aurez ensuite à discuter la vérité quand vous aurez entendu sur tous les griefs l'accusation et la défense, et vous porterez un vote qui intéresse à la fois la religion, les lois, la justice et vous-mêmes.

Discours d'Apollodore.

Vous savez, Athéniens, quel tort m'a fait Stéphanos, et comment je suis amené à cette place pour accuser Nééra ici présente. Théomneste vient de vous le dire. Il s'agit maintenant de prouver que Nééra est étrangère, et qu'elle enfreint les lois en vivant avec Stéphanos. C'est ce que je vais vous montrer avec évidence. Et d'abord, on va vous lire la loi aux termes de laquelle la présente accusation a été intentée par Théomneste et se trouve aujourd'hui portée devant vous.

LOI.

« Si un étranger vit avec une Athénienne, par quelque détour ou sous quelque prétexte que ce soit, il pourra être accusé devant les thesmothètes par tout Athénien ayant droit de porter une accusation. S'il est déclaré coupable, il sera vendu, lui-même et ses biens, et le tiers du prix appartiendra au poursuivant. Il en sera de même si une étrangère vit avec un Athénien ; dans ce cas l'homme qui aura pris avec lui l'étrangère déclarée coupable payera une amende de mille drachmes. »

Vous avez entendu la loi, juges. Elle interdit toute union, soit entre une étrangère et un Athénien, soit entre une Athénienne et un étranger, comme aussi toute pro-création d'enfants, par quelque détour ou sous quelque prétexte que ce soit. En cas d'infraction de cette défense, elle permet d'en accuser les auteurs devant les thesmothètes, l'étrangère comme l'étranger; et si l'accusé est déclaré coupable, elle veut qu'il soit vendu. Je dis donc que Nééra, ici présente, est étrangère, et je veux vous en donner la preuve précise, en prenant les choses au commencement.

Les sept filles que vous savez étaient encore de petits enfants quand elles furent acquises par Nicarète, affranchie de Charisios d'Élée, et femme d'Hippias, cuisinier de ce même Charisios. Habile à deviner chez de jeunes enfants la beauté naissante, elle savait les nourrir et les dresser dans les règles, ayant fait de cela son industrie et son gagne-pain. Elle les appelait ses filles, et les faisait passer pour libres, afin de pouvoir exiger davantage de ceux qui voulaient en jouir. Après avoir exploité la jeunesse de chacune d'elles, elle finit par les mettre·en vente toutes les sept ensemble, à savoir : Antéia, Stratola, Aristoclée, Métanire, Phila, Isthmiade, et enfin Nééra ici présente. Quel fut l'acquéreur de chacune d'elles, et comment furent-elles affranchies par ceux qui les avaient achetées de Nicarète (13)? C'est ce que je vous montrerai dans la suite de ce discours, si vous voulez m'entendre, et qu'il me reste assez de temps. Pour le moment, je veux revenir et insister sur ce point que Nééra appartenait à Nicarète, qu'elle faisait métier de prostituée et se livrait pour de l'argent à ceux qui voulaient jouir d'elle. Lysias, le sophiste (14), amant de Métanire, s'avisa un jour d'ajouter aux dépenses qu'il faisait pour elle celles de l'initiation. Il voyait bien que toutes ses autres dépenses profitaient à la maîtresse de Métanire, au lieu qu'en conduisant cette fille à la fête et aux mystères, il aurait au moins fait quelque chose pour elle. Il invita donc Nicarète à se rendre aux mystères et à y conduire Métanire, pour qu'elle fût initiée, s'engageant à la faire initier lui-même (15). A leur arrivée, Lysias ne les fit pas entrer dans sa maison, par égard pour la femme qu'il avait alors, qui était fille de Brachyllos, et sa nièce à lui, par égard aussi pour sa mère qui était âgée et faisait ménage avec lui. Ce fut chez Philostrate de Colone (16), un tout jeune homme de ses amis, que Lysias les installa toutes les deux, Métanire et Nicarète. Elles étaient accompagnées de Nééra qui alors déjà faisait métier de prostituée, quoiqu'elle ne fût pas encore en âge. Pour prouver que je dis vrai, qu'elle appartenait à Nicarète, qu'elle l'accompagnait, qu'elle se livrait pour de l'argent à qui voulait dépenser pour elle, j'appelle en témoignage devant vous Philostrate lui-même.

TÉMOIGNAGE.

« Philostrate fils de Dionysios de Colone déclare qu'à sa connaissance Nééra appartenait à Nicarète, aussi bien que Métanire, qu'elles demeuraient à Corinthe, et qu'elles descendirent chez lui lorsqu'elles vinrent aux mystères. Qu'enfin elles furent installées chez lui par Lysias fils de Képhalos, son ami intime. »

Une autre fois, Athéniens, et depuis, Simos le Thessalien, arrive ici pour les grandes Panathénées (17), amenant avec lui Nééra ici présente, accompagnée elle-même de Nicarète. Ils descendirent chez Ctésippe, fils de Glauconidès, de Kydantides (18), et là cette même Nééra but et mangea avec eux, devant tout le monde, en vraie courtisane qu'elle était. Pour prouver que je dis vrai, j'appelle devant vous les témoins du fait. Appelle-moi Euphilétos, fils de Simon d'Aixonée (19), et Aristomaque, fils de Critodémos d'Alopèque (20).

TÉMOINS.

« Euphilétos fils de Simon, d'Aixonée; et Aristomaque fils de Critodémos, d'Alopèque, déclarent avoir vu Simos le Thessalien

arriver à Athènes pour les grandes Panathénées, et avec lui Nicarète et Nééra, celle qui est accusée aujourd'hui. Ils les ont vus
descendre chez Ctésippe fils de Glauconidès, et Nééra boire avec
eux comme une courtisane, beaucoup d'autres personnes étant là
et buvant avec eux, chez Ctésippe. »

Dans la suite elle exerça publiquement son métier à
Corinthe, et eut une grande réputation de beauté. Parmi
ses amants furent le poëte Xénoclidès et le comédien Hipparque, et elle fut entretenue par eux. Pour prouver que
je dis vrai, je ne pourrais pas vous produire le témoignage
de Xénoclidès. Les lois ne lui permettent pas de déposer
en justice. Au moment où vous portiez secours aux Lacédémoniens, sur la proposition de Callistrate (21), il prit
la parole dans l'assemblée du peuple pour combattre cette
résolution, parce qu'il s'était rendu en temps de paix
adjudicataire de la taxe du cinquantième sur le blé (22),
et qu'il devait faire ses versements dans la salle du Conseil à chaque prytanie. Il se trouvait ainsi dans un cas
d'exemption légale, et ne partit pas pour cette expédition,
mais il fut poursuivi comme réfractaire (23) par Stéphanos
que voici, qui ne le ménagea point dans son discours
devant le tribunal ; il fut donc déclaré coupable et frappé
d'atimie. Eh bien, n'est-ce pas là une chose intolérable ?
Des hommes qui sont nés citoyens, qui sont des membres
légitimes de notre État, ce Stéphanos leur a enlevé le
droit de parler, et en même temps il prend des personnes
qui vous sont étrangères et il en fait, par force, des
Athéniens, contrairement à toutes les lois. Mais j'appellerai devant vous Hipparque en personne, et je lui impo-
serai l'alternative de donner son témoignage ou de s'excuser sous la foi du serment. S'il refuse je lui donnerai
citation. Appelle-moi Hipparque.

TÉMOIGNAGE.

« Hipparque d'Athmonon (24) déclare que Xénoclidès et lui ont
entretenu à Corinthe Nééra, celle qui est accusée aujourd'hui,
qu'elle était courtisane, de celles qui se font entretenir : que Nééra
a bu avec lui et avec Xénoclidès le poëte, à Corinthe. »

Elle eut ensuite deux amants, Timanoridas de Corinthe,
et Eucratès de Leucade. Voyant à quelles dépenses ils se
trouvaient entraînés par les exigences de Nicarète, qui
prétendait recevoir d'eux tous les jours tout ce qu'il lui
fallait pour les frais de sa maison, ils remirent à Nicarète
la somme de trente mines, pour le prix de Nééra, et
achetèrent d'elle cette femme, qui, d'après la loi de Corinthe, devint leur esclave commune à tous deux. Ils en
furent donc maîtres et possesseurs aussi longtemps qu'ils
voulurent. Quand ils furent sur le point de se marier ils
lui déclarèrent qu'ils ne la verraient pas volontiers faire
son métier à Corinthe, ni rester au pouvoir d'un éleveur
de filles. Ils aimaient mieux recevoir d'elle moins d'argent
qu'ils n'en avaient dépensé et la voir tirer de là quelque
profit pour elle. Ils lui firent donc remise de mille drachmes, cinq cents chacun, sur le prix de sa liberté. Pour les
vingt mines formant le surplus, ils stipulèrent qu'elle les
leur payerait quand elle aurait pu se les procurer. Ainsi
avertie par Eucratès et Timanoridas, Nééra fait venir à
Corinthe plusieurs de ses anciens amants, et entre autres
Phrynion de Pæania (25), fils de Démon et frère de Démocharès, qui menait une vie de prodigue et de débauché,
j'en prends à témoins ceux d'entre vous qui ont atteint un
certain âge. Phrynion s'étant rendu auprès d'elle, elle lui
répète les paroles qu'elle a entendues d'Eucratès et de
Timanoridas; elle lui remet l'argent qu'elle a recueilli de
ses autres amants, sous forme de souscriptions réunies
pour sa liberté (26), elle y joint ce qu'elle peut avoir gagné

elle-même ; enfin, elle le prie d'ajouter ce qui manque
pour parfaire les vingt mines, et de payer le tout pour
elle à Eucratès et Timanoridas, en sorte qu'elle devienne
libre. Phrynion prêta volontiers l'oreille à ces propositions
de Nééra, il prit l'argent que les autres amants de cette
femme lui avaient apporté, ajouta le surplus, et paya au
nom de Nééra les vingt mines à Eucratès et Timanoridas,
à condition qu'elle ne ferait pas son métier à Corinthe.
Pour preuve que je dis vrai, j'appelle en témoignage cet
homme qui était présent. Appelle-moi Philagros de Mélité (27).

TÉMOIGNAGE.

« Philagros de Mélité déclare qu'il était à Corinthe, lorsque
Phrynion, le frère de Démocharès, remit vingt mines à Timanoridas de Corinthe et à Eucratès de Leucade pour le prix de Nééra,
celle même qui plaide en ce moment. Après avoir remis l'argent
Phrynion partit pour Athènes, emmenant avec lui Nééra. »

De retour ici avec cette femme, Phrynion s'en servit
sans retenue et sans pudeur. Il n'y avait pas de festin où
il ne la conduisît et ne la fît boire. Elle était de toutes
ses parties de débauche, et lui se montrait avec elle,
sans se cacher, à toute heure, en tout lieu, comme si les
assistants dussent l'admirer d'autant plus qu'il se con-
tiendrait moins. Il alla ainsi avec elle dans bien des
maisons, en parties de débauche, et entre autres chez
Chabrias d'Aixonée. Celui-ci venait de remporter la victoire aux jeux Pythiques, sous l'archontat de Socratide (28), avec un quadrige acheté par lui aux enfants
de Mitys d'Argos. A son retour de Delphes, il célébra son
triomphe par un festin, au temple de Pallas Coliade (29).
Là, pendant que Phrynion dormait, elle reçut, après
boire, les caresses de tout le monde, et même des
domestiques de Chabrias qui servaient à table. Pour

prouver que je dis vrai, je vais vous produire les témoins qui ont vu le fait, et qui étaient là. Appelle-moi Chionidès de Xypété et Euthétion de Kydathénæon (30).

TÉMOIGNAGE.

« Chionidès de Xypété, et Euthétion de Kydathénæon déclarent qu'ils ont été invités à un festin par Chabrias, lorsque Chabrias vainqueur à la course des chars célébra sa victoire par un repas. Le repas eut lieu au temple de Pallas Coliade; il est à leur connaissance que Phrynion assistait à ce banquet ayant avec lui Nééra, celle qui est accusée aujourd'hui, qu'ils y dormirent eux-mêmes ainsi que Phrynion et Nééra. Pendant la nuit ils ont aperçu plusieurs des convives se lever pour s'approcher de Nééra, et même plusieurs serviteurs, esclaves de Chabrias. »

Fatiguée d'être ainsi indignement traitée par Phrynion, ne se trouvant pas aimée comme elle aurait voulu l'être, et ne rencontrant pas en lui autant de complaisance qu'elle aurait désiré, elle ramasse tout ce que Phrynion avait chez lui, tous les vêtements, tous les joyaux d'or dont il l'a couverte, ainsi que deux servantes, Thratta et Coccaliné, et s'enfuit à Mégare. C'était le temps où Astéios était archonte à Athènes, et le moment où vous étiez pour la seconde fois en guerre contre les Lacédémoniens (31). Elle passa deux ans à Mégare, pendant l'archontat d'Astéios et celui d'Alkisthène, mais le métier qu'elle faisait ne lui rapportait pas assez pour entretenir sa maison. Elle dépensait beaucoup. Les Mégariens ne sont pas généreux et ne donnent pas sans compter. Quant aux étrangers, il en venait peu, à cause de la guerre, les Mégariens étant du parti de Lacédémone, et vous maîtres de la mer. D'autre part, elle ne pouvait pas retourner à Corinthe, car elle n'avait été rachetée par Eucratès et Timanoridas qu'à cette condition. Arrive enfin la paix conclue sous l'archontat de

Phrasiclidès, et le combat de Leuctres entre les Thébains et les Lacédémoniens. A ce moment, Stéphanos que voici se rendit à Mégare, descendit chez Nééra comme on descend chez une courtisane, et se mit à vivre avec elle. Elle lui raconta tout ce qui s'était passé, et les outrages de Phrynion ; en même temps elle lui remit tout ce qu'elle avait emporté de chez ce dernier. Elle regrettait le séjour d'Athènes, mais elle avait peur de Phrynion, parce qu'elle l'avait offensé et qu'il avait du ressentiment contre elle. Elle connaissait bien le caractère de cet homme, violent et emporté ; elle prit donc Stéphanos pour son patron (32). Stéphanos, de son côté, pendant son séjour à Mégare, la ranima par ses paroles, et lui inspira confiance ; si Phrynion, disait-il, avait le malheur de la toucher, il s'en repentirait. Personne au monde ne la maltraiterait, lui-même ferait d'elle sa femme, il prendrait les enfants qu'elle avait alors, il les présenterait à la phratrie comme étant nés de lui, et il les ferait citoyens. Il quitta donc Mégare et vint ici, amenant cette femme, et avec elle trois enfants, Proxène, Ariston et une fille qu'on appelle maintenant Phano. Il l'installa, elle et ses enfants, dans la petite maison qu'il possédait près d'Hermès le Mystérieux (33), entre la maison de Dorothée d'Éleusis et celle de Clinomaque ; celle même que Spintharos a achetée de lui au prix de sept mines. C'était là toute la fortune de Stéphanos, rien de plus. Il avait deux raisons pour amener ainsi cette femme avec lui. Il se procurait sans bourse délier une belle maîtresse, et de plus c'était celle-ci qui devait gagner le nécessaire et nourrir la maison. Aussi bien, il n'avait pas d'autre moyen d'existence, à part ce que pouvait lui rapporter son métier de sycophante. Mais Phrynion apprit que Nééra était ici, et qu'elle demeurait chez Stéphanos. Il prit avec lui quelques jeunes gens, se rendit à la maison de Stéphanos, et enleva Nééra. Il fallut que Stéphanos l'arrachât de ses mains par une revendication en liberté, dans les formes légales, et se portât caution pour elle devant le polémarque (34). Pour prouver que je dis vrai, je vais vous produire comme témoin de ces faits l'homme qui était alors polémarque. Appelle-moi Æétès de Kiriadæ (35).

TÉMOIGNAGE.

« Æétès de Kiriadæ déclare ce qui suit : Tandis qu'il était polémarque, Nééra, celle même qui se défend en ce moment, fut forcée par Phrynion, frère de Démocharès, de donner caution ; les répondants furent Stéphanos d'Erœades, Glaukétès de Céphisia, Aristocrate de Phalère (36). »

Cautionnée par Stéphanos, et logeant chez lui, elle n'en continua pas moins à faire le même métier qu'auparavant ; elle exigea seulement un plus haut prix de ceux qui voulaient obtenir ses faveurs. N'était-elle pas devenue une femme d'apparence honnête et pourvue d'un mari ? Stéphanos s'entendait avec elle pour faire de bons coups. S'il surprenait auprès de Nééra quelque riche étranger sans expérience, il le retenait captif comme trouvé en flagrant délit d'adultère et lui extorquait ainsi une grosse somme d'argent. Il le fallait bien, car ni Stéphanos ni Nééra ne possédaient aucune fortune, et ils n'avaient pas de quoi suffire aux dépenses de chaque jour. Le ménage, d'ailleurs, était lourd. Il fallait d'abord nourrir lui et elle, puis trois enfants qu'elle avait amenés chez lui, deux servantes, un domestique, outre qu'elle avait pris l'habitude de ne se priver de rien, tandis que d'autres avaient pourvu à ses dépenses. Ajoutez que la politique ne rapportait à Stéphanos rien qui vaille la peine d'en parler. Il n'était pas encore passé orateur, il était encore sycophante, de ceux qui vocifèrent auprès de la tribune, qui se font payer pour accuser, pour dénoncer, pour servir de prête-noms aux autres, jusqu'au jour où il s'est mis au service de Callistratos d'Aphidna (37). Comment et pourquoi? c'est ce que je vous ferai connaître aussi tout à l'heure (38), quand j'aurai fini avec Nééra, quand j'aurai montré qu'elle est étrangère, qu'elle est coupable envers vous et qu'elle a commis des impiétés envers les dieux. Vous verrez que lui aussi mérite d'être puni, et non pas moins que Nééra, mais bien plus sévèrement encore, car lui qui se vante d'être Athénien, il a bravé les lois, vous et les dieux. Au lieu de rougir de ses fautes et de se faire oublier, il s'est conduit en sycophante à l'égard de moi et de maint autre; et par là il a provoqué contre lui-même et contre cette femme la poursuite de Théomneste, accusation terrible, qui révèle ce qu'est Nééra et met au jour la turpitude de Stéphanos.

Phrynion intenta donc contre Stéphanos une action (39), pour lui avoir arraché Nééra et l'avoir rendue à la liberté, et pour avoir recélé les objets que Nééra avait emportés de chez lui. Mais leurs amis les rapprochèrent et leur persuadèrent de les constituer arbitres. Pour Phrynion, ce fut Satyros d'Alopèque, frère de Lacédémonios, qui siégea comme arbitre. Pour Stéphanos, ce fut Saurias de Lamptra (40). Tous deux, d'un commun accord, s'adjoignirent Diogiton d'Acharnes (41). Ces arbitres se réunirent dans le temple (42), écoutèrent les deux parties et cette créature elle-même sur tout ce qui s'était passé, et rendirent leur sentence, à laquelle Stéphanos et Phrynion donnèrent leur acquiescement. Elle portait que cette créature serait libre et maîtresse d'elle-même, que les objets emportés par Nééra de chez Phrynion seraient tous rendus à ce dernier, à l'exception des vêtements, des joyaux d'or et des servantes, c'est-à-dire des choses achetées pour l'usage personnel de cette créature, qu enfin elle vivrait avec chacun des deux, alternativement, de deux jours l'un. Du reste, toutes conventions qu'ils pourraient faire entre eux à ce sujet devaient être observées. L'entretien de cette femme devait être en tous cas à la charge du possesseur; par ce moyen, ils devaient être désormais bons amis et n'avoir plus de ressentiment l'un contre l'autre. Tels sont les termes de l'arrangement qui fut imposé par les arbitres à Phrynion et à Stéphanos, au sujet de Nééra. Pour prouver que je dis vrai, on va vous lire le témoignage qui affirme le fait. Appelle-moi Satyros d'Alopèque, Saurias de Lamptra, Diogiton d'Acharnes.

TÉMOIGNAGE.

« Satyros d'Alopèque, Saurias de Lamptra, Diogiton d'Acharnes déclarent qu'ils ont fait en qualité d'arbitres, entre Stéphanos et Phrynion, un arrangement au sujet de Nééra, celle qui est accusée aujourd'hui. Les termes de cet arrangement étaient bien tels que les énonce Apollodore. »

ARRANGEMENT.

« Il a été fait entre Phrynion et Stéphanos l'arrangement suivant : Ils useront l'un et l'autre de Nééra, chacun le même nombre de jours chaque mois, à moins qu'ils ne fassent eux-mêmes entre eux quelque autre convention (43). »

Après cet arrangement, ceux qui assistaient Stéphanos et Phrynion pour cet arbitrage et toute la contestation firent ce qu'on fait d'ordinaire en pareil cas, surtout quand la querelle s'est élevée à propos d'une courtisane. Ils allèrent souper tour à tour chez celui des deux qui possédait Nééra, et elle-même soupait et buvait avec eux, en courtisane qu'elle était. Pour prouver que je dis vrai, appelle-moi les témoins qui se trouvaient avec eux, Eubule de Probalinthe, Diopithe de Mélité, Ctéson de Kéramées (44).

TÉMOIGNAGE.

« Eubule de Probalinthe, Diopithe de Mélité, Ctéson de Kéramées déclarent qu'après l'arrangement conclu au sujet de Nééra entre Phrynion et Stéphanos, ils ont souvent soupé chez ces derniers et bu avec eux en compagnie de Nééra, celle qui est accusée aujourd'hui, les jours où Nééra était chez Stéphanos, comme ceux où elle était chez Phrynion. »

Ainsi donc, elle était esclave de naissance, elle a été vendue deux fois, elle a fait métier de se prostituer comme courtisane, elle s'est enfuie de chez Phrynion pour se rendre à Mégare, et de retour ici elle a fourni des répondants, devant le polémarque, comme étrangère. Voilà ce que mon plaidoyer vous révèle, ce qui vous est confirmé par les témoins. Je veux maintenant vous faire voir ce même Stéphanos, que voici, rendant témoignage contre elle et déclarant qu'elle est étrangère. La fille de cette Nééra, ce petit enfant que sa mère avait amené chez Stéphanos, qu'on nommait alors Strybèle (45) et qui s'appelle aujourd'hui Phano, fut mariée par Stéphanos, qui la donna, comme étant sa fille, à un Athénien, Phrastor d'Ægilia (46), avec une dot de trente mines. Phrastor est un artisan, gagnant tout juste de quoi vivre. Une fois installée chez lui, elle ne sut pas se faire aux habitudes de son mari, elle voulut imiter les façons de sa mère et le dérèglement qui régnait chez celle-ci. Après tout, n'avait-elle pas été élevée dans cette absolue liberté? Phrastor ne trouva en elle ni une tenue convenable, ni aucune disposition à recevoir ses avis. En même temps il sut, à n'en pas douter, qu'elle était fille non de Stéphanos, mais de Nééra, et qu'il avait été trompé. En

effet, il l'avait prise pour épouse comme étant fille de
Stéphanos et non de Nééra, et il la croyait née à Stéphanos d'un mariage contracté avec une Athénienne,
avant que Stéphanos fût allé vivre avec Nééra. Ému de
cette découverte, Phrastor se tint pour offensé et indignement trompé. Il renvoya cette créature, après un
an de ménage, enceinte, et ne rendit pas la dot. Stéphanos lui intenta une action à fin d'aliments, à l'Odéon (47).
En effet, aux termes de la loi, celui qui renvoie sa femme
doit rendre la dot, sinon il en est constitué débiteur avec
intérêt à neuf oboles; et en outre, le gardien légal de
cette femme peut intenter pour elle une action en aliments, à l'Odéon. Alors Phrastor porte contre Stéphanos
une accusation devant les thesmothètes; il dit que Stéphanos, étant Athénien, lui a donné en mariage la fille
d'une étrangère comme étant sa propre fille, et il
invoque la loi que nous invoquons nous-mêmes en ce
moment. Lis-moi cette loi.

LOI.

« Si quelqu'un donne en mariage à un Athénien une femme
étrangère comme étant sa fille, il sera frappé d'atimie, ses biens
seront confisqués et le tiers appartiendra à la partie qui aura
obtenu la condamnation. L'accusation sera portée devant les thesmothètes, par toute personne ayant le droit d'accuser, comme les
poursuites contre les étrangers qui se font passer pour citoyens. »

On vient de vous lire la loi aux termes de laquelle
Stéphanos a été accusé par Phrastor devant les thesmothètes. Mais Stéphanos comprit que s'il était convaincu
d'avoir donné en mariage la fille d'une étrangère, il
s'exposait à être frappé des peines les plus sévères; il
fit donc un arrangement avec Phrastor, renonça à la dot
et supprima l'action d'aliments. Phrastor de son côté en
fit autant pour l'accusation portée devant les thesmo-

thètes. Pour prouver que je dis vrai, j'appelle Phrastor lui-même comme témoin de ces faits, et je le forcerai de témoigner conformément à la loi. Appelle-moi Phrastor d'Ægilia.

« Phrastor d'Ægilia déclare ce qui suit : Dès qu'il se fut aperçu que Stéphanos lui avait donné en mariage la fille de Nééra comme étant sa propre fille, il intenta une accusation contre lui devant les thesmothètes, il chassa cette femme de sa maison et cessa de vivre avec elle. Ensuite, Stéphanos ayant intenté contre lui une action d'aliments, à l'Odéon, il conclut un arrangement avec Stéphanos afin de supprimer l'accusation pendante devant les thesmothètes, et l'action d'aliments intentée contre lui par Stéphanos. »

Il faut maintenant que je vous produise un autre témoignage émané de Phrastor, de sa phratrie et de sa *gens* et prouvant que cette Nééra est étrangère. Peu de temps après avoir renvoyé la fille de Nééra, Phrastor tomba malade. Il se trouva réduit à un état fâcheux et manquant de tout. Depuis longtemps il était brouillé avec ses parents et n'avait pour eux que des sentiments de colère et de haine. Sans enfant d'ailleurs, et malade comme il l'était, il se laissa prendre par les soins qu'il reçut de Nééra et de sa fille. Elles allaient en effet chez lui pendant qu'il était malade, n'ayant personne pour soigner son mal; elles lui portaient tout ce qui pouvait le soulager et veillaient à tout. Vous savez vous-mêmes combien l'assistance d'une femme est précieuse dans les maladies, auprès d'un malheureux qui souffre. Depuis que Phrastor avait renvoyé la fille de Nééra, enceinte, en apprenant qu'elle était fille de Nééra et non de Stéphanos, et furieux d'avoir été trompé, un enfant était né de cette femme, Phrastor se laissa amener à reprendre cet enfant et à en faire son fils adoptif. Les raisons qui

le décidèrent étaient du reste naturelles et judicieuses.
Il se disait qu'il allait mal, sans grand espoir d'en réchap-
per. Il ne voulait pas laisser ce qu'il avait à ses parents,
ni descendre au tombeau sans postérité. Il adopta donc
l'enfant et le prit chez lui. Or, jamais il n'eût fait cela
en bonne santé, et je vais vous en donner la preuve la
plus forte et la plus évidente. Phrastor ne fut pas plus
tôt relevé de cette maladie, il ne se sentit pas plus tôt
valide et bien portant, qu'il épousa en légitime mariage
une femme athénienne, fille légitime de Satyros de Mélité
et sœur de Diphilos. Ainsi, qu'il n'ait pas recueilli cet
enfant de son plein gré, qu'il ait cédé à l'influence de la
maladie, au désir de ne pas rester sans postérité, aux
soins de ces femmes, à son aversion pour ses parents
auxquels il ne voulait pas laisser son héritage s'il venait
à mourir, c'est ce dont vous avez dès à présent preuve
suffisante. Mais la suite va vous le faire voir bien plus
clairement encore. Le jour où Phrastor étant malade
présenta l'enfant né de la fille de Nééra à la phratrie, et
à la *gens* des Brytides (48), qui est aussi la sienne, les
membres de la *gens* votèrent contre l'admission de
l'enfant, et refusèrent de l'inscrire comme un des leurs.
Ils savaient, sans doute, ce qu'était cette femme que
Phrastor avait épousée en premier lieu, la fille de Nééra,
comment Phrastor avait renvoyé cette créature, comment
enfin, sous l'influence de la maladie, Phrastor s'était déterminé à reprendre l'enfant. Phrastor leur intenta une
action pour n'avoir pas inscrit son fils; mais, devant l'arbitre, ceux-ci le mirent en demeure d'affirmer avec serment que dans sa conviction cet enfant était son fils, né
d'une femme athénienne en légitime mariage. Sommé par
les membres de la *gens* de faire cette affirmation devant
l'arbitre, Phrastor recula devant le serment, et s'abstint

de le prêter. Pour prouver que je dis vrai, je vais vous produire comme témoins ceux des Brytides qui étaient présents.

TÉMOINS.

« Timostrate d'Hécalé, Xanthippe d'Erœades, Eualkès de Phalère, Anytos de Lakiades, Euphranor d'Ægilia, Nicippe de Képhalé (49) déclarent ce qui suit : Ils appartiennent ainsi que Phrastor d'Ægilia à la *gens* qui porte le nom de Brytides (50). Qand Phrastor voulut présenter son fils à la *gens*, ils s'opposèrent à cette présentation, sachant que le fils de Phrastor était né de la fille de Nééra. »

Ainsi l'évidence est faite. Vous avez vu ceux qui tiennent de plus près à Nééra témoigner contre elle, et déclarer qu'elle est étrangère. C'est Stéphanos, qui la possède maintenant et vit avec elle ; c'est Phrastor, qui a épousé la fille de cette femme. Stéphanos n'osa pas plaider au sujet de cette fille. Accusé lui-même par Phrastor, devant les thesmothètes, d'avoir, étant Athénien, donné en mariage, à lui Phrastor, la fille d'une étrangère, il renonce à la dot, et ne la retire pas. Quant à Phrastor, après avoir épousé la fille de cette Nééra, il la renvoie lorsqu'il sait qu'elle n'est pas la fille de Stéphanos, et ne rend pas la dot. Plus tard, quand la maladie, l'isolement, l'aversion pour ses parents, le déterminent à adopter l'enfant et à le présenter à sa *gens*, au moment où les membres de cette *gens* votent contre sa demande et lui défèrent le serment, il ne veut pas le prêter, il préfère ne rien affirmer qui ne soit la vérité, et épouse ensuite une autre femme, une Athénienne, conformément à la loi. Tous ces actes, accomplis au grand jour, sont autant de témoignages accablants contre Nééra et Stéphanos, et prouvant que cette femme est une étrangère.

Considérez maintenant la turpitude et la scélératesse de

ce Stéphanos. Vous verrez encore par là que Nééra n'est
pas Athénienne. Épænétos d'Andros, ancien amant de
cette Nééra, et ayant fait beaucoup de dépense pour elle,
descendait chez eux lorsqu'il faisait un séjour à Athènes,
à cause de sa liaison avec Nééra. Stéphanos lui tendit un
piége. Un jour, il l'envoie chercher pour le faire venir à
la campagne sous prétexte d'un sacrifice, le prend en
flagrant délit avec la fille de cette Nééra, lui fait peur, et
tire de lui trente mines. Il exige pour cautions Aristomaque, l'ancien thesmothète, et Nausiphilos, fils de l'ancien archonte Nausinique, et laisse aller Épænétos sur la
promesse de payer l'argent. Une fois sorti de là et libre
d'agir, Épænétos accuse Stéphanos devant les thesmothètes pour fait de séquestration illicite. Il invoque la loi :
En cas de séquestration illicite pour prétendu fait d'adultère, porte cette loi, une accusation peut être intentée
devant les thesmothètes à raison de cette séquestration.
Si l'auteur du fait est déclaré coupable et jugé l'avoir
commis avec guet-apens, le plaignant sera exempt de
toute peine, et les cautions déchargées de leur engage-
ment; mais si le plaignant est déclaré adultère, la loi veut
qu'il soit livré par ses cautions à la partie adverse, et
celle-ci, dans l'enceinte même du tribunal, lui fait subir
le traitement qu'elle veut, comme à un adultère, à la
seule condition de ne pas employer le couteau. C'est aux
termes de cette loi qu'Épænétos se porta accusateur. Il
avoua qu'il s'était servi de la fille, mais soutint qu'il n'é-
tait pas adultère; qu'en effet, elle était fille non de Stéphanos mais de Nééra, que sa mère à elle connaissait
leurs relations, qu'il avait dépensé beaucoup pour elles,
et que c'était lui qui nourrissait toute la maison quand il
se trouvait à Athènes. Il produisit encore une autre loi,
aux termes de laquelle ne peuvent être saisis comme adul-

tères ceux qui ont affaire à des femmes trouvées dans un lieu de prostitution, ou connues pour provoquer les gens dans l'agora. On était bien, disait-il, dans les termes de la loi. La maison de Stéphanos était bien un lieu de prostitution. Ces gens-là n'avaient pas d'autre métier, et c'est surtout de cela qu'ils vivaient. Tel était le langage d'Épænétos, et c'est là ce que portait son acte d'accusation. Stéphanos vit bien qu'il allait être reconnu pour éleveur de filles et sycophante. Il offre donc un compromis à Épænétos, proposant pour arbitres les cautions, qu'il déchargera de leur cautionnement en même temps qu'Épænétos supprimera l'accusation. Épænétos accepta ces conditions et supprima l'accusation qu'il avait intentée contre Stéphanos. Une réunion eut lieu, les cautions siégeant comme arbitres, et là Stéphanos ne trouva rien à dire sur le droit. Il conclut seulement à ce qu'Épænétos fournît quelque chose pour doter la fille de Nééra. Il fit valoir son peu de fortune et la mésaventure déjà arrivée à cette femme avec Phrastor; il dit qu'il avait perdu la dot, et qu'il ne pourrait plus en fournir une autre. « Tu as eu la fille, lui dit-il, tu peux bien faire quelque chose pour elle. » Il joignait à cela d'autres paroles engageantes, de celles qu'on emploie pour se tirer d'un mauvais pas. Après les avoir écoutés tous deux, les arbitres les mirent d'accord et décidèrent Épænétos à fournir mille drachmes pour la dot de la fille de Nééra. Pour preuve qu'en tout ceci je dis vrai, j'appelle devant vous comme témoins ceux-là mêmes qui ont été cautions et arbitres.

TÉMOINS.

« Nausiphilos de Képhalé, Aristomaque de Képhalé déclarent ce qui suit : Ils s'étaient portés cautions d'Épænétos d'Andros, le jour où Stéphanos prétendit avoir surpris Épænétos en flagrant délit d'adultère. Lorsque Épænétos fut sorti de chez Stéphanos, et redevenu libre d'agir, il intenta une accusation contre Stéphanos, devant les thesmothètes, pour séquestration illégale. Ils furent alors pris pour amiables compositeurs, et accordèrent entre eux Epænétos et Stéphanos. L'accord fut fait dans les termes produits par Apollodore. »

ACCORD.

« Stéphanos et Épænétos ont été mis d'accord par les amiables compositeurs aux conditions suivantes : Les parties ne garderont aucun souvenir de ce qui s'est passé au sujet de la séquestration. Épænétos donnera mille drachmes à Phano pour sa dot, comme ayant souvent joui d'elle. De son côté Stéphanos mettra Phano à la disposition d'Épænétos toutes les fois que ce dernier fera séjour en cette ville et voudra coucher avec elle. »

Bientôt, ce même Stéphanos et cette même Nééra poussèrent encore plus loin l'audace et l'impudence. Cette femme qui avait été publiquement reconnue pour étrangère, et que Stéphanos prétendait avoir trouvée en flagrant délit d'adultère, ils ne se contentèrent plus de la faire passer pour Athénienne; ils jetèrent les yeux sur Théogène de Cothocides (51), désigné par le sort pour être archonte-roi, homme d'une bonne naissance, mais pauvre et sans expérience des affaires. Stéphanos l'assista dans ses épreuves, et vint à son aide pour la dépense au moment de son entrée en charge. Il s'insinua auprès de lui, devint son assesseur à prix d'argent (52), lui donna pour épouse cette créature, fille de Nééra, et la lui fiança comme étant sa propre fille. Voilà jusqu'où il a poussé le mépris des lois et de vous. Et cette femme a sacrifié pour vous, selon les rites mystérieux, au nom de la ville d'Athènes, elle a vu ce qu'elle ne devait pas voir étant étrangère. Telle que vous la connaissez, elle est entrée là où de tant d'Athéniens nul ne peut entrer que la femme du roi (53); elle a reçu le serment des prêtresses qui servent de ministres pour les cérémonies sacrées (54), elle a été donnée pour épouse à Dionysos, elle a accompli, au nom

de la ville d'Athènes, les rites de nos pères pour le service des dieux, rites nombreux, sacrés, mystérieux. Eh
quoi ! ces choses que tous ne doivent pas entendre, peut-on
les faire accomplir, sans offenser les dieux, par la première venue, surtout par une femme comme celle-là,
ayant fait ce qu'elle a fait ?

Mais je veux remonter plus haut à ce sujet, et vous
donner exactement la raison de chaque chose. Vous en
serez d'autant plus attentifs à punir, et vous verrez bien
que la cause soumise en ce moment à votre vote n'est pas
seulement la vôtre et celle des lois, mais aussi celle du
culte dû aux dieux. Il s'agit de punir le sacrilége et de
frapper le crime. Jadis, Athéniens, cette ville obéissait à
des maîtres, et la royauté appartenait à tous ceux qui
l'emportaient sur les autres, comme fils de cette terre.
Tous les sacrifices étaient accomplis par le roi. Les mystères les plus augustes étaient célébrés par sa femme, et
cela était juste puisqu'elle était la reine. Plus tard, Thésée
réunit nos ancêtres dispersés, et fonda le gouvernement
populaire. La ville devint grande et peuplée. Le roi n'en
fut pas moins désigné par le peuple, à mains levées, et
choisi parmi les plus distingués pour leur valeur. Mais,
pour sa femme, nos pères établirent par une loi qu'elle
serait Athénienne, qu'elle n'aurait pas connu d'autre
homme et aurait été mariée étant vierge, afin de pouvoir
célébrer selon les rites des ancêtres les mystères sacrés,
au nom de la ville d'Athènes, afin que le service divin
s'accomplît dans toutes les règles, sans qu'il y eût rien
d'omis ni rien d'innové. Ils gravèrent cette loi sur une
stèle de pierre qu'ils dressèrent dans le temple de Dionysos, auprès de l'autel, au marais. Cette stèle est encore
debout aujourd'hui, et on peut y lire la loi écrite en lettres
attiques à moitié effacées par le temps. Par là, le peuple

rendait témoignage de sa piété envers le dieu, et laissait
en dépôt aux générations futures le type des qualités que
nous exigeons de celle qui doit être donnée pour épouse
au dieu, et accomplir les cérémonies sacrées. C'est pourquoi ils ont dressé cette stèle dans le plus ancien et le plus
vénéré des temples de Dionysos, au marais, pour que
l'inscription ne fut pas vue de tous. Ce temple, en effet,
ne s'ouvre qu'une fois par an, le douze du mois d'anthe-
stérion (55). Eh bien, ces rites anciens et vénérables,
conservés par vos ancêtres avec tant de grandeur et de
solennité, vous aussi, Athéniens, vous devez les maintenir
et punir ceux qui méprisent insolemment vos lois en
même temps qu'ils commettent envers les dieux un téméraire sacrilége. Il le faut pour deux raisons : d'abord pour
que ces hommes soient punis de leurs fautes, et ensuite
pour donner à réfléchir aux autres, et leur inspirer la
crainte de se rendre coupables envers les dieux et notre
ays.

Je veux maintenant appeler le héraut sacré, qui prête
son ministère à la femme du roi lorsqu'elle reçoit le serment des prêtresses, portant leurs corbeilles devant
l'autel, avant qu'elles touchent aux choses sacrées. Il faut
que vous entendiez la formule du serment, ou du moins
ce qu'il est permis d'entendre, il faut que vous voyiez
combien toutes ces cérémonies sont augustes, combien
saintes et antiques.

SERMENT DES PRÊTRESSES.

« Je suis sans tache, franche et pure de toute souillure venant
d'une personne impure et du contact de l'homme, et je célèbre
aussi les autres fêtes (56) en l'honneur de Dionysos, suivant les
rites des ancêtres, aux temps marqués. »

Vous venez d'entendre le serment, et les rites transmis
par les ancêtres, dans la mesure où il est permis d'en

parler; vous savez comment cette femme, que Stéphanos avait fait passer pour sa fille et avait donnée pour épouse à Théogène, archonte-roi, a célébré elle-même ces mystères sacrés, et a reçu le serment des prêtresses; vous savez enfin que l'interdiction de révéler ces mystères s'applique même aux femmes chargées de les célébrer. Eh bien, maintenant je vais vous produire un témoignage qui porte sur un fait secret, mais vous reconnaîtrez, par les circonstances mêmes, que ce témoignage est vrai et ne laisse pas de place au doute. A l'époque de la célébration de ces mystères aux jours marqués, les neuf archontes montèrent à l'Aréopage. Aussitôt, le sénat de l'Aréopage, qui rend tous les jours tant de services à notre ville pour les choses du culte, demanda qui était cette femme de Théogène, et découvrit la vérité. Il maintint l'observation des rites et frappa Théogène d'une amende, la plus forte qu'il lui soit permis de prononcer, mais en secret et en usant de ménagement (57). Vous savez que l'Aréopage ne peut punir un Athénien d'une amende arbitraire. Une explication eut donc lieu. Le sénat de l'Aréopage se montra fort mécontent, et prononça l'amende contre Théogène pour avoir épousé une telle femme, et pour lui avoir permis de célébrer les mystères sacrés au nom de la ville. Alors Théogène pria et supplia avec instance. Il n'avait pas su, disait-il, qu'elle était fille de Nééra; il avait été trompé par Stéphanos, et l'avait prise comme étant la fille légitime de ce dernier, suivant la loi. S'il avait fait Stéphanos son assesseur, c'était par inexpérience et par simplicité. Il avait compté sur lui pour remplir les fonctions de sa charge, comme sur un homme disposé à rendre service, et c'est ce qui l'avait déterminé à devenir son gendre. « Voulez-vous, ajouta-t-il, être assurés que je ne mens pas? Je vais vous en donner la plus forte et la plus

éclatante de toutes les preuves. Je renverrai cette femme
de ma maison puisqu'elle est fille de Nééra et non de Stéphanos. Si je fais cela, vous me croirez sans doute sur
parole quand je vous dis que j'ai été trompé. Et si je ne
le fais pas, alors punissez-moi comme un criminel coupable d'un sacrilége envers les dieux. » Ainsi promettait
et suppliait Théogène, et l'Aréopage, moitié par compassion pour tant de simplicité, moitié par conviction, jugeant
bien que Théogène avait été réellement trompé par Stéphanos, accorda un sursis. A peine descendu de l'Aréopage, la première chose que fit Théogène fut de renvoyer
de sa maison cette femme fille de Nééra, et de chasser de
son conseil ce Stéphanos qui l'avait trompé. A ce prix,
les membres de l'Aréopage cessèrent de poursuivre Théogène et de se montrer mécontents; ils le considérèrent
comme ayant été trompé et lui pardonnèrent. Pour prouver
que je dis vrai, je vais appeler devant vous Théogène
lui-même comme témoin de ces faits, et je vais le contraindre à déposer. Appelle-moi Théogène d'Erchia (58).

TÉMOIGNAGE.

« Théogène d'Erchia déclare ce qui suit : Lorsqu'il était archonte-
roi il épousa Phano, la croyant fille de Stéphanos. Mais s'étant
aperçu qu'il avait été trompé, il renvoya cette femme et cessa de
cohabiter avec elle ; en même temps il chassa Stéphanos de son
conseil et ne lui permit plus de siéger comme son assesseur. »

Prends-moi la loi que voici, celle qui règle ces choses,
et donnes-en lecture. Il faut que vous sachiez ceci : étant
ce qu'elle était, ayant fait ce qu'elle a fait, ce n'est pas
seulement aux cérémonies dont je viens de parler qu'elle
devait s'abstenir, qu'il lui était interdit de voir, de sacrifier, de célébrer aucun des rites transmis par nos ancêtres,
non, c'est à toutes les cérémonies qui s'accomplissent dans

Athènes. Lorsqu'une femme a été prise en flagrant délit d'adultère, la loi lui interdit l'approche des cérémonies du culte public, dont elle a cependant permis l'accès même à la femme étrangère, même à la femme esclave, soit pour voir, soit pour prier. Les seules femmes auxquelles la loi interdise l'approche des cérémonies du culte public, sont celles qui ont été prises en flagrant délit d'adultère. Si elles s'introduisent au mépris de la loi, on peut leur faire subir impunément tout ce qu'on veut, jusqu'à la mort exclusivement. Et, en ce cas, la loi donne au premier venu le droit de punir. Pourquoi la loi a-t-elle fait cela? Pourquoi a-t-elle dit que jusqu'à la mort exclusivement cette femme pourra recevoir tous les outrages sans recours ouvert devant aucun tribunal? C'est afin de tenir les cérémonies exemptes de toutes souillures et de tous sacrilèges. C'est pour inspirer aux femmes une crainte capable de leur faire garder les bonnes mœurs, fuir le vice, vivre honnêtement dans leur maison; pour leur apprendre que, si l'une d'elles enfreint ces devoirs, elle sera exclue à la fois de la maison de son mari et des cérémonies du culte national. Pour vous convaincre qu'il en est bien ainsi, on va vous lire le texte même de la loi. Prends-moi la loi.

LOI SUR L'ADULTÈRE.

« Lorsqu'un mari aura pris sa femme en flagrant délit d'adultère, il ne lui sera plus permis de cohabiter avec elle. S'il le fait, il sera frappé d'atimie. Pareillement, il est interdit à la femme prise en flagrant délit d'adultère d'approcher des cérémonies du culte national. Si elle s'en approche, on pourra lui faire impunément subir toute espèce de traitement, jusqu'à la mort exclusivement. »

Je veux maintenant, Athéniens, vous produire le témoignage du peuple athénien lui-même, pour vous mon-

trer quel est son zèle pour ces cérémonies, et combien il
en est préoccupé. Certes, le peuple athénien est maître
souverain de toutes choses en cette ville, et il a le droit
de faire tout ce qui lui plaît. Eh bien, il s'est imposé à
lui-même des lois auxquelles il est nécessaire de se conformer si l'on veut créer un citoyen, tant il a trouvé belle
et magnifique la faveur accordée à l'homme qui devient
Athénien. Ce sont ces mêmes lois qui sont aujourd'hui
foulées aux pieds par ce Stéphanos, et par ceux qui con-
tractent de pareilles unions. Écoutez-les pourtant, ces lois.
La lecture en sera bonne pour vous. Vous verrez comment
les plus belles, les plus magnifiques faveurs, accordées
aux bienfaiteurs d'Athènes ont été avilies par ces gens-là.
Et d'abord, il y a une loi qui s'adresse au peuple, et lui
interdit de créer Athénien quiconque n'a pas mérité de
devenir citoyen par des services signalés rendus au peuple
d'Athènes. Ce n'est pas tout, quand le peuple a donné son
consentement et octroyé la faveur, la décision n'est pas
encore définitive. Il faut qu'elle soit confirmée à la plus
prochaine assemblée par le suffrage de plus de six mille
Athéniens votant au scrutin secret. La loi charge les pry-
tanes de placer les urnes et de remettre les boules de
vote au peuple à l'entrée, avant que les étrangers s'introduisent et qu'on n'enlève les barrières (59). Elle veut que
chacun reste maître absolu de ses résolutions, examine, à
part lui, l'homme dont il s'agit de faire un citoyen, et se
demande si celui qui va recevoir cette faveur en est vrai-
ment digne. Enfin, après tout cela, elle a ouvert à tout
Athénien, contre cet homme, l'accusation d'illégalité. Le
premier venu peut se présenter devant le tribunal et
prouver que l'étranger n'est pas digne de cette faveur,
qu'il est devenu Athénien contrairement aux lois. Cela
s'est vu plus d'une fois. Le peuple avait accordé cette fa-

veur, trompé par les discours des solliciteurs. Une accusation d'illégalité a été intentée et portée devant le tribunal.
Là, il a été prouvé que le bénéficiaire de cette faveur n'en
était pas digne, et le tribunal l'a retirée. Il y a des précé-
dents nombreux et anciens. Ce serait une affaire de les
parcourir. Je citerai seulement un exemple qui est dans
toutes vos mémoires. Pitholas de Thessalie et Apollonide
d'Olynthe (60) avaient été faits citoyens par le peuple.
Le tribunal leur a enlevé ce titre. Ce ne sont pas là certes
des faits anciens que vous puissiez ignorer. Eh bien, à
toutes ces dispositions si belles, si énergiques, sur le droit
de cité et les formalités à remplir pour devenir Athénien,
une autre loi s'ajoute encore et la plus importante de
toutes. Voyez quelles sages précautions le peuple a prises
pour lui-même et pour les dieux, comme il a veillé à ce
que les sacrifices fussent offerts au nom de la ville suivant
les règles du culte ! Quiconque a été fait citoyen par le
peuple athénien ne peut, ce sont les termes exprès de la
loi, ni devenir l'un des neuf archontes, ni participer à
aucune cérémonie religieuse. Mais à leurs enfants le peuple
accorde tout sans réserve, à une seule condition, c'est
qu'ils soient nés d'une femme athénienne, légitimement
donnée en mariage. Pour vous prouver que je dis vrai, je
vais vous fournir un puissant et éclatant témoignage. Mais
auparavant je veux remonter aux origines de la loi, vous
dire comment elle a été portée, en vue de qui elle a été
rédigée pour de braves gens qui s'étaient montrés amis
dévoués de notre nation. Vous verrez par là comment cette
faveur du peuple, réservée pour être la récompense de
grands services, est traînée dans la boue, et à quel point
la libre disposition de vos faveurs vous est enlevée par ce
Stéphanos et par ceux qui ont femme et enfants de la même
manière que lui.

Vous le savez, Athéniens! seuls entre tous les Grecs,
les Platéens vinrent à votre secours à Marathon, au moment où Datis, qui commandait l'armée du roi Darius,
venant d'Érétrie, après avoir conquis l'Eubée, descendait
dans l'Attique en grande force et commençait à tout ravager. Aujourd'hui encore, il y a un monument qui nous
retrace leur vaillante conduite, c'est la fresque qui se
trouve au portique des peintures. Ils y sont représentés
courant chacun de toutes ses forces pour nous porter secours. C'est la troupe qui porte les casques béotiens. Une
autre fois, Xerxès marchait contre la Grèce, et les Thébains s'étaient donnés aux Mèdes, mais les Platéens ne
voulurent pas se détacher de notre alliance. Seuls entre
tous les Béotiens ils prirent les armes. La moitié occupa
les Thermopyles à côté des Lacédémoniens et de Léonidas
pour faire tête au barbare qui s'avançait, et ils périrent
tous ensemble; les autres montèrent sur vos galères, car
ils n'avaient pas de navires à eux, et combattirent avec
vous sur mer, à Artémise et à Salamine. Enfin, à Platées,
ils prirent part à la dernière bataille livrée contre Mardo-
nius, commandant l'armée du roi, avec vous et avec les
autres libérateurs de la Grèce, et furent de ceux qui, se
dévouant pour le salut de tous, rendirent la liberté aux
autres Grecs. Plus tard, le roi des Lacédémoniens, Pausanias, essaya de vous faire un affront. Les Lacédémoniens
seuls avaient été jugés par les autres Grecs dignes de l'hégémonie, et Athènes qui en réalité avait été à la tête de
la lutte pour la liberté, redoutant la jalousie de ses alliés,
ne s'opposait pas à ce que Lacédémone eût cet honneur.
Mais ce n'était pas assez pour le roi des Lacédémoniens,
Pausanias. Les Grecs, qui avaient pris part à la bataille
de Platées et au combat naval de Salamine, avaient fait
faire en commun un trépied, et l'avaient déposé dans le

temple de Delphes en l'honneur d'Apollon, comme prémices du butin fait sur les barbares. Pausanias, enflé de l'avantage obtenu sur nous, y fit graver ces vers :

« Après avoir détruit l'armée des Mèdes, le commandant en chef des Grecs, Pausanias, a offert à Phœbos ce monument, »

comme si ce fait d'armes et cette offrande eussent appartenu à lui seul, et non à tous les alliés ensemble. Les Grecs furent indignés. Les Platéens, agissant au nom des alliés, intentèrent aux Lacédémoniens, devant les Amphictions, une action qui allait jusqu'à mille talents, et les forcèrent à effacer le distique, pour inscrire les noms des villes qui avaient pris part à l'œuvre commune. Aussi furent-ils poursuivis d'une haine implacable par les Lacédémoniens et la race royale. Sur le moment, les Lacédémoniens n'eurent pas l'occasion de rien leur faire, mais environ cinquante après, Archidamos, fils de Zeuxidamos, roi des Lacédémoniens, fit en pleine paix une tentative pour s'emparer de Platées. Ce fut de Thèbes que partirent les coups, avec l'aide d'Eurymaque, fils de Léontiadès, alors béotarque. Les portes furent ouvertes pendant la nuit par Nausiclidès et quelques complices, gagnés à prix d'argent. Quand les Platéens s'aperçurent que les Thébains étaient entrés pendant la nuit, et que leur ville avait été ainsi occupée par surprise en pleine paix, ils prirent les armes de leur côté et formèrent leurs troupes. Quand vint le jour, ils virent que les Thébains n'étaient pas nombreux. Il n'était entré qu'une tête de colonne. L'eau qui était tombée en abondance pendant la nuit les avait empêchés de pénétrer en masse. En effet, le fleuve Asopos coulait à pleins bords et n'était pas aisé à passer, surtout la nuit. Voyant donc les Thébains dans la ville, et apprenant qu'ils n'étaient pas entrés tous, les Platéens marchent contre

eux, en viennent aux mains, sont les plus forts, se hâtent
de tout tuer avant qu'un renfort arrive, et dépêchent
vers vous un messager pour vous apprendre ce qui s'est
passé, vous faire connaître le combat et leur victoire, et
vous demander de leur porter secours si les Thébains
viennent ravager leur pays. A cette nouvelle les Athéniens
coururent en toute hâte au secours des Platéens, et les
Thébains voyant que les Athéniens étaient venus au secours
des Platéens s'en retournèrent chez eux. Ainsi échoua la
tentative des Thébains, et les Platéens tuèrent tous les
prisonniers qu'ils avaient faits dans le combat. De là grande
fureur des Lacédémoniens. Cette fois ils ne cherchèrent
plus de prétexte et marchèrent sur Platées. Dans tout le
Péloponnèse, à l'exception des Argiens, chaque ville reçut
l'ordre de leur envoyer les deux tiers de son contingent.
Tous les autres Béotiens, les Locriens, les Phocéens, les
Maliens, les Œtéens, les Ænianes, furent sommés de se
lever en masse. Les Lacédémoniens investirent donc en
grande force le rempart des Platéens, puis ils sommèrent
ces derniers de répondre s'ils consentaient à livrer leur
ville en gardant leur territoire et la jouissance de leurs
biens, et à se détacher de l'alliance d'Athènes. Les Platéens
refusèrent, et répondirent qu'ils ne pouvaient rien faire
sans les Athéniens. En conséquence, les Lacédémoniens
les assiégèrent pendant deux ans, élevèrent un double
retranchement autour de la ville, et dirigèrent contre elle
des attaques nombreuses sous toutes les formes. Les Platéens furent enfin réduits au désespoir. Manquant de tout
et n'ayant plus de secours à attendre, ils tirèrent au sort
entre eux. Les uns restèrent pour soutenir le siége; les
autres, mettant à profit la nuit, la pluie et un vent violent,
sortirent de la ville, franchirent le mur d'investissement,
sans être aperçus par l'armée ennemie, en égorgeant les

gardes, et se réfugièrent ici dans un état affreux, par un bonheur inespéré. Quant à ceux qui étaient restés, voici quel fut leur sort. La ville fut prise de vive force. Tous les hommes furent égorgés, les enfants et les femmes réduits en esclavage, tous ceux du moins qui ne s'étaient pas réfugiés à Athènes en apprenant l'approche des Lacédémoniens (61). Eh bien, ces hommes qui venaient de donner un si éclatant exemple de dévouement à notre nation, qui avaient sacrifié tous leurs biens, et leurs enfants et leurs femmes, en quels termes leur avez vous donné le droit de cité? Voyez encore une fois les termes dont vous vous êtes servis, car vos décrets mettent la loi dans tout son jour, et vous feront reconnaître que je dis vrai. Prends-moi le décret que voici et donne-leur-en lecture.

DÉCRET CONCERNANT LES PLATÉENS.

« Hippocrate a dit : Les Platéens seront Athéniens à partir de ce jour. Il y aura égalité devant la loi entre eux et les autres Athéniens. Ils auront part à toutes les choses auxquelles les Athéniens ont droit de participer, même aux choses sacrées et aux choses saintes, à l'exception des sacerdoces ou fonctions religieuses auxquels on est appelé par sa naissance. Ils ne pourront pas non plus être des neuf archontes, mais leurs enfants le pourront. Les Platéens seront répartis dans les dèmes et les tribus. Après cette répartition il ne sera plus permis à aucun Platéen de devenir Athénien, à moins qu'il n'obtienne cette faveur du peuple athénien. »

Voyez, Athéniens, quel beau langage et avec quelle exactitude l'orateur a rédigé ce décret au nom du peuple athénien. Avant tout, il a jugé à propos que les Platéens recevant cette récompense fussent examinés un à un devant le tribunal. Deux questions étaient posées : Est-il Platéen? est-il ami d'Athènes? On voulait éviter que plusieurs sous ce prétexte ne s'introduisissent dans la cité. En second lieu, la liste des examinés devait être gravée

sur une stèle de pierre et placée dans l'acropole, auprès
de la déesse, pour assurer aux générations futures la
transmission de la faveur accordée, et pour procurer à
chacun une preuve authentique de sa parenté. Plus loin,
le décret ne permet de devenir Athénien qu'à la condition
de le devenir actuellement, et de subir l'examen devant
un tribunal, de peur que d'autres, en se disant Platéens,
n'obtinssent par fraude le droit de cité. Le décret impose
ensuite aux Platéens eux-mêmes une condition dans l'intérêt d'Athènes et des dieux : Aucun Platéen ne pourra
être désigné par le sort pour être l'un des neuf archontes,
ni pour exercer aucun sacerdoce, mais leurs enfants le
pourront, s'ils sont nés d'une femme athénienne légitimement donnée en mariage.

Eh quoi donc! Ces gens étaient nos voisins. Sans contredit, personne entre tous les Grecs n'avait rendu plus
de services à notre nation. Cependant, vous avez exprimé
avec une exactitude admirable toutes les conditions mises
à la jouissance de la faveur accordée. Et cette femme qui
s'est livrée à la prostitution dans toute la Grèce, vous lui
permettriez de verser sur vous l'opprobre et le mépris,
d'insulter Athènes et d'outrager les dieux impunément,
elle qui n'est Athénienne ni par la naissance, ni par un
décret du peuple lui conférant le droit de cité! Dans quel
lieu ne s'est-elle pas livrée à la prostitution? Où n'est-elle
pas allée pour un salaire payé à tant par jour? Ne l'a-t-on
pas vue dans tout le Péloponnèse, dans la Thessalie et la
Magnésie, avec Simos de Larisse (62) et Eurydamas fils
de Médios, à Chios et dans la plus grande partie de l'Ionie
avec Sotadès de Crète? Elle suivait les amants qui la prenaient à loyer, lorsqu'elle était encore au pouvoir de Nicarète. Or, une femme vivant sous un maître, s'attachant
à qui la paye, que peut-elle faire, dites-moi, sinon se

prêter à tous les désirs de ceux qui la prennent à leur
service? Et c'est une pareille femme, publiquement connue
de tous pour avoir couru le monde entier, que vous décla-
reriez Athénienne? Que répondrez-vous quand on vous
demandera : Quelle belle action avez-vous faite? De quelle
souillure, de quel sacrilége, n'allez-vous pas vous charger
vous-mêmes? Jusqu'au jour où cette femme a été accusée,
où le débat s'est engagé, où tout le monde a su qui elle
était, quels sacriléges elle avait commis, elle seule était
coupable, vous n'étiez que négligents. Et encore, parmi
vous, les uns ne savaient pas; les autres, bien informés,
exprimaient leur indignation en paroles sans pouvoir
passer aux effets, tant que personne ne mettait en cause
la coupable et n'appelait à voter sur elle. Mais aujourd'hui
il n'y a pas un de vous qui ne soit instruit; tout dépend
de vous, et vous êtes les maîtres de punir. C'est donc
vous qui devenez responsables du sacrilége envers les
dieux si vous ne punissez pas cette femme. Et puis, au
retour, que dirait chacun de vous à sa femme, à sa fille,
à sa mère, après avoir prononcé l'acquittement de l'accusée? On vous demandera où vous étiez. Vous répondrez :
« Nous avons siégé comme juges. » On voudra savoir
aussitôt qui vous avez jugé : « Nééra, direz-vous, n'est-il
pas vrai? Et voici ce qu'elle a fait : Étant étrangère, elle
vit avec un Athénien, contrairement à la loi ; elle a donné
en mariage à Théogène, quand il était archonte-roi, sa
fille déjà prostituée. Enfin, cette fille a offert au nom d'A-
thènes les sacrifices mystérieux, et a été donnée pour
épouse à Dionysos. » Vous direz cela, et le reste, reprenant ainsi toute l'accusation, car elle vous a été présentée
sur chaque chef, avec assez de soin pour se graver aisément dans vos mémoires. Quand vous aurez fini on vous
adressera cette question : « Eh bien, qu'avez-vous fait? »

Vous direz : « Nous avons prononcé l'acquittement. »
Mais alors, quels reproches vous feront les honnêtes
femmes pour avoir admis Nééra à prendre part comme
elles-mêmes aux cérémonies publiques et au culte des
dieux ! Et quant à celles qui ne sont pas sages, ne leur
enseignez-vous pas clairement à faire tout ce qu'elles voudront, du moment où il n'y aura plus pour elles rien à
craindre ni de vous ni des lois ? Car vous montrer indul-
gents et indifférents à l'égard de Nééra c'est vous donner
l'apparence d'approuver sa conduite. Oui, mieux vaudrait
n'avoir jamais vu un pareil procès, que de le voir terminé
par un acquittement. Après cela, en effet, il y aura pour
les prostituées pleine et entière licence de vivre avec qui
elles voudront, et d'attribuer leurs enfants au premier
venu. Les lois seront impuissantes chez vous, et il dépen-
dra du caprice des courtisanes de venir à bout de tout ce
qu'elles voudront. Prenez donc en main la cause des
femmes athéniennes. Prenez garde que les filles des pauvres ne puissent plus être mariées. Aujourd'hui, si une
fille est sans fortune, la loi vient à son aide et lui fournit
une dot suffisante, si peu que la nature lui ait donné de
beauté. Mais si Nééra est acquittée, au mépris et en violation de la loi, alors c'en est fait. La prostitution atteindra
les filles de mères athéniennes, celles du moins qui n'auront pu être établies à cause de leur pauvreté. En même
temps, les courtisanes n'auront plus rien à envier aux
femmes libres, du jour où elles pourront impunément se
permettre de légitimer leurs enfants comme elles voudront,
et de participer aux fonctions religieuses, aux cérémonies
sacrées, aux honneurs établis en cette ville. Chacun de
vous doit donc se dire que dans ce vote il s'agit de sa
femme, ou de sa fille, ou de sa mère, comme d'Athènes,
des lois et de la religion. Il s'agit d'empêcher que ces

femmes respectables ne soient confondues avec cette prostituée, qu'élevées par leurs parents avec une parfaite
sagesse et un soin vigilant, et mariées conformément aux
lois, elles ne se trouvent réduites à entrer en partage avec
la créature qui, chaque jour, s'est livrée plusieurs fois à
plusieurs, de toutes les façons, même les plus obscènes,
au gré de chacun. Oubliez que, moi qui vous parle, je
suis Apollodore, que ceux qui vont vous présenter la défense ou l'appuyer sont des citoyens, figurez-vous que
cette lutte est engagée entre les lois d'un côté, et de
l'autre cette Nééra, sur tous les méfaits qu'elle a commis.
Quand vous examinerez l'accusation, écoutez parler les
lois elles-mêmes, qui sont comme les fondements de cette
ville, et suivant lesquelles vous avez juré de prononcer.
Que veulent-elles, et en quoi ont-elles été enfreintes?
Quand vous en serez à la défense, rappelez-vous l'accusation portée par les lois, la preuve fournie des faits allégués, et regardant cette femme en face, demandez-vous
une seule chose : Nééra a-t-elle fait cela?

Il est encore à propos de songer à ceci, Athéniens :
Archias, qui fut autrefois hiérophante (63), fut convaincu
de sacrilège devant le tribunal pour avoir offert les sacrifices au mépris des rites de nos pères. Vous l'avez puni.
On l'accusait, entre autres choses, d'avoir, lors de la fête
des récoltes (64), égorgé sur l'autel qui est dans la cour
du temple à Éleusis une victime présentée par la courtisane Sinope. Or, les rites défendent d'immoler des victimes
ce jour-là, et le droit d'immoler appartenait à la prêtresse
et non à lui. Eh bien, voyez quelle serait l'inconséquence!
Cet homme était de la race des Eumolpides, issu d'ancêtres illustres, et citoyen de cette ville; il a paru avoir
commis je ne sais quelle infraction aux rites, il a été
condamné. Rien n'a pu le sauver; ni les supplications de

ses parents, ni celles de ses amis, ni les liturgies accom-
plies au service d'Athènes, soit par lui, soit par ses ancêtres, ni sa qualité de hiérophante. Vous l'avez trouvé
coupable, vous l'avez frappé. Et quand cette Nééra a
commis un sacrilège envers le même dieu et envers les
lois, elle et sa fille, vous hésiteriez à la punir !

Je ne vois pas, en vérité, ce qu'on pourra vous dire
pour la défense. Dira-t-on que cette Nééra est Athénienne
et vit avec Stéphanos en légitime mariage? Mais les témoins ont déclaré qu'elle est étrangère et qu'elle a été
l'esclave de Nicarète. Soutiendra-t-on qu'elle n'est pas son
épouse, qu'il l'entretient chez lui comme sa concubine?
Mais les enfants nés d'elle et présentés à la phratrie par
Stéphanos, mais sa fille donnée en mariage à un Athénien
prouvent d'une manière éclatante qu'elle est chez Stéphanos à titre d'épouse. Ira-t-on jusqu'à nier les faits
relevés par l'accusation, déclarés par les témoins? Mais à
coup sûr, ni Stéphanos lui-même, ni personne pour lui
ne réussiront à prouver que cette Nééra est Athénienne.
Voici, paraît-il, quelle sera la défense de Stéphanos. Il
dira que cette femme est chez lui à titre non d'épouse
mais de courtisane, que les enfants ne sont pas d'elle,
qu'il les a eus d'une autre femme qui était Athénienne, sa
parente, et qu'il prétend avoir épousée auparavant. Pour
détruire ce mensonge impudent, pour renverser l'édifice
de la défense et des témoignages que Stéphanos s'est pro-
curés, j'ai fait à ce dernier une sommation précise; c'était
mon droit, et en même temps un moyen sûr de vous faire
connaître la vérité. Je l'ai sommé de me livrer les servantes qui étaient attachées à Nééra lorsqu'elle vint chez
Stéphanos en sortant de Mégare, Thratta et Coccaliné, et
celles que Nééra acheta depuis, étant chez Stéphanos,
Xennis et Drosis. Elles savent pertinemment que Proxène

aujourd'hui décédé, qu'Ariston, encore vivant, Antidoride
le coureur, et Phano, surnommée Strybèle, qui a été mariée
à Théogène l'ancien archonte-roi, sont nés de Nééra. Dans
le cas où la question ainsi donnée aurait fourni la preuve
que Stéphanos a épousé une femme athénienne et qu'il a
eu ces enfants non de Nééra, mais d'une autre femme,
qui était Athénienne, je me déclarais prêt à me désister
du procès et à ne pas présenter l'accusation. Qu'est-ce
que vivre en mariage avec une femme? C'est avoir d'elle
des enfants, présenter les fils à la phratrie et au dème;
donner les filles en mariage en qualité de père. Nous prenons une courtisane pour nos plaisirs, une concubine
pour recevoir d'elle les soins journaliers qu'exige notre
santé, nous prenons une épouse pour avoir des enfants
légitimes et une fidèle gardienne de tout ce que contient
notre maison (65). Si donc il a réellement épousé auparavant une femme athénienne, et si ces enfants sont nés
de cette femme et non de Nééra, il pouvait en faire la
preuve par le plus sûr de tous les témoignages, en livrant
ces servantes. Pour vous prouver que j'ai fait la sommation, on va vous lire le témoignage et la sommation elle-
même. Lis d'abord le témoignage et ensuite la sommation.

TÉMOIGNAGE.

« Hippocrate fils d'Hippocrate de Probalinthe, Démosthène fils
de Démosthène de Pæania, Diophanès fils de Diophanès d'Alopèque, Diomène fils d'Archélaos de Kydathénéon, Dinias fils de
Phormidas de Kydantides, Lysimaque fils de Lysippe d'Ægilia (66)
déclarent ce qui suit : Ils étaient présents dans l'agora lorsque
Apollodore fit sommation à Stéphanos, demandant que les servantes lui fussent livrées pour être interrogées à la torture sur
les faits relevés dans l'accusation portée par Apollodore contre
Stéphanos au sujet de Nééra. Stéphanos ne consentit pas à livrer
les servantes. La sommation faite est bien celle que produit
Apollodore. »

Lis maintenant la sommation même que j'ai adressée à Stéphanos.

SOMMATION.

« Ceci est la sommation faite par Apollodore à Stéphanos, au sujet des faits relevés dans l'accusation, à savoir que Nééra étant étrangère vit maritalement avec un Athénien. Apollodore est prêt à recevoir les servantes de Nééra, celles qu'elle a amenées avec elle de Mégare, Thratta et Coccaliné, et celles qu'elle a depuis achetées chez Stéphanos, Xennis et Drosis. Elles savent perti-nemment que les enfants de Nééra sont de Stéphanos, à savoir Proxène aujourd'hui décédé, Ariston encore vivant, Antidoride le coureur, et Phano. Il les appliquera à la torture. Si elles avouent que ces enfants sont de Stéphanos et de Nééra, Nééra sera vendue conformément aux lois et les enfants seront déclarés étrangers. Si elles n'avouent pas que ces enfants sont de Nééra, si elles disent qu'ils sont nés d'une autre femme qui était Athénienne, Apollo-dore se déclare prêt à se désister du procès contre Nééra, et si ces femmes sont endommagées par la torture, il payera le dom-mage. »

Voilà quelle fut ma sommation, juges, mais Stéphanos ne voulut pas l'accepter. N'est-il pas vrai, juges, que par là Stéphanos a prononcé lui-même, qu'il a reconnu Nééra coupable au sujet de l'accusation que j'ai portée contre elle? Ne suit-il pas de là que je vous ai dit vrai, que les témoignages produits par moi sont sincères, que cet homme au contraire mentira nécessairement, quoi qu'il dise; qu'enfin il sera convaincu, par son propre fait, de ne rien dire d'utile, du moment où il n'a pas voulu livrer à la torture les servantes que je lui demandais?

Quant à moi, juges, c'est pour venger les dieux, que ces gens-là ont offensés par leurs sacriléges, c'est pour me venger moi-même que j'ai poursuivi les accusés et que je les ai amenés ici, sous votre verdict. Vous autres, juges, en présence des dieux, que ces gens-là ont offensés par leurs infractions aux lois, et auxquels le vote d'aucun d'entre vous ne peut rester caché, rendez un juste verdict. Vengez les dieux d'abord, et vous-mêmes ensuite. Faites cela, et tout le monde dira que vous avez rendu une sentence belle et juste au sujet de Nééra, accusée par moi d'avoir, étant étrangère, vécu maritalement avec un Athénien.

NOTES

(1) Apollodore, on le voit quelques lignes plus loin, est à la fois le beau-frère et le beau-père de Théomneste.

(2) Dinias, père de Théomneste et de la femme d'Apollodore. Il est nommé dans le plaidoyer pour Phormion, § 17, dans le premier plaidoyer contre Stéphanos, § 55, et dans le plaidoyer contre Polyclès, § 24.

(3) Le conseil des Cinq-Cents se composait de citoyens désignés par le sort pour une année. C'était lui qui était chargé de préparer et d'exécuter les décrets de l'assemblée. Comme tous les fonctionnaires désignés par le sort, les conseillers ne pouvaient siéger qu'après avoir subi un examen constatant leur aptitude, et prêté serment de donner en toute occasion l'avis qui leur paraîtrait le meilleur. Voy. Perrot, p. 10-36.

(4) Ces événements se passaient en 350. Plutarque, tyran d'Érétrie, en Eubée, avait appelé les Athéniens à son secours contre les Phocéens unis aux Macédoniens.

(5) L'assemblée du peuple votait sur les décrets, soit à main levée, χειροτονία, soit au scrutin, ἐπιψήφισις.

(6) Ces excédants de fonds étaient constamment détournés de leur destination légale pour être employés aux dépenses des spectacles. Eubule avait même fait passer un décret portant peine de mort contre quiconque proposerait de rendre ces fonds au service de la guerre. C'est un des sujets qui reviennent le plus souvent dans les Olynthiennes. Voy. Bœckh, liv. II, chap. XXVII.

(7) Γραφὴ παρανόμων. L'illégalité consistait sans doute en ce qu'Apollodore, étant débiteur public, n'avait pas qualité pour parler au peuple.

(8) Nous avons déjà expliqué cette procédure. La prytanie était une période de trente-six jours, le dixième de l'année. A proprement parler, c'était le temps où chacune des dix tribus exerçait à son tour la présidence du conseil.

(9) Aphidna, dème de la tribu Léontide ou de la tribu Æantide.

(10) La poursuite des meurtres non prémédités, φόνοι ἀκουσίοι, était portée d'après les lois de Dracon devant le tribunal des

éphètes réunis au Palladion. Ces lois sont rapportées dans le plaidoyer contre Macartatos. Ici les éphètes sont remplacées par un tribunal ordinaire de cinq cents héliastes, mais l'ancienne procédure est toujours suivie. Ainsi, la citation consiste en un acte solennel qui emporte à la fois interdiction et assignation (προείπειν).

(11) Le serment et les imprécations n'étaient que la conséquence forcée de la procédure criminelle, qui exigeait le serment des deux parties.

(12) C'est-à-dire que Stéphanos obtint un peu plus du cinquième des voix, car s'il n'avait pas obtenu ce chiffre, il aurait été condamné à l'amende de mille drachmes, et Théomneste n'eût pas manqué de relever cette circonstance.

(13) Toute cette histoire est racontée à peu près de la même façon par Athénée, liv. XIII, p. 593.

(14) C'est l'orateur Lysias.

(15) Les grands mystères d'Éleusis se célébraient tous les ans le 15 du mois de boédromion, c'est-à-dire vers le 8 septembre. Voy. Barthélemy, *Anacharsis,* chap. LXVIII.

(16) Colone, dème de la tribu Ægéide. Philostratos de Colone est celui qui plus tard accusa Chabrias dans le procès d'Orope.

(17) Les grandes Panathénées se célébraient tous les cinq ans, au mois d'hécatombéon (juillet). Voy. Barthélemy, *Anacharsis,* chap. XXIV.

(18) Kydantides, dème de la tribu Ægéide.

(19) Æxoné, dème de la tribu Cécropide.

(20) Alopèque, dème de la tribu Antiochide.

(21) Ceci se passait en 369, lors de l'invasion d'Épaminondas et des Thébains en Laconie.

(22) Le droit de douane à l'entrée et à la sortie s'élevait uniformément à 2 pour cent, et de là le nom de cinquantième. Il était affermé, comme on le voit, non en bloc, mais par nature de marchandise.

(23) L'accusation dirigée contre Xénocratès avait un nom. Elle s'appelait γραφὴ ἀστρατείας.

(24) Athmonon, dème de la tribu Cécropide.

(25) Pæania, dème de la tribu Pandionide. Le frère de Phrynion, Démocharès, est celui dont il est parlé dans le plaidoyer contre Évergos et Mnésibule, §§ 22, 28, 32. Quant à leur frère Démon, ce pouvait bien être l'oncle paternel de Démosthène.

(26) Nous trouvons encore ici un exemple de ces souscriptions ou contributions volontaires (ἔρανος) si fréquentes chez les Grecs.

(27.) Mélité, dème de la tribu Cécropide.

(28) L'archontat de Socratide correspond à l'année 373. Le Chabrias dont il s'agit est celui qui s'illustra plus tard comme général et remporta la victoire de Naxos.

(29) Le temple de Pallas Coliade était situé au cap Sunion, à l'extrémité méridionale de l'Attique.

(30) Xypété, dème de la tribu Cécropide; Kydathénéon, dème de la tribu Pandionide.

(31) Les archontats d'Astéios et d'Alkisthénès correspondent aux années 372 et 371.

(32) Ἑρμῆς ψιθυριστής, un buste d'Hermès représenté dans l'attitude d'un homme qui parle à l'oreille d'un autre.

(33) Tout métèque devait prendre pour patron et pour répondant un citoyen, προστάτης. Faute de remplir cette obligation, il était exposé à une poursuite spéciale appelée γραφὴ ἀπροστασίου.

(34) C'était le polémarque, et non les thesmothètes, qui donnait les actions concernant les étrangers.

(35) Kiriadæ, dème de la tribu Œnéide ou de la tribu Hippothoontide.

(36) Erœades, dème de la tribu Hippothoontide, Céphisia, de la tribu Érechthéide, Phalère, de la tribu Antiochide ou Œantide.

(37) Sur l'orateur Callistratos d'Aphidna, voy. les plaidoyers contre Timothée et contre Polyclès.

(38) Apollodore a oublié de tenir sa promesse, car il ne revient plus sur ce fait.

(39) L'action intentée par Phrynion était une simple action civile, sans doute la δίκη βλάβης, ou action en dommages-intérêts.

(40) Lamptra, dème de la tribu Érechthéide.

(41) Acharnes, dème de la tribu Œnéide.

(42) C'était en effet dans les temples que se réunissaient ordinairement les arbitres. Nous ne savons de quel temple il s'agit ici.

(43) Les conventions de ce genre se rencontrent fréquemment dans l'ancienne comédie. On voit que le théâtre était en ce point la fidèle peinture des mœurs du temps.

(44) Probalinthe, dème de la tribu Pandionide, Mélité, de la tribu Cécropide ou Œnéide, Kéramées, dème de la tribu Acamantide.

(45) Le nom de Strybèle signifie à proprement parler toupie.

(46) Ægilia, dème de la tribu Antiochide.

(47) La restitution de la dot avait toujours lieu en cas de divorce, alors même que la femme était renvoyée par son mari pour cause d'adultère. Nous voyons cependant qu'elle ne fut pas ordonnée dans le cas dont il s'agit. L'intérêt légal de la dot à restituer était de neuf oboles (par mine et par mois), soit 18 pour cent. Pourquoi Stéphanos. agissant comme κύριος de Phano réclame-t-il non le capital de la dot, mais seulement des aliments? C'est ce que nous ignorons. L'action d'aliments, δίκη σίτου, était portée devant un tribunal qui siégeait à l'Odéon, c'est-à-dire dans l'édifice destiné aux concours de musique.

(48) Οἱ γεννῆται, les membres de la *gens*.

(49) On voit par là que les membres d'une même *gens* pouvaient appartenir à des dèmes différents.

(50) Hécalé, dème de la tribu Léontide, Erœades, de la tribu Hippothoontide, Phalère, de la tribu Œantide ou Antiochide, Lakiades, de la tribu Œnéide, Ægilia, de la tribu Antiochide, Céphalé, de la tribu Acamantide.

(51) Cothocides, dème de la tribu Œnéide.

(52) Nous avons déjà vu que les archontes se donnaient des assesseurs, πάρεδροι, et qu'avant d'entrer en charge ils subissaient certaines épreuves, δοκιμασία.

(53) L'archonte roi était le grand prêtre chargé des sacrifices. Sa femme était chargée comme lui d'accomplir certaines cérémonies religieuses.

(54) Γεραιραί, les femmes vouées au service des autels de Dionysos.

(55) Vers le 8 février, au moment de la célébration des grandes fêtes de Dionysos.

(56) Τὰ θεοίνια καὶ τὰ ἰοβάχεια. C'étaient les deux autres fêtes annuelles consacrées à Dionysos et tombant la première à la fin de posidéon (décembre), la seconde le 16 élaphébolion (mars).

(57) L'aréopage exerçait à Athènes une sorte de censure, spécialement en tout ce qui concernait le culte.

(58) Erchia, dème de la tribu Œantide ou Ægéide.

(59) Τὰ γέρρα, les barrières mobiles qui dans le lieu de l'assemblée séparent les votants des spectateurs.

(60) Pitholas avait été exilé de Phères, en 352, et Apollonide avait été exilé d'Olynthe vers la même époque. Un fragment du

discours prononcé par leur accusateur est cité par Aristote, *Rhétorique*, III, 9.

(61) Toute cette histoire du siége de Platées par les Lacédémoniens est racontée dans Thucydide, livre II. Ces événements se passaient en l'année 428.

(62) Un des nobles Thessaliens qui plus tard embrassèrent le parti de Philippe.

(63) Le hiérophante était le principal ministre du temple d'Éleusis. Il devait appartenir à la famille des Eumolpides. Ses fonctions étaient à vie, mais on voit qu'il pouvait être destitué par jugement. Voy. Barthélemy, *Anacharsis,* chap. LXVIII.

(64) Τὰ Ἁλῶα, les fêtes de l'aire à battre le blé. On offrait les prémices de la récolte à Déméter et sans doute aussi à Bacchus, car il est dit plus bas que Nééra a offensé le même dieu qu'Archias. Ces fêtes se célébraient en posidéon (décembre).

(65) Le droit romain fait les mêmes distinctions entre *scortum*, *pellex* ou *concubina* et *uxor,* voy. la L. 144, D. *De verborum significatione,* L, 17.

(66) Probalinthe, dème de la tribu Pandionide, Pæania, de la tribu Pandionide, Alopèque, de la tribu Antiochide, Kydathénéon, de la tribu Pandionide, Kydantides, de la tribu Ægéide, Ægilia, de la tribu Antiochide. Le second témoin ne peut être que Démosthène, l'orateur.

FIN.

TABLE ANALYTIQUE

DES TERMES DE DROIT EXPLIQUÉS DANS LES ARGUMENTS ET DANS LES NOTES

(Le chiffre romain désigne le volume, le chiffre arabe la page.)

TABLE DES MATIÈRES

DU SECOND VOLUME.

ERRATA

Tome I, page 30, note 28, ἀτιμητός, lisez τιμητός.

— page 127, note 30, ὑπωμοσία, lisez ἀνθυπωμοσία

— page 196, note 16, κυρίος, lisez κύριος.

Tome II, page 231, note 31, ἀνάκρισις, lisez ἀναδικία.

PARIS. TYPOGRAPHIE DE E. PLON ET Cⁱᵉ, RUE GARANCIÈRE, 8.

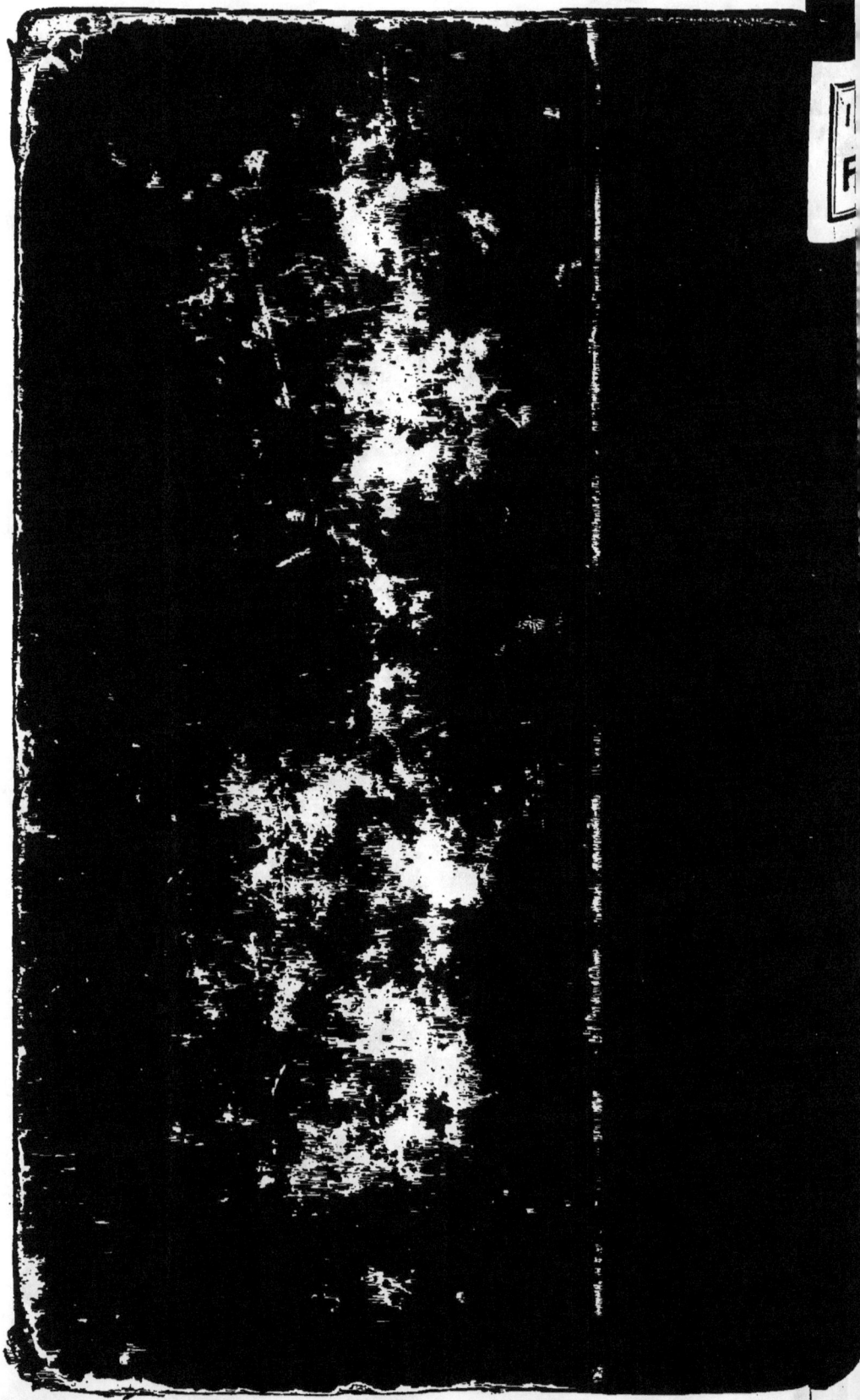

www.ingramcontent.com/pod-product-compliance
Lightning Source LLC
Chambersburg PA
CBHW052106230326
41599CB00054B/4064